圖解

數位科技

金融科技與數位銀行

伍忠賢
劉正仁 著

第二版

五南圖書出版公司 印行

自序——讀一本書有五類書的收獲

「重點不在於你出拳有多重，在於你挨多少重拳後，仍能往前行。」

——洛基 · 巴布亞（席維斯 · 史特龍飾）
美國電影《洛基六：勇者無懼》（2006）

一、外行看熱鬧，內行看門道

2015 年起，報刊對「金融科技」（FinTech）、「數位銀行」（Bank 3.0）的報導如天上繁星，令人目不暇給。套用財富極端分配「5%」的最高財富家庭擁有全國 48% 家庭財富，95% 家庭擁有 52% 財富，95% 有關這方面報刊的含金量極低。以北半球的人來判定方位來說，會找到北斗七星，再找到北極星作為北方，本書就是你在數位科技（尤其是金融科技，數位銀行）的北極星（在南半球的南十字星）。

二、本書的市場定位

本書主要是作為下列兩種人士「見林又見樹」的易懂又實用的書。

（一）大學生

企管系、資訊工程、資訊管理系、（尤其是）財務金融系、金融系選修課的教科書到普通常識（簡稱通識）課程的用書。

（二）金融業（尤其是銀行業）

本書有八章（占全書 50%）篇幅討論在金融科技的潮流下，銀行（尤其是消費金融導向的）如何跟上時代，推出「數位銀行」業務。本書可作為銀行在員工訓練、行員的自修用書。

三、本書如何做到「易懂實用」

（一）實用

本書不牽扯複雜的資訊用詞（例如：區塊鏈、大數據、人工智慧的原理），終究那只是「數位金融部」、「資訊部」（甚至是外包資

訊公司）等少數人的事；十六萬位銀行從業人員只要找「一主題一家銀行」，讓你「從作中學」，由標竿銀行針對某項主題（例如：信用卡大數據分析）怎麼做，讓你「沒有吃過豬肉，至少也看過豬走路。」

由於本書於 2022 年 9 月出書，為了讓本書在 2022、2023 年使用時，時效性高一些，有些數字（例如：GDP，總產值 22.85 兆元、本國銀行放款 33 兆元、存款 44.27 兆元等）是本書預估 2022 年的數字。

（二）易懂

本書講「人話」、「大白話」。

四、本書跟其他課程的「大隊接力」

（一）本書架構

由右圖可見，本書 16 章，分四部分，涵蓋五類書範圍：金融科技、網路金融公司、數位銀行（Bank 3.0）。

第一部分共三章（第 1～3 章），說明全景：數位科技，近景：金融科技。

第二部分共五章（第 4～8 章），說明網路金融公司。

第三部分共四章（第 9～12 章），說明銀行數位化的經營、核心活動（研發－生產－業務）。

第四部分共四章（第 13～16 章），介紹數位銀行情況下，分行的數位化運作。

（二）本書不討論的主題

限於篇幅，由右圖可見，有四個主題，請參閱作者相關書籍：

- ‧第三方支付與電子票證：此偏重貨幣銀行學領域。
- ‧群眾募資：此偏重「財務管理」。一般來說，臺灣一年募資金額 20 億元以內，市場影響力極低。
- ‧大數據分析的原理。
- ‧人工智慧的原理與上一主題，在「公司數位轉型」系列書中說明。

（三）資料來源

有關臺灣的銀行營收、淨利等，以中央銀行金融業務檢查處編印〈本國銀行營運績效季報〉為準。

有關貨幣供給等，以中央銀行經濟研究處編印〈金融統計月報〉為準。

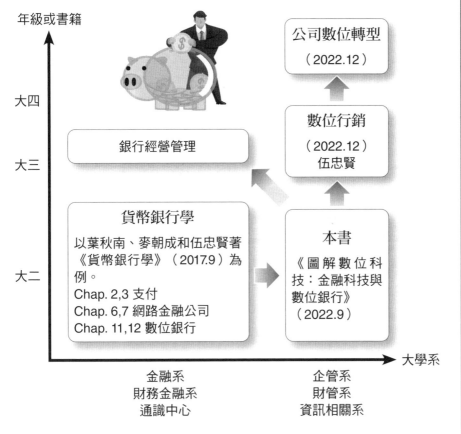

年級或書籍

大四

大三

大二

銀行經營管理

貨幣銀行學
以葉秋南、麥朝成和伍忠賢著
《貨幣銀行學》（2017.9）為例。
Chap. 2,3 支付
Chap. 6,7 網路金融公司
Chap. 11,12 數位銀行

公司數位轉型
（2022.12）

數位行銷
（2022.12）
伍忠賢

本書
《圖解數位科技：金融科技與數位銀行》
（2022.9）

大學系

金融系
財務金融系
通識中心

企管系
財管系
資訊相關系

圖　本書與作者們其他著書和大學課程的分工

五、感謝

本書的撰寫，承蒙中央研究院麥朝成院士（2019 年 3 月辭世）的教誨，許多銀行業人士的建議，特此感謝。

伍忠賢、劉正仁

2022 年 8 月
謹誌於臺灣新北市新店區
臺北市北投區

表　《圖解數位科技：金融科技與數位銀行》全書架構

		五類領域
第一部分 數位、金融 科技快易通	Chap. 1 數位科技導論：兼論金融科技 Chap. 2 各國中央銀行與金融監理機構對金融業與金融科技業的監理 Chap. 3 金融科技「行業」：金融科技、網路金融公司	1. 貨幣銀行學中「貨幣」 2. 金融科技
第二部分 網路金融公司	Chap. 4 公司與支付方式：總體篇 Chap. 5 網路金融公司在支付業務：個體篇 Chap. 6 數位代幣、貨幣與跨國支付：兼論比特幣 Chap. 7 網路金融公司的授信業務：以網路放款仲介為例 Chap. 8 美中臺的網路放款仲介公司	3. 投資管理
第三部分 數位銀行Ⅰ： 銀行業	Chap. 9 銀行策略管理 Chap. 10 銀行智慧分行 Chap. 11 銀行對金融科技的研發管理 Chap. 12 區塊鏈技術在數位金融的運用	貨幣銀行學中「銀行」，尤其數位銀行 4. 數位轉型
第四部分 數位銀行Ⅱ： 分行經營	Chap. 13 銀行分行綜合業務的數位化 Chap. 14 銀行手機支付的布局 Chap. 15 銀行的放款線上申請 Chap. 16 銀行財富管理部的業務	5. 基金管理

Chapter 5　網路金融公司在支付業務：個體篇

Chapter 6　數位代幣、貨幣與跨國支付：兼論比特幣

Chapter **10**   **銀行智慧分行**

Chapter **11**   **銀行對金融科技的研發管理**

Chapter **15** 銀行的放款線上申請

Chapter **16** 銀行財富管理部的業務

數位科技導論：兼論金融科技

全景：四次工業革命到零售、銀行 1.0 ～ 4.0

語言跟服裝一樣，有流行用詞，由右表可見，2013 年，德國政府為了因應「少子女化、老年化」，決定以智慧機器人來協助勞工生產，預計到 2025 年勞工年齡中位數 48 歲。此計畫稱為「工業 4.0」（本意是第四次工業革命）。

一、工業革命：第一到第四次

在日常生活中，偶而見的 1.0、2.0、3.0 的「版別」分別有兩種：

1. 日本索尼互動娛樂公司的電視遊戲機 PS1 到 PS5，平均每 5 年推出新版。
2. 網路 Web 1.0 到 Web 6.0。

2013 年，德國政府在推動「工業 4.0」時，可能也取個流行用詞，稱為「Industrial Revolution 4.0」。一般指「工業革命」，必須符合兩個標準：

1. **機器取代人力和獸力**：這包括第一、二次工業革命的蒸氣動力、電氣動力，取代人力、獸力（主要是農業中的牛馬、工業中的馬騾等）。
2. **產值要大**：像第一次工業革命，在農業、工業（例如：紡織業）、服務業（主要是火車、蒸氣輪船），對總產值提升的金額、比率皆很大。

二、服務業中零售業：零售 1.0 到零售 4.0

由右表可見，零售 1.0 在 1916 年統一地在商店出口設立收銀櫃檯便開始。零售 2.0 ～ 4.0 與銀行 2.0 ～ 4.0 間相近。

三、銀行：Bank 1.0 到 Bank 4.0

套用「工業 1.0 到 4.0」，2015 年美國一些作者（例如：澳大利亞人 Brett King）寫書也把銀行業務的自動化分期區分如下：

1. 1967 年 6 月起，Bank 1.0：英國第四大銀行巴克萊銀行（Barclays bank）在倫敦市北邊一家分行裝上「自動櫃員機」（ATM），以機器取代銀行櫃檯出納人員。時至今日，功能強大，可以存款、領款、轉帳、補登存摺。
2. 1992 年網路銀行業務，Bank 2.0。
3. 2008 年起，手機銀行業務，稱為數位銀行（digital bank 或 digit banking），俗稱 Bank 3.0。
4. 2030 年左右，無行員銀行（employee-free bank 或 banking），稱為 Bank 4.0。

工業與零售、銀行 1.0～4.0

產業	I	II	III	IV
一、工業				
時間	1780 年左右	1870～1914 年	1945～1990 年	2013 年起
工業革命	第一次	第二次	第三次	第四次
英文	Industry1.0	Industry 2.0	Industry 3.0	Industry 4.0
中文	工業 1.0	工業 2.0	工業 3.0	工業 4.0
技術	動力：蒸汽機	動力：電力	數位化革命資訊、通訊、技術	5G、人工智慧、物聯網
主導國家	英、法	美、日、西歐	美	美、中
產業	紡織	重工業：鋼鐵、石油　其他：電器、化學	資訊	電動汽車　電信
二、服務業				
(一) 零售業				
時間		1916 年	1975 年	1995 年	2018 年起
階段		Retail 1.0	Retail 2.0	Retail 3.0	Retail 4.0
		零售 1.0	零售 2.0	零售 3.0	零售 4.0
業務		統一收銀櫃檯	銷售時點系統	電子商務	智慧商店、無收銀員商店
(二) 金融業（銀行）				
時間		1967 年起	1992 年起	2010 年起	2018 年起
階段		Bank 1.0	Bank 2.0	Bank 3.0	Bank 4.0
業務		自動櫃員機	銀行線上業務	手機支付	網路銀行

Ⓡ 伍忠賢，2020 年 11 月 21 日。

科技之一：資訊科技之人工智慧

2016 年 3 月，美國谷歌的英國子公司 Deep Mind 的人工智慧圍棋軟體「Alpha Go」（音譯：阿爾法狗）以 4 比 1 打敗南韓籍圍棋職業九段棋手。人工智慧（AI）已成為生活用語，本單元不說明機器學習等資訊技術，著重在技術沿革和運用。

一、全景：數位科技（Digital Technology)

1950 年代起，資訊技術（information technology）興起，把資料以 0 與 1 的數位方式儲存在電腦中，以便處理。

二、近景：1990 年代起，加上通訊技術

1990 年，在瑞士，英國人伯納斯─李（Tim Barnes-Lee, 1955 ～），推出全球資訊網（world wide web, www），號稱網際網絡（internet）商業運用開始。1990 年起，無線通訊技術進入第二代（2G），這有助於行動裝置（平板電腦、手機）上網。

三、特寫：人工智慧（Artificial Intelligence)

人工智慧	=	人工	+	智慧
		由人設計 為人創造		偏向機器學習平台 （machine learning platforms)

四、人工智慧的運用：擴增版一般均衡架構

1. 在「投入面」：生產因素市場之技術，粗分為「影」、「音」、「文字」三種數位資料和技術。
2. 在「轉換面」：產業，包括農、工、服務業。
3. 在「產出面」：商品市場，包括（家庭）消費、（公司、政府投資）、政府支出、國際貿易。

五、順口溜：大人物

有人把三個科技名詞用藏頭詩方式表示：
「大」數據
「人」工智慧
「物」聯網
例如：2021 年 3 月 16 日，臺灣的電信公司遠傳總經理井琪表示，「大人物」技術，提供數位服務給企業，由電信公司（Telecom）數位轉型成的科技服務公司（Telecom+）。（經濟日報，2021 年 3 月 17 日，A4 版，黃晶琳）

生產因素市場之技術：人工智慧	轉換：產業	商品市場

一、（聲）音
（一）聽
語音辨識（speech understanding）
或（speech recognition）
（二）說
自然語言處理
（natural language understanding）
自然語言生成
（natural language generation）
（三）聽、說
智慧型代理人（intelligent agent）或
虛擬助理（virtual agent）

一、家庭消費
之（三）住：
智慧家庭
之（四）行：
自駕汽車
之（五）育
照顧護理機器人
陪伴機器人

二、影（像）
電腦視覺（computer vision）或圖
像識別（image recognition）
機器人應用（robotic application），
或稱機器處理自動化（robotic
process automation）

一、農業
智慧農業
二、工業
（一）製造業
　　智慧製造
三、服務業

二、投資
三、政府支出
0. 智慧城市
1. 住：智慧防災
2. 行：智慧交通

三、文（字）
（一）專家系統（expert system）或
　　稱文本分析（text analytics）
（二）類神經網路（artificial neutral
　　network）

（一）食
　　批發零售業
　　智慧零售
（二）育
　　智慧校園
（三）育
　　智慧醫療

四、出口減進口

Unit 1-3　科技之二：通訊科技之 5G ——臺灣 5G 行動計畫

一、全景：通訊技術 10 年二個世代

由下表可見，在無線通訊（例如：手機）上，從 1980 年代起，平均 10 年一個世代，峰值速率進步速度從 5 倍到 10 倍，愈來愈快，運用範圍愈來愈寬。

二、近景

2019 年 4 月 3 日，南韓三星電子公司推出 5G 手機 Galaxy S10 5G，號稱全球第一支 5G 手機，南韓號稱全球第一個商業營運的 5G 國家。2020 年 8 月美國 T-mobile 號稱全美服務。

三、特寫：2019 年 5 月 10 日臺灣 5G 行動計畫

由於 5G 的重要性，在臺灣，2019 年 5 月 10 日，行政院發函「5G 行動計畫」。

臺灣行政院 5G 行動計畫全景

管理活動	說　　明
0、目標 　　期間	全球供應鏈主要夥伴 2022 年產值 500 億元 2019 ～ 2022 年
一、策略	上層策略：2019 年 10 月，數位國家創新經濟發展方案 中層政策：臺灣 5G 行動方案
二、組織設計 　以行政院為例	上層：數位國家創新經濟推動小組（簡稱 DIGI 小組） 中層：科技會報辦公室 下層：資通安全辦公室，幕僚單位資通安全處
三、獎勵制度	政府投入 204.66 億元

無線通訊技術發展沿革

年代	1980	1990	2000	2010	2020	2030
1. 代	1G	2G	3G	4G	5G	6G
2. 峰值 速率	2Kbps	10Kbps	3.8Mbps	0.1~1Gbps	1~10Gbps	10~100Gbps
3. 頻率	800~900MHZ	800~1,900MHZ	1.6~2.5GHZ	2~8GHZ	3~300GHZ	--
4. 運用 網路 (1) 音樂 (2) 文字 (3) 影片	-- -- -- --	-- -- 簡訊 電子郵件 --	∨ -- ∨ ∨ --	∨ 音樂串流 ∨ ∨ 1,080p	車聯網 ∨ ∨ ∨ 4K VR 直播	∨ ∨ ∨ ∨ 8K 以上

資料來源：整理自吳元熙，「跟 4G 不一樣在哪？」，數位時代，2019 年 7 月 22 日。

生產因素市場	推動主軸	推動措施
一、自然資源	推動垂直應用場域實證	1. 臺北市：臺北流行音樂中心 2. 新北市：林口新創園區 3. 臺南市：沙崙創新園區，偏重綠能科技業
二、勞工	建構創新應用發展	1. 培育人才 4,000 位 2. 透過公司建構應用標竿實例，帶動產業發展 　·行：公共物聯網 　·育：智慧醫療 　·樂：文化科技
三、資本	釋出 5G 頻譜	1. 標售第一批段頻譜，三頻段，2,790MHZ 頻寬 　2020 年 2 月 21 日，頻譜標售結束，標金 1,422 億元 2. 專網發展，4.8 ～ 4.9GHZ 頻段 　·公司：智慧製造中的工業安全 　·醫療照顧：遠距醫療、照顧 　·公共安全：智慧安全守護社區
四、技術	完備技術	1. 建立優勢核心技術等，並推出「企業專用網路」（簡稱企業專網，local 或 private 5G network），2021 ～ 2022 年開放公司申請
	核心及資訊安全防護能量：生態鏈	2. 制定資訊安全政策 包括產品端的供應鏈、電信公司等營運資訊安全的防護能力
五、企業家精神	調整法規	1. 2019 年 6 月 26 日，公布〈電信管理法〉10 個成功新創團隊 2. 放寬《公平交易法》中電信市場的聯合行為，例如：跨業合作等

資料來源：整理自行政院全球資訊網，臺灣 5G 行動計畫。

Unit 1-4　5G 與人工智慧技術運用：智慧零售——零售 1.0 ～ 4.0

2015 年起，零售業的一些人士，跟上工業、銀行 3.0、4.0 版用詞流行風，於是有「零售 1.0」到「零售 4.0」的用詞。本文很嚴謹的定義零售業四次業務自動化，與坊間的分類方式不同。

一、零售 1.0 ～ 4.0

「舉一反三」，我們先說明工業、銀行 1.0 到 4.0，再來說明零售業的四次自動化革命就同理可推了。

1. **1916 年起**，大賣場取代小店，零售 1.0（即 Retail 1.0）：美國小豬商店（Piggly Wiggly Store）以開放式賣場，以出口收銀臺結帳的方式，解決了類似菜市場小店人滿或人稀的極端情況，流行後，大店取代小店，小店人力釋出。
2. **1975 年起**，POS、EDI，零售 2.0（即 Retail 2.0）：由於工業電腦（在零售業，例如：銷售時點系統 POS）、電子資料交換（Electronic Data Interchange，在 1975 年起，訂貨）運用，大量節省人力。
3. **1995 年起**，電子商務，零售 3.0（即 Retail 3.0）：網路商場、商店推動電子商務，取代很多店面人力。
4. **2018 年起**，無收銀員商店，零售 4.0（即 Retail 4.0）：2018 年 1 月 22 日，美國亞馬遜公司推出第一家無收銀人員商店（cashierless store，直譯無收銀員商店）Amazon Go，本質上跟工業 4.0 無人工廠一樣，詳見右表。店內有三位員工，一人負責補貨，一人負責餐飲訂做，一人負責客服（進場等）。在零售商店的顧客自助結帳不容易實施，主要是約有 4% 的顧客會作弊，這比率太高，零售公司試點後，又恢復人工收銀。

二、零售 4.0 在商店行銷管理的涵義：以美國沃爾瑪為例

以科技角度來說，零售 4.0 是指運用零售科技（retail technology）以達到智慧零售（smart retailing）甚至無收銀員商店。以商店行銷管理角度來說，詳見右表。

1. **美國沃爾瑪**：2000 年，美國成立沃爾瑪電子商務（以前自稱為沃爾瑪網路公司），強調「網路消費，線下取貨」（online to offline），線下指的是「商店」。如此才可省下宅配運費，以跟網路商店打價格戰。2009 年 8 月成立沃爾瑪網路商場（Walmart Marketplace），展開讓網路商店販售。
2. **中國大陸情況**：2003 年 5 月，中國大陸的淘寶網成立。商店以永輝超市來說，大約 2008 年也跟進「網路消費，商店取貨」。

三、第三階段（2017 年起）：商店與網路商店「無縫」進擊

這階段，商店與網路商場的界限已消失。

1. **商店全線反擊**：2000 年起，沃爾瑪兵分二路，全面反擊網路商場。
   - 網路商店：沃爾瑪收購許多衣、鞋、電子商品的網路商店。
   - 物流：進階到宅配到府，跟所有網路商店一樣，一定金額以上免運費。
2. **網路商店設立商店**：2007 年 8 月，亞馬遜公司成立亞馬遜生鮮（Amazon Fresh）公司，專門負責生鮮食品的購物。2015 年 11 月起，美國亞馬遜公司開始設立亞馬遜書店，到 2017 年 9 月 15 日，收購全食超市（Whole Foods Market），大幅踏入生鮮食品的到店取貨、宅配。

一、市場研究	大數據分析、雲端運算	沃爾瑪電子商務公司下設「大與快速」資料（Big & Fast data）部門
（一）消費行為分析	消費者三件事： 最近一次消費（recency） 消費頻率（frequency） 消費金額（monetary）	例如：沃爾瑪以 3 億美元收購 Kosnex 公司（專長在分析社區至網站，2010 年 12 月成立，該公司在英國倫敦市）
（二）競爭者分析	更精準、透明	2005 年成立沃爾瑪實驗室（Walmart Labs）公司，以分析社群動態
二、行銷策略 I： 　市場區隔與定位	市場區隔很細（地區、人種、性別、年齡等）	
三、行銷策略 II： 　行銷組合		
（一）商品策略		
1. 個人化 　（personalization）	個人化商品／服務	2011～2014 年收購下列公司： Garbble OneOps Social Calenda Small Society Tasty Labs Torbit
2. 其他	即時完成的數位顧客服務	
（二）定價策略		
1. 定價頻率	（1）機動定價：在廣告上使用「or near offer」（ONO） （2）價格透明	
2. 付款	自動結帳、電子錢包	自動收銀櫃檯
（三）促銷策略		
1. 廣告	數位行銷／社群媒體／在地化	2011 年谷歌公司強調的第零次接觸行銷（zero moment of truth, ZMOT），指到店前的行銷。
2. 人員銷售	顧客關係管理（CRM）	2012 年，沃爾瑪公司總裁 Mike Duke
3. 促銷品		稱為 Solomome
（四）實體配置策略	1. 智慧物流：無人機、自駕汽車等宅配到府 2. 到店取貨：包括路旁取貨	so: social（社交化） lo: local（本地化） mo: mobile（移動化） me: personalized（個性化）

金融業範圍與重要性

一、總體：一般均衡架構

由右上表可見，以 2022 年預估值來說明在三方面金融業的重要性。

1. **投入面**：生產因素市場中「勞工」。金融業占全體工作人數 8.61%。
2. **轉換**：三級產業中服務業。以 2021 年總產值（GDP）來說，金融業占 6.73%，最大的是工業 37.95% 中的製造業（占 32.88%）。服務業 60.57% 中最大行業是批發零售業（占 15.72%）。
3. **產出面**：以經濟成長率貢獻程度來說，經濟成長率 4.42% 中，金融業占 0.46%，對經濟成長率貢獻度 10.39%。

二、個體：以行業來區分

金融業可說是服務業中第二大行業，由右下表可見，金融業分三大類行業：

1. **銀行**（本書焦點）：由第二欄可見，銀行中分類主要是依公司所有權的國籍。
   (1) 外國銀行（全部為分行）：家數約 30 家，員工人數 2,657 人，幾乎全部在臺北市。
   (2) 本國廣義銀行：這包括本國銀行（本書焦點）、信用合作社、農漁會信用部。以資產、放款等來說，本國銀行 40 家占 97.5% 以上。
2. **保險業**：分成兩中類人身保險（俗稱壽險）、財產保險（俗稱產險），保障標的不同。壽險從業人員 25.7 萬人，占保險業 64%，其中有九成是保險業務員（俗稱外勤人員），一般來說，不屬於保險公司員工，而是自營作業人士，在各縣市產業公會投保勞工保險。
3. **證券期貨業**：這分為二中行業，但以員工數來說，證券業占 96%，以營收、淨利來說占 92%。

臺灣金融業對經濟的重要性

時：每年約 10 月中旬
地：臺灣臺北市
人：臺灣金融服務業聯合總會（簡稱金融總會），2005 年成立
事：發布當年〈金融建言白皮書〉，每次都會依本單元右上表〈以去年數字〉作表

2022 年金融業對經濟的重要性

項　　目	生產因素市場：勞工	轉換：產業	商品市場：經濟成長率
(1) 全國	1,142 萬人	總產值 22.85 兆元	4.42%
(2) 金融業	99 萬人	1.538 兆元	0.46%
(3) = (2) / (1) (%)	8.67	6.73	10.39

資料來源：2022 年 2 月 24 日，行政院主計總處預估經濟成長率 4.42%，本書上調至 4.5%，其餘依 2021 年結構。

金融業的大中小分類與經營績效（2020）

大分類	中小分類	2022.6 員工數	營收	稅前淨利
			（單位：億元）	
一、銀行	（一）外國分行 30 家	2,657	--	--
	（二）臺灣		2021 年	
	1.銀行，40 家 *	155,406	10,227	3,387
	2.信用合作社，23 家	3,973	--	--
	3.農漁會信用部，311 家	9,544	--	--
二、保險業		400,000	33,521	2,227
	（一）人身保險，22 家	257,157	31,640	2,079
	（二）財產保險，20 家	172,843	1,881	148
三、證券期貨業		47,615		
	（一）證券		2020 年	
	1.證券公司，105 家	39,709	1,456	653
	2.證券投資顧問公司，86 家	1,791	89	6.8
	3.證券投資信託公司，39 家	4,322	452	110
	4.證券金融公司，1 家	53	5	2
	（二）期貨			
	期貨公司，15 家	1,740	166	50

* 註：40 家其中 3 家為純網路銀行。

全景：金融科技的範圍

一開始，開宗明義的說明金融科技的涵義和範圍。

一、大易分解法了解

Financial	Technology（簡寫 FinTech）
金融業	1. 一般型
1. 銀行	(1) 人工智慧
2. 保險	(2) 5G
3. 證券期貨	2. 專屬型
（含財富管理）	區塊鏈

二、詮釋

金融科技有兩個涵義：

1. **金融業運用金融科技**：科技是通用的，金融業（本書聚焦於銀行）運用金融科技，以更有效率地服務顧客、客戶。俗稱數位銀行（digital bank）。

2. **金融科技業**：金融科技公司（FinTech company）運用金融科技提供金融商品／服務給客戶，尤其是金融業疏忽的一群，例如：信用小白。

三、金融科技的範圍

1. **金融穩定學院以樹比喻**：由下方小檔案可見，國際清算銀行旗下的金融穩定學院用一株樹來比喻金融科技環境（FinTech environment）。

2. **三大類**：由右表第四列可見，金融科技範圍分三大類。在第二列中，我們加上相關人士，例如：金融業主管機關（在臺灣，指行政院金融監督管理委員會）負責「政策輔佐（產業）」（policy enablers）。

3. **三中類**：每一大類可再細分三中類，包括資訊（例如：資訊安全）、顧客身分辨識與行業發展。

金融穩定學院的「金融科技樹」

時：2020 年 1 月 30 日
地：瑞士巴塞爾市
人：金融穩定學院（Financial Stability Institute）
事：在〈Policy responses to FinTech: a cross country review〉（23 號公報）中，把金融科技環境以一株樹比喻，分成三部分，稱為「金融科技樹」（FinTech tree），又稱為金融生態系統（financial ecosystem）。整份報告本文 47 頁，參考資料加附錄 8 頁。

金融科技的範圍

架構	投入	轉換	產出：產品／服務
一、以樹比喻	樹根（roots）	樹幹（trunk）	樹冠（leaves）
二、人	主管機關	資訊公司等	金融業
三、金融科技 ・大分類	政策輔佐 （policy enablers）	賦能技術 （enabling technology）	金融科技活動 （FinTech activities）
・中分類			
（一）行業	1.開放銀行政策 ・促進型 ・規範型 各處資料整合 （portal and aggregators） 開放資料 （open source） 在銀行業稱為開放銀 行（資料） 2.創新促進措施 （innovation faciliators） ・監理沙盤 ・創新中心 ・加速器	1.資料運用（data applications） ・大數據分析 （big data analysis） ・人工智慧 ・分散式帳本技 術（distributed ledger technology, DLT） 2.區塊鏈 （block chain） 3.智慧契約 （smart contracts）	1.銀行業 ・網路銀行（digital banking） ・數位支付服務 （digital payment services） ・電子貨幣服務 （e-money services） ・金融科技融資平台 （FinTech platform financing） 2.證券與期貨業 ・與加密資產有關金融 資產（crypto- assets） ・機器人理財（Robo advisor） ・群眾募資（crowd funding） ・權益資金募資 （equity crowd- funding） 3.保險業、保險科技經 營方式（insurtech business models） 4.通用 作業自動化 （automation in finance）
（二）身分辨識	數位身分系統 （digital ID）	生物識別 （customer identification and authentication）	
（三）資訊	1.網路保護架構 （data protection） 2.網路安全架構 （cyber security）	雲端計算（cloud computing）	

® 伍忠賢，2021 年 2 月 18 日。

Unit 1-7 金融科技與金融業分類

金融科技必須化成商品、服務，公司才有營收，當一類商品／服務有多家公司參與，產值大到足以成為一個細分類，即 1948 年聯合國的國際行業標準分類（international standard industrial code, ISIC），本書以此基礎把俗稱的金融科技相關行業分類。

一、大分類

數位金融業（digital financial industry）是數位產業（digital industry）中數位終端產品／服務類中，三中類之一；另二個是電子商務、數位商品。數位金融業依業務內容，分屬 21 大類產業中的二大產業，為求用詞精準，本書命名如下。

1. **J 大類**—出版、影音製作、傳播及通訊出版業：主要是其中資訊業（行業代碼 62）中的 6201 電腦程式設計業，本書稱為「金融科技服務公司」（fintech service company），其服務對象，包括實體金融業的公司、金融科技營運公司。

2. **K 大類**—金融保險業：由右表可見，分為三個行業：金融服務業（狹義指銀行，廣義包括郵政公司）、保險業、證券期貨業。完全以網路來營運，本書稱為「金融科技營運公司」（fintech operation company）。

二、小分類一：金融服務業（主要指銀行）

由右表第三欄可見，金融科技營運公司三小類之一是金融服務業，常見銀行業務有三，如下。另一項是信用卡業務，行業分類碼如下。

- 6412 銀行業內的純網路銀行（internet-only bank）。
- 6419 其他貨幣中介業內的網路支付／匯兌。
- 6496 民間融資業內的「人對人」貸款（peer to peer loan, P2P。本意指「點對點」）網路放款平台、仲介。

三、小分類二：保險業

這主要是保險業中小分類「6551 保險代理及經紀業」，「純網路保險公司」（internet-only insurance company），因保戶缺乏信心，市占率極低。

四、小分類三：證券期貨及金融輔助業者

主要有三小類：

- 6611 證券公司，即純網路證券公司（internet-only securities company），在臺灣，2022 年證券公司電子下單比重 75%，讓純網路證券公司幾無生機。
- 6640 基金管理業、6691 投資顧問公司；這二者屬於機器人理財（robo advisor）服務範圍。

大分類	中分類	小分類	金融科技業
K 金融保險業 	金融服務業 64	641 貨幣中介業 6412 銀行業 6419 其他貨幣中介業 6430 信託基金及類似金融實體 6496 民間融資業	一、銀行業 （一）純網路銀行（internet-only bank） （二）網路支付／匯兌 1. 網路匯款 2. 行動支付（mobile payment） （三）網路放款仲介（internet loan intermediate）俗稱 peer to peer loan, p2p loan
	保險業 65	6510 人身保險業 6520 財產保險業 6551 保險代理及經紀業	二、保險業 （一）網路人身保險業 （二）網路財產保險公司
J 出版、影音製作資通訊服務業之 62 電腦相關服務業	證券期貨及金融輔助業 66	6611 證券公司 6621 期貨公司 6640 基金管理業 6691 投資顧問業	三、證券 （一）網路證券公司 （二）網路財富管理業務機器人理財（robo advisor)

® 伍忠賢，2021 年 1 月 11 日。

國際標準行業分類體系

時：1948 年起

地：美國紐約州紐約市

人：聯合國統計局（Statistics Divisivion，簡稱 UNSD）

事：發布〈International Standard Industrial Classification of All Economic Activities, ISIC〉，共分 3 大主體，21 大類經濟活動。

    1. 公司、政府、農工、服務業，第 1～19 類。

    2. 家庭：自給自足之設算，第 20 類。

    3. 特殊組織團體：活動，第 21 類，以臺灣來說，每 5 年（像 2021 年）根據上述母版稍適當修正。

全景：金融科技的演進與 Bank 1.0 ～ 3.0

自然科學（物理、化學）、社會科學（經濟等）都是演進的（evolution），很少是大爆炸（big bang）式的橫空出世。金融科技如何影響銀行經營方式，於本單元說明。

一、金融科技權威學者

你在「谷歌」搜尋 D. W. Arner，會發現三位香港大學教授，在金融科技與政府監理，寫了一系列論文，且每篇論文引用次數 100 次以上，自然在金融科技方面講話就比較有人聽。

二、金融科技 1.0 ～ 3.5

套用電信世代（1.0、2.0、2.75、3）等用詞，道格拉斯‧阿那教授把金融科技分成 1.0 版到 3.5 版，詳見右上表。1866 年，美國紐約州紐約市到英國倫敦市的首條泛大西洋電纜通用，英美的銀行間，可以透過此進行交易。

三、金融科技與銀行 1.0 ～ 3.0 對應

金融科技對銀行經營方式（銀行 1.0、2.0、3.0）的影響，由右表可見，金融科技 2.0（即自動櫃員機）帶來銀行 1.0。金融科技 3.0、3.5 版帶來銀行 3.0 的經營方式。

全球金融科技採用率（％）

金融業	2015 年	2017 年	2019 年
一、保險業	8	10	29
二、銀行業			
（一）貸款	6	10	27
（二）支付	18	50	75
三、證券期貨業			
（一）財務規劃	8	10	29
（二）儲蓄與投資	17	20	34

資料來源：Statista, Consumer Fintech Adoption Rates，2022 年 1 月 11 日。

金融科技與銀行經營方式的演進

時	1866~1966 年	1967~2007 年	2008 年起	2010 年起
地	英、美	英	美、中	美、中
名稱*	金融科技 1.0	2.0	3.0	3.5
技術	英（倫敦市）美（紐約市）電線電纜	1. 1967 年 6 月自動櫃員機 2. 1973 年環球銀行金融電信協會（SWIFT）	1. 網路財富管理：2008 年美國加州 Wealth Front 2. 數位貨幣：2009 年比特幣 3. 網路群眾募資：2009 年美國 Kick Starter	1. 2010 年螞蟻科技小微企業貸款 2. 2011 年（Lufax）陸金所
銀行**		Bank 1.0	Bank 2.0	Bank 3.0

® 伍忠賢，2021 年 1 月 21 日。

* 資料來源：Douglas W. Arner 等三人，"FinTech: Evolution and Regulation"，SSRN Journal，2016 年 1 月。香港大學國際金融法亞洲學院教授。

** 布萊特‧金恩（Brett King），Bank 4.0: Banking everywhere, Never at a Bank，Wiley 公司出版，2018 年 12 月 17 日。

銀行監理委員會

時：2018 年 2 月
地：瑞士巴塞爾市
人：銀行監理委員會（The Basel Committee on Banking Supervision, BCBS），國際清算銀行旗下。
事：發布（Implications of FinTech Developments for Banks and Bank Supervisors），本文 41 頁，附錄 10 頁。

近景：金融科技名詞起源與相關論文

Unit 1-9

從「金融科技」一詞的第一次應用的時空，大抵可了解其環境，本單元接著列表解說三篇引用次數較多的論文，詳見右下表說明。

一、狹義金融科技的來源

僅針對「金融科技」來說明此名詞的起源。

1. **由右上表可見**：狹義的金融科技起自 1972 年，但精準來說，源於 1993 年美國花旗銀行的「金融技術服務聯盟」計畫，經報紙報導後，金融科技一詞開始流行。

2. **全球公版的定義**：2018 年 2 月，全球工業國家中央銀行組成的金融穩定委員會（FSB），加上巴塞爾銀行監理委員會（BCBS）定義金融科技，詳見右上表。

二、金融科技的相關論文

狹義的金融科技的相關論文，在論文引用次數 100 次以上的論文較少，主因是金融科技 3.0 從 2008 年開始，而且 95% 以上金融科技營運公司股票沒有上市，缺乏公開資料（包括損益表、股價）。此外，許多銀行在數位化業務方面，也缺乏獨立的經營績效。

三、金融科技領先銀行經營一個世代

1. **金融科技比銀行領先一個世代**
   由右圖可見，金融科技 1.0 先出現，金融科技 2.0 就是銀行 1.0。

2. **金融科技有共識**
   由上述可見，金融科技有「君子所見略同」的定義，本書謹遵。

四、數位銀行業務

數位銀行業務（digital banking）是指以數位方式辦理銀行業務。「數位」指的便是電腦化，由右表中可見 Bank 1.0 的第一步便是自動櫃員機，所以 Bank 1.0、2.0、3.0、4.0 都是數位銀行業務。

金融科技（FinTech）一詞起源

時	地	人	事
1972 年	美國紐約市	Abraham L. Bettinger	曼紐法徹信託公司（Manufacturers Hanover Trust）副總裁，金融科技是結合電腦與管理科學技術
1993 年	美國紐約市	花旗銀行	執行「金融技術服務聯盟」（Financial Services Technology Consortium, FSTC）計畫
1993 年 8 月 13 日	美國紐約市	美國銀行家（日報）	在雜誌上一篇文章〈Friday Flashback: Did Citi Coin the Term "FinTech"?〉
2018 年 2 月	瑞士巴塞爾市	金融穩定委員會（FSB）、巴塞爾銀行監理委員會（BCBS）	在〈Implications of FinTech Developments for Bank and Bank Supervisors〉報告中，技術帶來的金融創新，能夠充分創造新的經營方式、應用、流程和產品等，進一步對金融市場、機構、服務造成一定影響。

三篇論文引用次數前茅的金融科技論文

時	地	人	論 文
2016 年 1 月	中國香港	D. W. Arner 等三人	香港大學學術庫 "The Evolution of FinTech: A New Post – Crisis Paradigm?" 論文引用次數 628 次
2016 年	瑞士	Patrick Schueffel	在〈Journal of Innovation Management〉上論文 "Taming the Beast: A Scientific Definition of FinTech"，第 32～54 頁，論文引用 304 次
2018 年 3 月	美國紐約市	Thomas Philippon，紐約大學商學院教授	國際清算銀行 2016 年年會論文 "the FinTech Opportunity"，共 24 頁，本論文是數學式推導，論文引用次數 277 次

近景：金融科技在銀行業務的運用

有關於金融科技在金融業中銀行業務的運用，人云云殊，我們採取權威機構的定義。

一、權威機構：銀行監理委員會

由於銀行監理委員會可說是全球中央銀行的「聯合國」，因此，其發布的「報告」（在會計準則方面稱為公報），就成為全球銀行的指導原則。

二、權威定義

由下方小檔案可見，銀行監理委員針對金融科技在銀行業的運用，以表的方式呈現，本書依銀行三大業務重新整理於右表。

三、零售與銀行數位轉型

以零售業來就近取譬。

美國零售與銀行、證券業數位經營程度

數位比重%	零售業	銀行業	證券業
· 數位經營（Digital Operation）100% · 數位轉型（Digital Transformation）33～49% · 實體經營 33% 以下	零售 2.0 零售型電子商務 1. 亞馬遜 2021 年 · 營收 4,690 億美元 · 數位營運 8,520 億美元 · 數位營運比率 96.4% 2. 沃爾瑪 2022 年 · 營收 5,727.5 億美元 · 其中零售型電子商務 732 億美元，占營收 12.78%	· Bank 4.0 純網路銀行 Ally Axos Chime Discover · Bank 3.0 手機銀行業務 摩根大通 美國花旗	羅賓漢市場公司（Robinhood Market Inc.） 摩根史坦利證券 美國銀行旗下美林證券

® 伍忠賢，2022 年 4 月 19 日。

近景：銀行業為主的金融科技公司分類

存款／外匯

一、信用評分（credit scoring）

二、金融科技營運公司

（一）網路放款仲介（internet loan platform，也有稱 fintech balance sheet lending）

三、銀行

（一）網路銀行（digital banking）

（二）實體銀行的手機服務方式，俗稱銀行 3.0（mobile banks）

*（三）機器、流程自動化（robtic process automation, RPA）

例如：支票交換、存款餘額函證

*（四）外匯、信用狀智慧合約（smart contract）

支付

一、批發型支付（wholesale payment）

（一）外匯（FX whole）

（二）本國幣

1. 數位交易平台（digital exchange platforms）

2. 轉帳網路（value transfer networks）

二、零售型支付（retail payment）

（一）電子支付（mobile wallets）

1. 手機支付（mobile payment、App）

*2. 語音驅動支付（voice-enabled payment）

*3. 虛擬信用卡（virtual card）

4. 電子憑證

（二）轉帳（peer-to-peer transfer）

（三）數位貨幣（digital currency 或 e-money）

其他

一、證券、外匯交易

1. 電子下單（e-trading）

2. 跟單交易（copy-trading）

3. 高頻交易（high-frequency）

二、財富管理

1. 機器人理財（robo-advisor）

*2. 自動化財管（automous finance）

三、顧客服務人工智慧與機器學習（AI 與 machine learning, ML）

例如：聊天機器人（chatbot）

* 四、其他

1. 開放銀行資料（open banking）

2. 監理科技（regulatory technology）

資料來源：整理自瑞士的金融穩定委員會，2018 年 2 月，表 1，第 8～9 頁。

* 為本書所加。

全景、近景：
全球、金融中心競爭力排名

左側直書：圖解數位科技：金融科技與數位銀行

「有諸中形於外」，在討論哪一個國家、城市的金融科技排名時，這屬於「特寫」鏡頭，還是得盱衡大局。本單元由全景、近景角度切入，當你把兩個機構的編製方法、結果放在一個表比較，會發現「君子所見略同」。

一、全景：全球各國／地區競爭力排名

1. **編製：**由右表第三欄可見，世界經濟論壇所稱的「全球競爭力」，本質是各國的「核心能力」，即生產因素市場上的五種生產因素。
2. **結果：**由右表第二欄可見，全球前十名，其中有四個小國／地區，新加坡、香港是東南亞、東亞的交通樞紐，地點好。

二、近景；金融中心指數排名

各金融都市在金融中心的分數，詳見右表第三欄。

1. **編製：**由右下表第二欄可見，這是英、中兩個機構共同編製的，考量因素仍是五種生產因素，本質上是核心能力。以 2021 年 9 月 24 日公布的名次來看，與右上表第四欄相近。
2. **結果：**由右表第四欄可見，全球十大金融中心（城市），此結果與全球外匯、股票市場（右表第三欄）的排名一致。也就是任何金融中心評估前十名，必須與實際成交量等排名相近。

全球金融中心指數（GFCI）編製沿革

時	2007.3	2016.6	2021.6
人	Z/Yen 集團公司	同左	同左
事	第 1 期 GFCI	加上深圳市 中國綜合開發研究院 第 20~29 期 GFCI	同左 加上深圳市 加上南韓釜山市 第 30 期 GFCI

全球各國競爭力、各城市金融中心前 10 名

全球競爭力			全球十大股市 *			金融中心指數	
			2021 年 7 月			2022 年 3 月 24 日	
排名	得分	國家／地區	交易所	市值（兆美元）	排名	得分	都市
1	84.8	新加坡	那斯達克	23.46	2	712	新加坡
2	83.7	美國	紐約	26.64	1	759	紐約
3	83.1	中國香港	香港	6.13	6	715	香港
4	82.4	尼德蘭	Euronext	7.33	4	687	阿姆斯特丹
5	82.3	瑞士				686	蘇黎世
6	82.3	日本	東京	6.79	5	708	東京
7	81.8	德國	深圳	5.72	7	710	中國北京市 美國加州
8	81.2	瑞典				711	舊金山
9	81.2	英國	倫敦證交所	3.61	10	726	倫敦
10	81.2	丹麥	TMX	--	--	690	馬德里
12	80.2	臺灣					臺北市
28	73.9	中國上海	上海	7.63	3	714	上海市

資料來源：整理自「維基百科」。　*Trade Brains，2021 年 8 月 18 日。

全球金融中心指數編製機構

時	半年一次（3 月 25 日、9 月 25 日）	每年 10 月 8 日左右
地	1.英國倫敦市 2.中國大陸廣東省深圳市	瑞士日內瓦市
人	1.Z/Yen 集團公司，1994 年成立 2.中國綜合開發研究院（CDI，或綜研院）1989 年成立	世界經濟論壇（WEF），1979 年起推出
事 一、投入中國 1.對象 2.項目 生產因素市場 ・自然資源 ・勞工 ・資本 ・技術 ・企業家精神 二、轉換 三、產出	116 個都市 五大類、20 中類、100 多項 基礎設施 人力資本 金融業發展水準 綜合聲譽 經營環境 由 12,862 位專家學者上網填寫問卷 全球金融中心指數（Global Financial Centers Index, GFCI），2007 年 3 月起，每半年發布一次，簡體字版	2004 年起，141 國家／地區 四大類、12 中類、138 項 環境便利性 同左 市場發展水準 創新生態體系 同左，8,549 位 全球競爭力報告，其中關鍵是全球競爭力指數（Global Competitiveness Index, GCI）

Unit 1-12 特寫：金融科技（指數）排名

本書以金融科技、數位銀行為主軸，本單元聚焦在全球主要國家的都市在金融科技排名。

一、英文維基百科對 Financial Technology 的定義

時：2017 年 2 月 16 日

地：美國紐約市

人：Lenny Sanicola，他是人力資源協會 World at Work 的發言人之一

事：在哈勞登郵報〈Huff Post〉為文 "What is FinTech ？"。他看了 200 多篇論文，得出「金融科技」的定義。

二、全景：綜合評比

以右下表第二欄英國德勤會計師事務所（Deloitte，在臺灣稱為勤業眾信）與新加坡 All Street 研究公司合編的全球金融中心評估報告來說，這是把三個權威機構的指數，加權平均得到綜合得分，可說是種雞尾酒式評價。雞尾酒誰都會調，再加上沒有強有力的媒體表態，故而此評比知名度不高。

三、近景：金融科技評比

當你在谷歌搜尋 fintech index ranking，會跳出來許多機構做出來的資料結果，令人眼花撩亂。我們由全球重大新聞媒體共同發表的，挑出兩家。詳見右表第二、三欄。

1. **英、中兩家一線大學合作**：由中國大陸的媒體公布發表。
2. **英國 Findexable**：由英、美兩家科技網路媒體發表。

四、特寫：英國公司 Findexable

這是一家 2017 年在英國成立的小公司（員工人數約 22 人），公司小但志向大，由右表可見，它所衡量的金融科技城市有 238 個，是同業的四倍。

圖解數位科技：金融科技與數位銀行

金融科技國家、城市排名

排名	國家／地區	得分	國家	城市
1	美國	31.789	中	北京
2	英國	23.262	美	舊金山
3	新加坡	19.176	美	紐約
4	立陶宛	17.343	中	上海
5	瑞士	16.018	中	深圳
6	尼德蘭	14.464	英	倫敦
7	瑞典	14.272	中	杭州
8	澳大利亞	13.555	星	新加坡
9	加拿大	13.322	美	芝加哥
10	愛沙尼亞	13.303	澳	雪梨
21	中國大陸	11.143	--	--
50	臺灣	8.321	--	--

三個評比全球金融科技的機構

時	每年 1 月 17 日	每年 9 月 26 日	每年 12 月 4 日
地	1.英國倫敦市 2.新加坡	1.中國大陸北京市 2.中國大陸浙江省	英國倫敦市
人	1.德勤（Deloitte），1845 年成立 2.All Street Research 公司，2012 年成立	1.前沿金融監管科技研究院 2.浙江大學網路金融研究院（Zhejiang University International Business School）	Findexable 公司，2017 年成立，董事長 Darren Franks
事 一、投入對象	44 個城市	50 個城市	65 國、238 個城市
二、轉換	金融中心經商環境、全球創新指數	金融科技中心指數	同左
三、產出 （一）發表機構	--	新浪 中國金融信息網	美國 CrunchBase 英國 FinTech Magazine
（二）報告	全球金融科技中心評估報告（Connecting Global FinTech: Hub Review）	全球金融科技中心報告（Global FinTech Hub Report）	--
（三）指數	依分數分成三個級距，愈低愈好。25 分以下、26~150 分、150 分以上。	全球金融科技中心指數（Global FinTech Hub Index, GFHI）	全球金融科技指數（Global FinTech Index）

全球金融科技業的投資

Unit 1-13

有關全球金融科技業的權益投資，統計數字差異大（涉及資料範圍）、資料來源分成兩大類公司，於本單元說明。

一、資料範圍

1. **狹義：不包括傳統金融業**
   - 畢馬威（KPMG）：2019 年 5,126 億美元，包括三種投資：創業投資、私下募集權益基金、公司收購和合併。
   - Statista 公司，詳見下圖，原始資料來自上述。
2. **廣義：包括金融業，這比較少見。**

二、資料來源

1. **市場調查公司**
   - 德國漢堡市 Statista：本書以此為準。
   - 美國紐約市 CB Insights。
2. **企管顧問公司、會計師事務所**

   由右表可見，二家企管顧問公司、四大會計師事務所之一的英國畢馬威（KPMG，臺灣稱安侯建業）皆有。

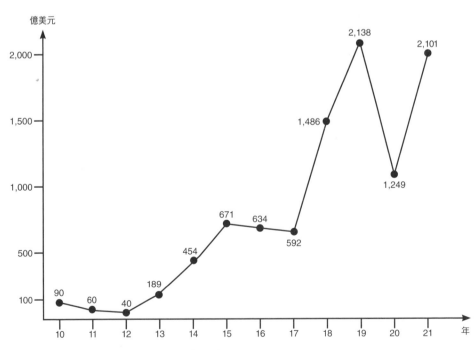

資料來源：Statista，2022 年 3 月 18 日。

有關金融科技公司全球的統計

公司	統　　計
一、市調公司 1. Statista 	・每年 11 月 9 日 　Global investments in FinTech companies ・過去 10 年 　Value of investments in FinTech sector worldwide 　from ・過去 10 年（付費），另有季資料（付費） 　Largest FinTech deals globally 當年 　Number of FinTech startups world 當年，by region 　FinTech deal funding worldwide 　FinTech: lending, payments and wealth startup 去年
2. CB Insights 　企管顧問公司	季報，另下列四家公司也有統計： ・愛爾蘭埃哲森（Accenture），全球最大企管顧問公司 ・英國畢馬威（KPMG），每半年出版一次 　金融科技脈動（Pulse of FinTech）6 月 20 日 　〈FinTech-pulse-report〉 ・美國波士頓顧問公司

2021 年金融科技公司的投資特色

分類	說　　明
一、地理範圍 二、金融業 三、被投資公司	北美第一亞洲市場，超越歐洲 銀行 3.0 為主，網路借貸、純網路銀行、數位支出 1. 種子輪、A 輪募資減少 2. B 輪之後，募資增加 表示金融科技公司已日漸成熟，投資公司減少「雪中送炭」，增加「錦上添花」。

資料來源：整理自 CB Insights，2021.10.11。

Unit 1-14　全球、美國十大金融科技公司

在谷歌搜尋 World Top 10 FinTech company，會出現琳瑯滿目的結果，由右表可見，依地理涵蓋分成三個層級，再依排名依據（最單一的是公司股票市值，再到五個大分類），予以排名。以全球來說，較常引用的是英國畢馬威（KPMG）與澳大利亞 H2 Ventures 公司的「全球百大金融科技新創公司」報告。

一、全景：依全球區分

1. 美國 4 家

由右表第二欄可見，全球十大金融科技公司中，美國公司占 4 家，這很合理。中國大陸號稱是金融科技最大市場，海大自然能夠容納鯨魚，螞蟻科技集團估值第一。

二、近景：依國家區分

29 個國家，100 家大公司中，美國 15 家、英國 11 家、中國大陸 10 家，占 100 家的四成。這跟其占全球總產值相近。右下表右方是美國十大股票估值金融科技公司，有 4 家是支付公司。

三、特寫：依行業區分

以金融業來說，銀行業（支付、貸款仲介）約占七成，保險業占二成，證券期貨業（含證券經紀、財富管理）占一成。

四、美國金融科技業或銀行、證券公司人員跳槽

金融科技是一個熱門領域。想打入金融服務市場的新公司，需要有經驗的老手，一位服務於美國金融科技大銀行、年薪原本就 1,000 ～ 1,500 萬美元的部門主管，如果跳槽到金融科技的新公司，年薪能增加一到兩倍，且還有更多成長空間。

（部分摘自經濟日報，2021 年 3 月 15 日，廖玉玲）

全球、各洲區域、各國金融科技公司排名

地理範圍	時	人	說　明
一、全球	・6 月 16 日 ・5 月 3 日 與 10 月 3 日 ・8 月 5 日 ・8 月 13 日	Insider Intelligence 投資百科（Investpodia） Builti In FinTech 安侯建業（KPMG）與 H2 Ventures（澳大利亞 雪梨市）	依員工數排列 依公司市場占有率、 股票 市值（含估 值）、發展潛力 43 家值得注意的新 創金融科技公司 從 2014 年起，全球 百大金融科技新創 公司，依五大項目
二、洲／區域 　歐洲	8 月 6 日	EMEA（歐洲、中東）	依市值區分
三、國家 1. 美國 2. 中國大陸	2 月 12 日 10 月 27 日	富比世 胡潤研究院（Hurun）， 2012 年成立	依公司股票市值 同上

全球　（2022 年未上市且具影響力）　**美國**　單位：億美元

排名	國	公司	市值	行業	公司	市值	2020 年 2 月 行業
1	中國大陸	螞蟻	1,500	網貸與財富管理	Striple	950	支付
2	美國	貝寶	380	支付	Klarna	310	支付
3	馬爾他	Binance	1,000	消費金融	Kraken	200	加密貨幣交易所
4	美國	Stripe	950	支付	Chime	145	網路支付
5	加拿大	Shopify	870	電子商務	Plaid	134	五國網路支付
6	美國	Block	800	信用卡	Robinhood	117	網路股票、基金交易
7	尼德蘭	Adyen	630	國際	Brex	74	個人微信
8	美國	Coinbase	490	加密貨幣交易所	Carta	68	公司資本調查
9	瑞典	Klarna	460	支付	Gimini	50	加密貨幣
10	英國	Checkout	400	金融科技服務	Hippo	50	住宅保險

資料來源：整理自 Fintechlab，2022.2.10；美國富比世，2021.6.8。

數位科技在政府、金融業的運用

科技種類	政府監督科技	公司監理科技	金融科技
一、通用型技術			
（一）人工智慧			
1. 機器學習	· 可疑交易報告分析 · 詐欺偵測	· 洗錢防制（AML） · 法規解析	· 智慧顧客服務 · 個人信用評分
2. 自然語言處理	· 可疑交易報告分析 · 機器可讀法規 · 社群網路行為與輿情分析	· 詐欺防治與風險管理 · 法規解析	· 智慧顧客服務 · 顧客關係管理 · 個人信用評分 · 理財機器人
（二）大數據分析	社群媒體聆聽	認識顧客（KYC）與洗錢防制	演算法交易
（三）雲端運算	證券市場的監視等	同上	資料儲存與快速處理
二、特定型技術			
分散式帳本技術：區塊鏈	嵌入式監督（embedded supervision）	· 個人身分辨識 · 函證	· 數位貨幣 · 交割，例如：匯款等 · 智慧契約

® 伍忠賢，2021 年 1 月 20 日。

各國中央銀行與金融監理機構對金融業與金融科技業的監理

Unit 2-1　全景：全球銀行監理與金融穩定

金融科技對銀行業健全經營、金融穩定有影響，需全球同步協調，在這方面，全球主要國家銀行業組成國際組織以竟事功。

一、全球銀行業監理的起源

時：1930 年 5 月 17 日
地：瑞士巴塞爾市
人：60 個國家／地區
事：為處理第一次世界大戰，德國戰敗需賠償相關各國的款項，而在中立國瑞士北邊靠法德的邊境城市巴塞爾市，成立國際清算銀行（Bank for International Settlements, BIS），成員有：(1) 各國中央銀行、(2) 金融監理部會。

二、近景：巴塞爾銀行監理委員會（BCBS）

詳見右表第二欄。

三、近景：金融穩定委員會

詳見右表第三欄，在成立此委員會之前，1997 年 7 月東亞金融風暴，在 1999 年國際清算銀行與巴塞爾銀行監理委員會，成立金融穩定學院。

金融穩定學院（Financial Stability Institute）

時：1999 年成立
地：瑞士巴塞爾市
人：母公司國際清算銀行（BIS）與巴塞爾銀行監理委員會（BCBS），1947 年成立。
事：
· 緣起：1997 年 7 月，亞洲金融風暴
· 對策：上述二機構成立金融穩定學院
· 目標：針對全世界各國（尤其是七大工業國，加上比利時、尼德蘭、瑞士、瑞典，俗稱 10 國集團 Group of Ten，1962 年成立，有 11 國）的監理機構（regulators），主要針對金融系統的一般理解（general uderstanding）與交易。透過監理實務的資料互通有無，發布規範。

資料來源：整理自英文維基百科 Financial Stability Institute。

時	1974 年 11 月	2009 年 6 月 27 日
地 人	瑞士巴塞爾市 10 大國（G10），但擴大到 13 國，迄 2019 年已有 29 國／地區（中國大陸香港）	同左 24 個國家／地區
問題	由於 1971 年美國總統尼克森宣布停止以美元兌換黃金，布列敦森林體系終結，全球（六大國）匯率由固定匯率進入浮動匯率。再加上 1974 年 6 月德國（當時是西德）赫爾斯塔特銀行（Herstalt）倒閉等。	2008 年 9 月 14 日美國雷曼兄弟證券宣布破產，美國政府沒紓困，引發骨牌效應。美、英、日等國全面性「金融海嘯」（financial tsunami），2009 年全球經濟成長率 -1.674%，歷史好像回到 1929~1933 年全球經濟大蕭條（Great Depression）。
解決之道	巴塞爾銀行監理委員會（Basel Committee on Banking Supervision, BCBS） 偏重個體審慎監理（micro-prudential supervision），主要發布巴塞爾協定	2009 年 4 月 2 日，在英國倫敦市 20 國集團（20 Group）舉行峰會，決議成立金融穩定委員會（Financial Stability Board, FSB），以協調各國維持金融穩定。 偏重總體審慎監理（macro-prudential supervision），即金融穩定
1. 目標	銀行	金融業，以銀行為例
2. 資產	-	類似信用管制 ・限制借款人資訊 ・限制借款成數 （與抵押品價值）
3. 負債與 權益	V	類似巴塞爾協定

Unit 2-2 近景：美中臺的中央銀行組織結構——金融穩定與金融監理

美中臺政府對金融穩定、金融監督管理（financial supervision）的組織設計，大都由兩個部管理，本單元偏重中央銀行。

一、臺灣的中央銀行

以人員編制員工數 700 人來說，跟其他部的本部來說，算中大型。但由於 2021 年臺灣人口數目 2,350 萬人，所以三級單位（署、局）、四級單位（處、司）人數有限。由右表可見，在金融穩定中的總體審慎監理部分，由金融業務檢查處的金融穩定評估科（2006 年 1 月成立）負責，於 2008 年 7 月，發布首份金融穩定報告。

二、中國大陸的人民銀行

中國大陸人口 14.15 億人，人民銀行組織編制很大，有 13 個功能司、7 個功能局，詳見右表第三欄。

三、美國聯邦準備理事會與財政部

1. **財政部：**在 1789 年成立，主管美國鈔票硬幣的發行，為美元匯率政策主管機關。由於成立得早，順便也管理州級的金融機構。
2. **聯邦準備理事會（Fed）：**1913 年成立，下設 8 個功能委員會，其中與金融穩定貨幣政策有關的，詳見第四欄。

臺灣的中央銀行法

時：1935 年 5 月 23 日
地：臺灣
人：中央銀行
事：共五章，44 條。其中第 38 條：「本行依本法賦與之職責，於必要時，得辦理金融機構業務之查核。」這是中央銀行金融業務檢查處職權的法源。2006 年 1 月，該處下設金融穩定評估科。2008 年 6 月，發表第一份金融穩定報告。

美中臺中央銀行相關局司

國／部	臺灣：中央銀行	中國大陸：人民銀行	美國聯準會	美國財政部
一、金融穩定	金融業務檢查處，金融穩定評估科，2006年1月成立	1.金融穩定局、宏觀審慎管理局 2.銀行監管一司 銀行監管二司 非銀行金融機構監管司（金融機構監管司）	1.金融穩定委員會 2.銀行監督委員會 主要管理銀行控股公司	1.金融穩定監督委員會（Oversight Council）辦公室 2.儲蓄機構管理局、債務徵收局 3.貨幣監理官辦公室
二、外匯	外匯局	1.國務院外匯管理局，由人民銀行代管 2.國際司	--	1.國際貨幣、債務政策辦公室 2.國際事務辦公室
三、貨幣政策	業務局	貨幣政策一司、二司、金融市場司 徵信管理局	3.聯邦公開市場委員會	經濟政策辦公室
四、支付一：貨幣發行	發行局	貨幣金銀局 金融消費保護局	--	財政部鑄幣廠、雕刻和印刷局
五、支付二	國庫局	國庫局	--	財務管理服務署（局）
六、支付三	業務局	（支付）科技司 支付結算司 反洗錢局	4.付款、清算及結算委員會	
七、研究機構（一）研究 （二）統計	研究處 同上	研究局 調查統計司	5.經濟及金融監測與研究委員會	金融研究、風險分析與研究辦公室 統計辦公室

第 2 章 各國中央銀行與金融監理機構對金融業與金融科技業的監理

近景：美中臺金融監理機構

美中臺的金融業監督管理機構可用「由簡入繁」來形容。

一、金融監理機構（Financial Supervisory Agency）

可分拆成三個名詞來了解：金融（financial）、監督管理（supervisory）、機構（agency）。

二、臺灣：一元化金融監理

約 15 國採取「單一監理機關」（single regulator systems），主要是七大工業國中的英日加，另南韓、臺灣。由右表第二欄可見，以金融業三大行業各有一個業務「局」，另再加一個檢查局。

2019 年臺灣行政院金管會組成「推動數位監理申報機制」專案小組，發展監理科技應用，2020 年 8 月發布以形塑友善的金融科技發展生態系為願景的「金融科技發展路徑圖」，監督科技列為八大面向之一。

三、中國大陸兵分二路

1. **2018 年 4 月 8 日**：這是依 2018 年 3 月 13 日的國務院組織再造辦法，把銀行、保險監理會予以合併，成為銀保監會，其主席兼任人民銀行「副總裁」（中稱副行長）。
2. **1992 年 10 月成立的證券監督管理委員會**：1990 年 12 月，廣東省深圳、上海證券交易所成立，兩年後，證券主管機關成立，之前由人民銀行負責。由表第三欄可見，證監會的組織設計。

四、美國金融業監理

美國的金融業監督分由聯邦、州政府負責。
1. **銀行業**：銀行業主管機關有三：財政部、聯邦準備理事會、聯邦獨立機構。
2. **保險業**：大都由各州保險廳管理。
3. **證券暨期貨業**：由兩個聯邦獨立機關管理。

全球百家法令遵循公司

時：2021 年
地：英國倫敦市
人：Reg Tech Analyst 與 FinTech Global 母公司 Investor Networks 公司
事：出版 *Reg Tech 100*，即 100 大管制科技公司，依英文字母順序排列。

美中臺金融業監理管理機構

地	臺灣	中國大陸	美國
管理部會	金管會	國務院銀保會	財政部
組成	2004 年 7 月成立，前身是財政部證管會等綜合規劃處	2018 年 3 月 17 日，前身是銀行、保險監督管理委員會政策研究局 普惠金融部 統計資訊與風險監測部 消費者權益保護局 創新業務監管部	1789 年起 財政部金融服務監督委員會 財政部消費者金融保護局
一、保險業 (一)人身保險 (二)財產保險 (三)綜合	保險局下設 4 個功能組 壽險監理組 產險監理組 綜合監理組 財務監理組	 人身保險監管部 財產保險監管部 （再保險監管部） 保險中介監管部	各州保險監理廳
二、銀行業 (一)銀行 1.金控 2.外資 3.本資 4.信合社 (二)銀行相關	銀行局 6 個功能組 法規制度組，另中央存款保險公司 金融控股公司組 外國銀行組 本國銀行組 信託合作社組 信託票券組	2015 年 5 月起，存款保險基金管理公司 國有控股大型商業銀行監管部、政策性銀行監管部 全國性商業銀行監管部 城市商業銀行監管部 農村中小銀行機構監管部 信託監管部 其他非銀行金融機構監管部	1.聯邦準備理事會管理銀行控股公司 2.財政部 ・全國銀行監理局，控管聯邦註冊銀行 ・全國信用合作社管理局 3.聯邦住宅及都市發展管理局 4.各州銀行廳 5.聯邦存款保險公司
三、證券期貨業 (一)證券 (二)投顧與投信 (三)期貨	證券暨期貨局 6 個功能組，另加會計審查組 1.證券發行、交易組 2.證券商管理組 投信投顧組 期貨管理組	證券由證券監督管理會（簡稱證監會）負責，另有投資者保護相關單位 1.發行監管局 2.上市公司監管部 3.市場監管一、二部 4.非上市公眾公司監管部 5.公司債券監管部 ＊證券基金機構監管部 ＊期貨監管部	1.證券交易委員會（SFC），聯邦獨立委員會，1934 年成立 2.商品期貨交易委員會（CFTC），聯邦獨立委員會，1974 年成立
四、檢查 (一)保險 (二)銀行 (三)證券	7 個功能組，檢查制度組、受託檢查組 保險外銀組 金控公司組 本國銀行組 證券票券組	＊稽查局、行政處罰委員會辦公室 ＊科技監管局 打擊非法金融活動局 重大風險事件與案件處置局 銀行機構檢查局 非銀行機構檢查局	

特寫：臺灣的純網路保險公司（2023 年上市）

　　臺灣行政院金管會的官員，絕大部分缺乏業界經歷，針對開放新業務，大都以「急迫性」等來考量，且都觀察工業國實行五年以上，沒大問題，再來開放。本單元以「純網路保險公司」為例。

一、純網路保險公司（Internet-only Insurance Company）

　　是指沒有實體據點，僅透過「數位通路」向消費者或企業提供「全數位化」保險產品，並提供「點到點」數位服務的保險公司。這與「純」網路銀行、「純」網路證券公司一樣。

二、他山之石：凡事先看他國

　　行政院金管會保險局局長施瓊華表示，未研究開放純網路保險公司，是因國外純網路保險公司很多都虧損，但有些國家仍願意嘗試，例如：香港最近核准四家純網路保險公司，詳見右上表。（工商時報，2021 年 3 月 19 日，彭禎伶、魏喬怡）

三、金融政策的考量

時： 2021 年 3 月 18 日

地： 臺灣臺北市

人： 黃天牧，行政院金管會主委

事： 在立法院財委會備詢時，黃天牧表示，網路金融是大趨勢，因為 Z 世代（即 1995～2009 年出生的人），從小就在網路世界中長大，生活習慣、行為，都是在網路上。（整理自經濟日報，2021 年 3 月 19 日，A4 版）

行政院金管會主任委員・黃天牧

出生：1959 年

現職：同上，2020 年 5 月 20 日起

經歷：金管會副主委、主任祕書、保險局長、證期局長

學歷：美國南加州大學公共行政博士、中山大學碩士、政治大學金融（前身銀行）系學士

日美中純網路保險公司

時	地	事
2008 年	日本	第一家純網路人壽保險公司 Lifenet
2012 年	美國	設立 Oscar 健康保險，是透過網路與手機 App 運作的保險公司
2018 年 12 月 ～ 2020 年 4 月	中國大陸 香港	發出四張純網路保險執照

臺灣二階段保險業網路營運

時	2004 年 1 月起	2020 年起
事	1. 產險 開放旅行平安險、汽車險可以電子簽章進行網路投保。 2. 壽險 2020 年 7 月 1 日起開放壽險業增加投資型年金，產險業增「向海致敬」的海域綜合保險，並多出五網路行銷通路，即旅遊網路平台或 App、行動裝置製造商的官網等。	1. 可行性研究 2020 年開啟專案研究，2021 年 7 月前完成報告，年底定案。 2. 可能 2022 年 8 月起金管會接受公司申請成立純網路保險公司，2023 年底營運。

Unit 2-5 中國大陸銀保監會之創新業務監管部

在瑞士巴塞爾金融穩定委員會中，公布的金融科技三大類中的「樹根」金融科技政策，二中類「金融促進」、「金融監理」。本單元以中國大陸銀保監會的創新業務監管部說明「金融促進」。

一、全景：銀行保險監督管理委員會

時：2018年4月8日
地：中國大陸北京市
人：國務院
事：公布〈銀保監會委員會職能配置、內設機構和人員編制規定〉（簡稱三定方案），其中在「領導」方面：一位主席、六位副主席。這是依據2018年3月7日〈國務院機構改革方案〉，把銀行、保險監督管理會合併（英文：China Banking and Insurance Regulatory Commission）。

二、近景：業務相關局

大體來說，原銀行、保險會的後勤事務（辦公室、法規部、消費者權益保護局、人事部）合併，業務相關局則原封不動。

三、特寫：創新業務監管部

這在銀行監督管理委員會時，便有此部，原名稱「創新監管協作部」。

四、金融科技協作（FinTech Collaborations）

分成四小類：

金融科技協作四小類	說　　明
1.監理實驗（regulatory experiments）	監理沙「盒」（中稱「箱」）（regulatory sandbox）
2.資料分享安排（data-sharing arrangements）	例如：開放資料（open data）
3.第三方服務關係（third-party relationships）	例如：開放應用程式介面（open APIs）
4.產業聯盟（strategic alliance）	例如：電信公司與銀行、銀行間

中國大陸銀保監會創新業務監管部

項目	說　　明
一、宗旨	針對銀行、保險業 1.銀行、保險公司資產管理面等功能監督管理 2.銀行、保險業創新業監督管理 3.金融科技公司監督管理
二、用人 　　主任	楊東寧（2019 年 8 月起），之前李文紅出任廣東省深圳市銀保監局局長
出生	1976 年
經歷	銀保監會（2005 年起，迄銀行機構檢查局副局長）、花旗銀行集團（英國，2004 年）
學歷	英國倫敦大學經濟博士（2004 年）

Regulatory Technology（Reg Tech），中文不同

人	金融監理機構金管會銀行局	金融業以銀行為例
1. 中文	監理科技	法令遵循科技
2. 功能	利用資訊通訊技術，監督金融業，使其遵循法令。 ・洗錢防制法、個人資料保護法	金融業公司利用資訊通訊技術以擔保遵循政府法令，以免違法被罰。 ・例如：全球、臺灣洗錢防制買單資料庫

美國著名監理科技公司 Acuant

時：1999 年
地：美國加州洛杉磯市
事：專長是網路身分辨識等，陸續收購各國相似業務公司，例如：2020 年收購 Identity Mind Global。

Unit 2-6 金融監督科技與監理科技

在金融穩定委員會中，對金融科技三大類分類中第一大類，金融佐理政策中第二中分類「金融監理」，涉及政府使用科技以監理金融業。

一、全景：監督與監理科技的權威定義

時：2020 年 10 月 9 日
地：瑞士巴塞爾市
人：金融穩定委員會旗下金融創新網路小組
事：發布〈監管科技及監督科技的全球發展及金融穩定影響〉

二、近景：監督科技與監理科技

俚語說：「老鼠、老虎，傻傻分不清楚」，監督科技、監理科技，中文只有一字之差，英文字的意思也相近，右上表說明二者差別。

三、特寫：監理科技公司

不怕官，就怕管。政府金融監理部會要求金融業需遵循法令經營，金融業必須花大錢向金融監理科技公司（financial regulatory company）買技術，以遵循法令。右下表是常見的監理科技公司。

四、極特寫：洗錢防制的法令遵循

各國政府皆有「防制洗錢法」（Anti-money Laundry Act, AML），要求銀行等金融機構執行「認識你的客戶」（Know Your Customer, KYC），這是最常見的監理法令遵循（Regulatory Compliance），最基本的工作是當顧客到銀行匯款 15,000 美元（或歐元，50 萬元）以上時，銀行需要客戶提示證件及審查，並留存客戶資料。

此時，銀行透過「認識客戶」資訊系統（KYC Solution Providers），以了解客戶是否屬於「管制名單」，一旦身分確認，須立刻通知司法單位處理。

有許多媒體、市調公司每年會列出有關 KYC（Solution Provider 或 Software）的重大金融科技公司約 8 ～ 10 家，內容有時細到洲（歐洲）、國家（美、中）。

監督科技與監理科技

中文	監督科技	監理科技
英文	Supervisory Technology（SupTech）	Regulatory Technology（RegTech） 中稱：監管科技 又稱：法令遵循科技
一、投入 （一）資料可用性 （二）資料儲存 （三）人工智慧	可用性（availability） 粒度（granualarity）即資料細分程度 雲端 工具開發、測試平台	以金融控股公司來說，旗下子公司的顧客資料，因個人資訊保密法而各自分散 同左 同左
二、轉換 （一）主管機構 （二）金融業者角度	以銀行業為例 金管會銀行局	同左 銀行法令遵循部，採取法律科技（LegalTech）
三、產出：效益 （一）效率 （二）風險管理 （三）效果	提高 監督（oversight） 監測（surveillance） 分析能力	改善金融業法令遵循（compliance，中稱合規） 增強風險管理能力，減少損失 對金融業業務有新的洞見（insight）

全球金融科技公司中的監理科技公司

排名	國 / 公司		業　　務
1	加拿大	SourceKey 科技	數位身分識別
2	愛爾蘭	AQMetrics	法遵與風險管理
3	英國	BlackSwan	風險管理
4	美國	Droit	衍生性商品法令遵循
5	葡萄牙	Feedzai	防範電子支付詐欺
6	丹麥	NewBanking	認識客戶（KYC）、防制洗錢 （AML）法遵
7	英國	Revilin	防範網路交易詐欺
8	美國	RippleShot	防範電子支付詐欺

臺星「金融科技」創業生態系統比較

　　美國矽谷的科技業創業「生態系統」（從生產因素市場到商品市場的密切接合），是全球創業生態系統（startup eco-system）的典範。許多國家政府以人為力量，想要複製，例如：臺灣的新竹科學園區、中國大陸廣東省深圳市。在金融科技方面，全球較著名的有英國倫敦市、新加坡等，本單元以臺星的金融科技創業生態系統為例，以更具體地看出臺星政府在這方面措施的優勢與劣勢。

一、新加坡的「金融科技生態系」

　　新加坡、香港和杜拜是亞洲各區域的金融中心。
- 政府 2015 年便推出金融科技政策：由右表第三欄可見，新加坡政府在金融科技創業生態系統的措施。
- 2021 年 9 月 24 日：英國市調公司 Z/Yen 公布第 30 期全球金融中心指數（GFC I 30），新加坡第四名，上海市第六。

二、臺灣的「金融科技創新基地」

　　臺灣在金融科技創新基地（FinTech Base）的措施，詳見右表第二欄。
- **時間：**2016 年 4 月 14 日
- **執行單位：**由金管會指示金融總會，委託資策會大數據所推動金融科技創新基地，透過完整孵化能量，建構金融科技創新創業的完整生態圈。
- **結果：**在 2016 年 10 月，公布首波補助名單，以金融科技在育成中心家數，臺星約 1 比 10，其他比較缺乏明確數字。

三、民間版的新創公司生態系

　　夢想銀號科技公司執行長本書作者之一劉正仁表示，金融科技業正當紅，透過群眾募資平台，很容易募到資金，而且可以接觸到策略投資人（銀行、金控旗下創投公司）。

創業生態系統（startup eco-system）

- 公司孵化過程：大學創新育成中心（俗稱公司孵化器 incubator，公司種子階段）→加速器（accelerator）→公司成立第三年
- 資金來源：天使投資人（angel investors）、私下募集基金（private placement fund）、股權基金（private equity fund, PE fund）、證券公司公開發行

項目	臺灣	新加坡
一、 生產因素 市場	金融科技基地（FinTech Base）分成二種培育： ・補助型培育 ・一般型培育	負責執行的是裕廊公司（JTC） 另負責新創補助計畫的官方單位為新加坡創業行動社群（ACE）。
1. 自然資源 ・土地	相關輔導，包括工作坊實作、企業經營管理、科技技術輔導、會計等免費課程，全力協助這些金融科技新創公司能創業成功。	新加坡新創基地，共有三棟樓，例如： ・BLK 71 創新創業園區、Lattice80 　（2016 年 11 月） ・房租比市區便宜一半 ・免費會議室、公共空間
・勞工 （education）	・有 6,000 萬元作為人才培育。2016 ～ 2019 年要培育出 6,000 位金融科技人才。 ・與數十家大學合作。	許多大學開設專班，設立實驗室等以跟新創公司、銀行合作。
・資本 （subsidy）	・2014 年 4 月，金融科技發展基金首波 2 億元啟動，2016 ～ 2019 年試行，基金設在金融總會下，由其協助營運，預計補助 60 家新創公司，每家上限 200 萬元，條件是要讓出 5% 股權交給金融總會。 ・很多金融科技公司都不缺錢，因為臺灣有許多管道可取得資金，包括國發會的天使基金、群募平台及創投公司等。	新加坡政府為新創公司提供會計及法律專家諮詢、媒合創投公司跟新創公司的服務。 1.金融管理局（MAS）針對每個管理沙盤的 2 期提供補助款 50%，最高 20 萬星元。 2.三家銀行（星展、大華、華僑）、保險公司（NTUC Income）推出創業加速計畫。
・技術 （accelerator）	許多創業者是希望取得技術輔導。	由合作的大學提供。
・企業家精神 （business innovation）： 國際市場連結	與英國的 Level 39、新創公司啟動公司合作。 其中已跟新創公司「啟動公司」簽合作約，2016 年 12 月派人來臺一週，對新創公司輔導，從中挑 2 家到新加坡「啟動公司」輔導。	與英國新創公司啟動公司 （Startupbootcamp）合作。 新加坡貿易與工業部標新局（SPRING）提供一站式服務，從外國人申請創業家簽證到補助資源等，一天就能完成公司成立程序。
二、 商品市場 1. 市場進入 （go to market）	策略分析、經營方式建立、業務洽談切入點等經營輔導主題，針對技術諮詢、財務輔導、專利法規研討等主題，設計相關工作坊課程。	國際投資公司 Marvelstone 總裁 Joe Seunghyun Cho 說，新加坡有稅務優惠、政府協助，加上容易進入區域市場等優勢，因此選擇星國作為 6 家金融科技公司註冊地。該公司以開發手機支付平台為主，並投資其他金融科技公司。
2. 產業媒合	辦理銀行、證券、保險等三行業合作的「金融科技產媒合會」，建立金融業者、金融科技公司新創交流的舞台，能加速金融業創新應用發展。	有機會跟東南亞的各國銀行洽談，例如： ・新加坡星展、野村銀行 ・馬來西亞聯昌銀行（CIMB） 2016 年 6 月，在新加坡世貿中心舉辦 Echelon 亞洲新創高峰會，有國家館、新創公司個別攤位、創投媒合區，最受矚目的是在會場中央舞台舉行的創業成果發表。形同募資大會，讓各國創業團隊使出渾身解數，想博得青睞。

金融監理機關對金融科技業監理政策：與食品藥物署之新藥臨床實驗相比

金融科技對金融業經營方式、產品、服務，皆有推陳出新為保障消費者權益，各國政府制定監理沙盒（regulatory sandbox）條例。

一、緣起

2000 年起，金融科技公司等業務推陳出新，已超越現有金融監理系統，有可能衍生「地下」金融。由下方小檔案可見，英國政府提出實驗場，稱為監理沙盒。

二、類比新藥申請

「沙盒」不是什麼新觀念，最常見的是中國春秋戰國以來，兩軍在沙「盤」上以山川地形等地物卜呈現雙方兵力，以做兵棋推演。較近的例子則是各國衛生福利部食品藥物署，對製藥公司的新藥試驗，在約束範圍內實驗。

三、全景：全球 50 餘國

迄 2020 年，全球約 50 多國有監理沙盒的制度。

四、近景：臺灣，績效乏善可陳

由右表第三欄可見：

1. 通過條例，號稱全球第五（繼英國、新加坡、澳大利亞、中國大陸香港之後），金融業、一般公司皆可提出申請。
2. 實施績效：2018 年 4 月 30 日～ 2021 年 1 月 31 日，金融相關行業申請案有 15 件，金管會核准案 9 件。英國則有百餘件申請案。
3. 2019 年 6 月起，金管會給金融業一個巧門：金管會陸續對銀行（7 月 22 日）、保險業（6 月 30 日）、證券暨期貨業（10 月 3 日），推出業務試辦辦法，這是給金融業新業務一個巧門，2019 年 10 件試辦申請。

金融科技監理沙盒（regulatory sandbox）

box：兵棋的「沙盤」推演，沙「盤」或「盆」
中文：臺灣把 sandbox 譯為沙「盒」，中稱沙「盆」
時：2015 年 11 月公布，2016 年 6 月實施
地：英國倫敦市
人：金融行為監理「總署」（Financial Conduct Authority, FCA），中稱總署為「局」，主要負責個體審慎監理。
事：提出「創新試驗場」指導文件

由臺灣的新藥實驗來類比金融監理沙盒

事	2015 年 1 月 7 日	2018 年 4 月 30 日
人：主管機構 法令： 事： （一）一期 1. 人數 2. 成功率 （二）二期 1. 人數 2. 成功率 （三）三期 1. 人數 2. 成功率	衛生福利部食品藥物署 藥品查驗登記審查準則，4章 110 條 製藥公司三階段臨床實驗（clinical trial）5~7 年 第一期（Phase I）：安全性檢測 10 人以上（註：美國 60 人） 54% 第二期（Phase II）：劑量評估 20 人以上（註：美國 600 人） 34% 第三期（Phase III）：療效評估 80 人以上（註：美國 3,000人） 70% 	金管會 金融科技發展與創新實驗條例，6章 27 條 涉及金融特許業務 步驟 1：提出利用監理沙盒的申請。 步驟 2：主管機關（金管會各業務局）審核（60 天內），假設核准。 步驟 3：主管機關跟申請人達成協議。 步驟 4：公司執行申請計畫，準備期 3 個月、實驗期 12 個月，延長實驗 1次 6 個月。 步驟 5：主管機關測試與監督。 步驟 6：申請人向主管機關送出「結果報告」（實驗期滿 1 個月內）。主管機關審查（60天內）。 步驟 7：申請人決定產品／服務上市。

資料來源：整理自「從實驗到上市，一款新藥的開發可以耗費多少青春與成本？」，2018 年 6 月 6 日。

全景：開放資料

「千金難買早知道」、「知己知彼，百戰不殆」，這些諺語都說明擁有「資料」（data）的重要性，本單元說明「開放資料」（open data），從外界取資料。至於把 data 另稱數據，沒有必要，一以貫之的「資料」即可，詳見右上表。

一、資料是種資產

由小檔案可見，資料資產（data assets）是公司資產負債表上未出現的資產，但只要好好利用，進行大數據分析，便可得到行銷定位、精準行銷的資訊。

二、巧婦難為無米之炊

許多學者專家業者大談「大數據分析」（big data analysis），但都僅侷限於銀行（例如：中信銀行）、公司（例如：淘寶網），主要是顧客交易資料，頂多加上公司網站的瀏覽（包括下單）。殺雞焉用牛刀，交易資料在 1970 年代電腦化時便有分享，2000 年以後才有網路瀏覽資料分析。但這封閉性資料只是自己公司，在金融業頂多擴大到金融控股公司旗下的保險公司、銀行、證券與期貨公司，前提是客戶允許，才能進行交叉行銷（cross-marketing）。

三、兩大類開放資料

以政府與民間（公司、家庭個人、非政府組織）來區分資料來源。

四、大分類之一：開放政府資料（Open Government Data）

政府與其管理的資料，除了涉及個人隱私（例如：衛生福利部中央健康保險署所擁有的病人病歷）以外，統計數字及以代號呈現的個別數字，逐漸走上開放，讓民間可以運用。例如：保險業中的財產保險公司，可以查詢一年車禍失事件數、地點、車款、原因、人等，以精算保險費率，甚至因人而調整保險費率。

資料資產（Data Assets）

時	人	事
1997 年 2009 年 2009 年	Ugur Algan Tony Fisher 國際資料管理協會（Data Management Association, Internetionel DAMA）	公司股份和核心能力跟資料資產相關 資料是一種資產。 在〈資料管理知識體系指南〉（Guide to the Management Body of Knowledge）說明數據資產的管理方式。

資料來源：整理自維基百科「數據資產」。

全球開放政府資料的進程

時	地	人	事
2004 年	歐盟	經濟合作暨發展組織（OECD）	會員國科技相關部門部長會議，簽署公報，主要指政府出資蒐集的資料皆應公開
2007 年	歐盟	同上	「公費贊助研究資料：近用原則與準則」（Principles and Guidelines for Access to Research Data from Public Funding）
2009 年 5 月	美國	美國行政管理和預算辦公室	Data.Gov 啟用
2009 年 9 月	英國	財政部	Data.Gov.Uk 啟用，詳見英文維基百科 open data in the UK
2011 年 3 月 31 日	香港	香港政府	資料一線通
2013 年 4 月 29 日	臺灣	行政院	政府開放平台

資料來源：整理自維基百科「開放資料」。臺灣資策會，主要國家政府開放資料機制報告，2014 年 12 月，政府資料開放加值應用研究分析書面報告〔註：有數份，例如（一）是美國〕。

三種資料相關中英文用詞

	投入	轉換	產出
英文	data	information	knowledge
中國大陸	數據	信息	知識
臺灣	資料、數據	資訊	知識

金融業開放資料架構

金融業的開放資料可分三階段：第一階段開放銀行資料 (open bank data 或 open banking)，第二階段證券票券交易資料，第三階段保險交易資料。

一、個人資料保護法

1. **歐盟版個人資料的保護**：1995 年，實施資料保護指令（data protection directive）。2016 年 4 月，實施一般資料保護規範（General Data Protection Regulation, GDPR）。2018 年起，第二版上路。
2. **臺灣的個人資料保護法**：1995 年 8 月 11 日，臺灣公布個人資料保護法，2010 年 5 月由原名稱更改為本名稱，2012 年 10 月施行。

二、投入：金融業交出資料

1. **前提一**：客戶授權。這是最基本的一步，客戶有權保護隱私，尤其諺語說：「財不露白。」錢一旦露白，往往會招來殺身之禍。許多父母不會向子女、配偶、另一半公布財產。
2. **前提二**：資料彙整。臺灣在信用卡（信用卡處理中心）、貸款（聯合徵信中心）、股票（集中保管公司）都有投資人資料彙總。

三、轉換：開放銀行資料的執行機構

由右表可見，英國與臺灣開放銀行執行機構，這可說是中央資料庫。

四、產出：資料運用

分成兩階段：

1. **第一階段**：客戶自用。客戶可綜覽其在各保險、銀行、證券期貨公司的資料。
2. **第二階段**：金融業與應用程式介面（API）。客戶會授權金融業以應用程式介面到資料第三方供應公司（third party service providers）去買資料。

財金資訊公司（Financial Information Service Co., FISC）

時：1998 年
地：臺灣臺北市內湖區
事：主要扮演銀行間交易轉接等，最常見的是銀行自動櫃員機轉帳等交易、手機綁金融卡交易。

臺灣金融業資料開放方式

投　入	轉　換	產　出
金融業 （金融控股公司）	第三方服務公司 （Third-party Service Providers） （TSP）	

保險業	提供 →	行政院國發會 My Data 個人平台	提供 →	保險公司
銀行業：以聯合 徵信中心為例	提供 →	6 家公司	提供 →	銀行
證券期貨業	提供 →	集中保管結算所 公司	提供 →	證券公司

時	地	人	事
2016 年	英國	開放銀行執行機構	（Open Banking Implementation Entity, OBIE），這是由大型銀行出資成立的第三方服務公司，由金融行為監理總署（FCA）監理
2019 年 4 月	臺灣	財金資訊公司	成立開放 API 研究暨發展委員會，銀行自主參加

英國開放銀行資料

時：2016 年 9 月起
人：英國商業、能源及工業策略部下「競爭與市場管理局」（The Competition and Markets Authority, CMA），此局 2013 年 10 月成立，於 2020 年 1 月起，由第三方資料公司，提供中小公司的客戶資料。

金融科技的開放資料 I：以臺灣的聯合徵信中心為對象

東方兵聖孫子，在《孫子兵法》「謀攻篇」中說：「知己知彼者，百戰不殆」，貼切描寫「資料」的重要性，在金融業「開放資料」（open data）給金融業以外（例如：金融科技公司），有助於其了解客戶。

一、全景：開放資料（Open Data）

由右上表可見，從三方面可以看到開放資料的範圍。

時：2020 年 7 月 29 日
地：臺灣臺北市
人：行政院國家發展委員會資訊管理處
事：建置「數位服務個人化」平台（My Data），給個人上網使用。

二、近景：開放銀行（Open Banking）

時：2015 年，第一版是 2013 年 7 月 24 日
地：比利時布魯塞爾市
人：歐盟執行委員會
事：發布〈第二號支付服務指令〉（Payment Service Directive 2, PSD2）。
　　銀行釋出顧客產品服務、帳戶、交易資料，給第三方公司存取，2020 年
　　12 月 31 日起實施。

三、特寫：臺灣的聯合徵信中心開放第二資料庫

時：2021 年 12 月
地：臺灣臺北市
人：金融聯合徵信中心
事：資料開放介接，提供新創及科技公司可查詢，進行客戶基本的身分認證、
　　信用評分資料，有助科技業者了解客戶，提供更多創新服務給「金融小
　　白」們（主要是指信用小白，即沒有向銀行申請貸款、信用的人），有
　　利金融科技環境發展。

全景：開放資料（Open Data）

實體面	金融面	政府行政面
1.食：零售公司，稱 open retail 2.行 (1) 電信公司，俗稱 open Telco，例如：繳電話費金額 (2) 警察局：駕駛違規紀錄	・銀行，俗稱開放銀行（open banking）	1.行政院國家發展委員會 My Data 資料庫 2.內政部：戶政、地政 3.交通部：交通裁罰監理

近景：開放銀行（Open Banking）

時間	2019 年 10 月 16 日起	2021 年 11 月	2022 年以後
資料	產品（例如：外匯、存放款、信用貸款）	帳戶。註：2021 年 8 月公布第三方服務公司的資料，資安狀況，在資訊揭露平台（即 F-FIDO 聯盟）	交易資料
執行機構	財金資訊公司「金融開放 API 平台」	金融聯合徵信中心	

特寫：開放銀行之開放徵信資料

40 家銀行
客戶帳戶、交易資料

聯合徵信中心
各銀行的客戶貸款
（含信用卡）餘額、繳款

查詢

人
40 家銀行
（其中 3 家純網路銀行）

客戶

第二資料庫
1. 客戶身分認證
2. 客戶信用評分資料（J10 報告）
（詳見 Unit15-2）

查詢

第三方服務業者
（Third-party Service Provider, TSP）
以提供服務給「金融小白」

Unit 2-12　金融科技的開放資料 II：以臺灣證券集中保管公司為例

　　開放銀行資料的第二階段，是由金融機構的一般型資料開放查詢，進入到對於客戶本身資料的開放查詢，是開放銀行三大階段中最重要的串接橋梁。

一、上市（櫃）、票券交易資料庫

　　所有證券、票券的保管都是由集保公司進行，集保公司等於是市場所有證券、票券的大型資料庫，特別是集保有「集保 e 存摺」，可說是最具有代表性的證券投資人「資訊大匯流」。

二、第一階段：投資人「知己」

　　股票投資人透過集保 e 存摺手機 App，其在各證券公司下單投資股票的狀況、總股票市值等資料，能一目了然。

三、第二階段：銀行「知彼」

　　集保公司開放各銀行加入「集保 e 存摺」，在投資人授權之下，銀行也可看到投資人的股票、票券明細，可以替投資人「資產組合」（配置）等提建議，詳見右表第三欄。

臺灣集中保管結算所公司

成立：1989 年 10 月
住址：臺灣臺北市松山區
資本額：38.91 億元
董事長：林修銘，總經理：朱漢強
業務：股票、票券（2006 年 3 月 27 日起）集中保管。
　　　2011 年 7 月 29 日推出「e 集保存摺」，即集中無實體化。
　　　2015 年 12 月 15 日轉投資成立基富通證券公司，偏重網路基金交易平台。

開放資料第二階段：證券交易資料

時	2020 年以前	2021 年起
一、公司		
（一）股票	－	－
（二）票券	－	－
二、證券與期貨		
（一）證券	集保 e 存摺 投資人只能看到自己在各證券公司間下單的全體股票部位	集保 e 存摺 投資人能看到自己在所有證券公司間下單的全體股票部位
（二）基金	基富通平台	基富通平台

臺灣金管會針對金融業設立資安長、法遵長法令

時	人	事
2021 年 9 月 1 日	金管會 保險局	發布「保險業內部控制及稽核制度實施辦法」第 6 條之 1，保險公司應設立資訊單位「部」（或處），資產 1 兆元以上保險公司，資訊安全長職級副總經理。
2021 年 9 月 23 日	金管會 銀行局	發布「金融控股公司及銀行業內部控制及稽核制度實施辦法」第 32 條，要求應設立法令遵循部，副總經理職級，主要負責洗錢防制法等法令遵循。

附錄　中國大陸人民銀行在金融科技的組織設計

　　中國大陸在金融科技業發展飛快，本單元說明監理機構之一的人民銀行，在金融科技業的組織設計。

> 時：2022 年 1 月 3 日
> 地：中國大陸北京市
> 人：人民銀行金融科技委員會
> 事：印發〈金融科技發展規劃〉（2022 ～ 2025），本書依擴增版一般均衡架構把八項項目分類於下。

投入：生產因素市場	轉換	產出：商品市場
1. 自然資源 *2. 勞工：人才 *3. 資本：資料中心 *4. 技術：創新體系 *5. 企業家精神 金融科技治理	產業結構： * 監理科技	消費： * 金融應用 * 資本＋能力建設 * 金融服務

表中「*」為 8 項項目分類。

二、組織設計

　　詳見下表說明。

人民銀行在金融科技的組織設計

時	事
2017 年 5 月 15 日	人民銀行科技司，下設六個處： 成立金融科技委員會，三大功能 1. 研究金融科技對金融穩定等影響 2. 金融科技創新管理 3. 監理科技（RegTech）。
2017 年	設立數位貨幣研究所，例如：旗下「技術能力中心」，下轄幾個地方「金融科技院」，例如：深圳高等金融研究院（2018 年）、（江蘇省蘇州市）長三角金融科技公司（2019 年 3 月 1 日）、南京金融科技研究創新公司（2018 年 9 月）。
2020 年 7 月 30 日	成立成方金融科技公司（CFIT），資本額人民幣 20 億元。 偏重人民幣數位化中的資訊工程面。
2021 年	成立國家金融科技風險監控中心。

金融科技「行業」：
金融科技、網路金融公司

Unit 3-1　金融科技公司

金融科技公司存在的價值在於提供金融技術給網路金融公司、金融業（本書主指銀行）。本單元說明金融科技公司的範圍。

一、「金融科技」的技術水準

中央研究院院士、新加坡國立大學商學院教授段錦泉把金融科技依投入（投資金額等）分成低高層級。（經濟日報，2017年8月15日，A4版）

本書延伸其觀念，把金融「科技」程度分成低中高三級，詳見右下圖。

1. 低金融科技

- 主要效益：促進交易效率

    銀行常處理的「交易」包括收款（例如：收受存款）、支付（例如：電匯、ATM轉帳、票據交換）等，網路金融公司靠「低成本」取得立足之地。

    由於技術程度低，進入門檻低，所以百花爭鳴，最後大都會在成立5年後，走上泡沫化，例如：中國大陸的支付公司業，270家發起後。2016年後進入大淘汰期，到最後會剩下支付寶、騰信金融旗下微信支付與財富通雙強，其特色是「支付」只是母集團電子商務、網路金融業務中的「金流」部分，靠範疇經濟（業務範圍）取勝。

2. 中高金融科技

- 主要效益：商業分析

    協助銀行人員，更智慧、有效率。

二、金融科技公司的定義

常見金融科技公司的定義有二：

- 行政院金管會的定義：為了定義銀行可以轉投資的「資訊業和金融科技業」，2015年9月起，金管會推出相關規定，並適時擴大涵蓋的範圍。
- 其他，詳見維基百科「金融科技」。

三、資訊公司三類

有許多資訊公司專攻金融業的各子系統。

四、金融科技公司四類

2010年起，美國、以色列、瑞典等有很多新興公司專攻金融科技公司，例如：瑞典的「指紋卡片公司」（fingerprint cards），以信用卡上有「指紋辨識」晶片為例，號稱信用卡卡友以右或左手拇指按著信用卡上晶片處，插入商店的信用卡讀卡機，就可完成信用卡付款程序。

由銀行業務來看金融科技公司業務

銀行業務	資訊服務業	金融科技與網路金融業
一、行銷研究 · 大數據分析 · 雲端科技	1. 從事與金融機構資訊處理作業的電子資料處理。 2. 涉及金融機構帳務的電子商務交易資訊處理。	1. 利用資訊或網路科技，從事輔助金融機構業務發展或資料蒐集、處理、分析或供應。 例如： · 大數據 · 雲端科技 · 人工智慧 （註：其中的機器學習）
二、支付 · 生物辨識 · 區塊鏈技術 · 行動支付 · 洗錢防制 · 交易安全 · 消費者權益保護	3. 研發設計支援金融機構業務發展的金融資訊系統者。	2. 利用資訊或網路科技，以提升金融服務或作業流程效率或安全性。 3. 其他 · 生物辨識 · 區塊鏈技術 · 行動支付 · 資訊安全 · 風險管理
三、貸款 · 信用評分 　信用卡 · 分期付款		4. 網路放款仲介（P2P）
四、財富管理	智能理財	自動化投資理財顧問

金融科技	技術程度	網路金融公司的運用	可能結果
一、商業分析 （business analytics）	高	（一）促進決策	
人工智慧		理財機器人	
大數據分析		智慧顧客服務	
人臉辨識	中	網路放款仲介	（一）2015 年中國大陸的網路放款仲介公司倒 1,400 家，占三分之一
二、交易技術 （transaction）		（二）促進交易效率	
區塊鏈	低	數位貨幣 智慧合約 匯兌	2023 年比特幣等可能會崩盤
		手機支付 自動櫃員機在 1960 年代就是金融科技	2017 年中國大陸的支付公司業中的「行動」（即手機）支付進入大淘汰期，由 257 家往 20 家精簡

® 伍忠賢，2021 年 1 月 21 日。

Unit 3-2　美國的金融科技公司：卡瑪信用公司

每家銀行在審核顧客的信用卡申請、消費性貸款時，都有個簡單的評分表，依信用卡等級、貸款金額，分由銀行總行信用卡作業承辦人（例如：信用卡普通卡）、科長（例如：信用卡白金卡）、襄理（例如：信用卡無限卡）。在美國，至少有三家金融科技公司專攻顧客的信用評分，本單元在此綜合說明，並以市占率一半以上的卡瑪信用（Credit Karma）為舉例對象。

一、公司成立：市場定位

2007 年肯尼斯・林（Kenneth Lin，1975 年出生於中國大陸廣東省廣州市）注意到美國一些民眾申請信用卡時，面臨信用世界的兩難——部分族群因為不曾持有信用卡或申請學生貸款，而沒有信用歷史，難以申請信用卡或貸款。擁有信用卡的人，如果想向信用機構查詢信用分數，需要額外付費且流程冗長。2007 年 6 月，為了解決前述「痛點」，他成立公司，鎖定「無債務者」、「千禧世代」（Y 世代）及「新美國移民」三個族群推展信用卡或貸款等金融方案。Y 世代有 40.5% 信用分數落於最低級分。

二、投入端：資料來源

1. **信用資料來源**：美國至少有三家公司（Equifax，愛爾蘭公司 Experian，Trans Union），有點像臺灣的財團法人金融聯合徵信中心的功能，擁有顧客銀行貸款和信用卡餘額、支付紀錄資料。
2. **顧客授權卡瑪公司取得顧客銀行信用資料**：顧客授權給卡瑪公司，由卡瑪公司付費給信用資料公司，取得顧客信用資料。

三、轉換端

藉由「VantageScore 3.0 模型」，對信用資料機構跨帳戶蒐集信用資料，每週更新顧客信用報告與分數。

四、產出端

1. **讓顧客「知己」**：卡瑪公司把信用報告簡化為圖示化的 App，讓顧客即時查詢信用報告及影響因素，並作為改善依據。信用報告是指顧客所有信用卡，貸款還本息與餘額等。卡瑪公司會提供還款、分期付款、可購屋金融（home affordability）和簡單貸款。
2. **讓顧客知道**：卡瑪公司提供「信用評分與金融方案推薦」平台，主要涵蓋「CreditKarma.com」網站、「Credit Karma」App、「Credit Karma」社群平台，及其他金融工具與教育服務等。獲得推薦方案的顧客，便能向銀行申請信用卡、貸款或融資保險等。金融業者需付推薦（廣告）費用給卡瑪公司，這是其主要營收來源。

金融科技公司專攻顧客的信用評分

投入	轉換	產出	
資料來源 三個全國信用報告機構： 1. 易速傳真（equifax） 2. 益百利（experian） 3. 環聯（trans union）	三家個人信用評等公司： 1. 卡瑪信用公司（資料來自易速傳真、環聯） 2. 芝麻信用（Credit Sesame） 3. Quizzle（資料來自環聯）	免費 一、有關顧客 · 信用報告（credit report） · 信用分數（credit score）且一次追蹤所有帳戶（credit monitoring） · 信用警示通知（提醒顧客管理債務或財務及帳戶防竊追蹤）	顧客（個人）
影響信用評分因素： 1. 總餘額（顧客信用報告上的帳戶總數） 2. 信用額度利用率（使用額度愈低愈佳） 3. 信用年資與類型（顧客所有信用帳戶開啟後的平均年資） 4. 支付歷史可信度（顧客準時付款的比例） 5. 負面紀錄（信用報告上的信託、破產、民事判決和留置權帳戶等項目） 6. 信用調查次數（過去 2 年內顧客被信用機構調查信用報告的次數，次數愈少愈好，臺灣稱為「卡詢」）等	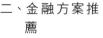	二、金融方案推薦 · 信用卡 · 貸款 · 壽險 · 其他 三、替你找到該你的錢（unclaimed money）	顧客

美國 Karma 信用公司（Credit Karma Inc.）

成立：2007 年 6 月，募資 3.685 億美元；2020 年 3 月富比世估計價值 49 億美元，母公司直覺電腦軟體公司（Intuit）2020 年 2 月，以 71 億美元收購
住址：美國加州舊金山市
資本額：3.685 億美元（未揭露）
總裁：Kenneth Lin，創辦人之一
營收（2021 年度）：96.33 億美元（Intuit）
淨利（2021 年度）：20.6 億美元（Intuit）
主要產品：個人、公司信用評分
主要客戶：100 家銀行等，顧客人數 7,500 萬人（占美國人口 27.4%）
員工數（2021）：8,200 人（Intuit）
口號：Our mission is to champion financial progress for all.

網路金融公司市場定位

在臺灣生活圈，會覺得有三種店最多：「便利商店、手機店和銀行。」有許多外國人喜歡住在臺灣，因為便利商店到處都是，而且商品／服務多。同樣地，銀行分行有 3,400 家（平均 6,915 人有 1 家）、自動櫃員機 3.37 萬台（平均 1 台服務 698 人）、信用卡有效卡數 3,320 萬張（一位成人 1.63 張）。銀行競爭激烈，銀行放款利率低（平均 1.6%）、服務費率低（自動櫃員機跨行轉帳 15 元、跨行提款每筆 5 元）。由這角度來看，會很驚訝為什麼新興國家的「網路金融公司」業務發達，本單元從市場定位角度切入，詳見右圖。

一、X 軸：銀行服務方便性

銀行服務「方便性」包括三種：

1. **分行方便性與涵蓋性高**：分行須有足夠顧客的交易量才能經營，鄉鎮往往沒（或很少）銀行。
2. **自動櫃員機普及**：自動櫃員機也須有維護成本（主要是補鈔），銀行基於成本考量，不願在偏鄉設自動櫃員機。
3. **信用卡發卡**：信用卡是個人第二支付工具，刷卡金額比現金、自動櫃員機（轉帳）少，遠大於電子票證。信用卡正卡持卡人必須成年（20 歲）且有工作（有收入付卡債）。

二、Y 軸：價位

網路金融公司的服務費率比銀行高很多，主因為這是收入主要來源。

1. **以支付服務為例**：以臺灣臺北市寧夏夜市的攤商為例，向陸客推出支付寶等手機付款，每筆交易須付出交易餘額 1.5% 的服務費，這是為了配合陸客的付款習慣。如果有選擇，商店比較喜歡收現金，以免讓手機支付服務公司「賺一手」。
2. **以貸款利率為例**：個人對個人貸款仲介網站的每筆服務費率 1 ~ 4%。

三、網路金融重點區域分析

工業國家銀行服務廣且價位低，所以數位金融公司比較位於新興國家，主要是亞洲的南亞、非洲和美洲的中南美洲。

1. **亞洲、非洲為主**：根據世界銀行統計，全球 80.6 億人中，收入不高的 45 億人（其中沒有銀行帳號的人口 20 億人）無法獲得銀行的信貸服務。這些主要集中在非洲和亞洲的南亞，一個重點是沒有戶籍制度，以印度來說，號稱 13.85 億人，這是推估值，印度政府搞不清楚國內有多少人，沒有身分證就無法在銀行開戶，也無法向銀行申請信用卡、貸款。

2. **工業國家**：從歐美來說，移民、外國長期移住勞工等較難取得銀行貸款，有些會投向網路金融公司。

3. **中國大陸**：中國大陸在數位金融公司蓬勃發展，以兩個業務來說，原因如下：

   - 專營支付公司：銀行業的市場結構屬於賣方市場，對個人、小微企業的服務較不重視。簡單地說，對個人申請信用卡審核較嚴格。這給支付公司（主要是支付寶、財付通）有發展空間。
   - 網路放款仲介：大學生、少數上班族無法向銀行申請信用卡、其他消費者貸款，放款仲介網站應運而生，申請貸款，平均貸款利率 11% 左右。

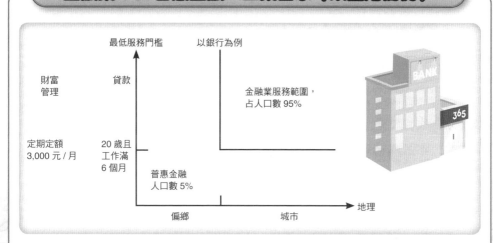

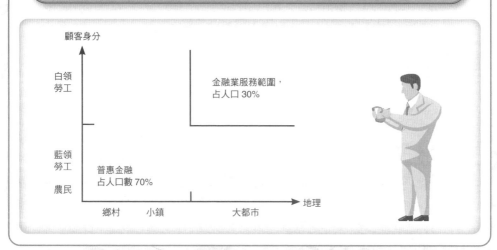

圖解數位科技：金融科技與數位銀行

電子商務的對手是實體零售商店，例如：網路商店的 lativ、Lovfee、Queen Shop、Pazzo，造成很多服飾店經營困難。同樣地，網路金融公司的對手是金融業，最常見的是手機支付公司、網路放款仲介公司，鯨吞、蠶食銀行業務。右下表先說明網路金融公司首要服務對象。

一、金融業商機

根據 2021 年 3 月 12 日，愛爾蘭都柏林市的研究與市場公司（Research and Markets）預估 2022 年全球「金融業」（註：各國定義不同）年營收達 24.2 兆美元、2025 年 28.52 兆美元，其中市占率如下：

- 保險業 50%。
- 銀行業 25%。
- 證券暨期貨、創投業 25%。

二、全球百大金融科技公司

由 Unit 1-14 可見，全球百大中，前十大有一家是中國大陸公司，2020 年特色是東南亞、印度二家入榜，新興國家的實體銀行較不普及（費用高），金融科技公司發展空間大。

三、銀行類網路金融公司業務

銀行類網路金融公司以二項業務為主：

1. **支付（包括匯出）**：銀行旗下對個人的四種支付業務，包括帳戶扣款繳水電費、自動櫃員機轉帳、信用卡、臨櫃電匯等，銀行由此賺取小額服務費。支付公司提供手機付款等方式，搶食銀行支付業務。
2. **貸款**：由於網路放款仲介公司不能吸收存款，所以只能衝刺個人、小公司的「小額」貸款。以個人為例，主要授信項目有三：信用卡餘額清償、其他消費性貸款（俗稱信貸）和汽車貸款。

至於純網路銀行的例子，詳見以下小檔案。

英國 OakNorth 銀行

成立：2013 年，2015 年營業
地點：英國倫敦市
董事長：賽勒斯・阿達蘭（Cyrus Ardalan）　總裁：Rishi Khosla
業務：強調「數位銀行」只能透過手機的 App 與銀行連線，包括 30 位客服，號稱英國第一家網路銀行。2019 年 2 月，日本軟體銀行集團注資 4.4 億美元，估值 28 億美元，主要業務是對中小企業放款 50 ～ 2,500 萬英鎊，存款戶約 17.5 萬戶，員工人數約 100 人。（部分整理自英文維基 OakNorth Bank）

2020 年全球 10 大金融科技國家

時	2020 年 11 月 20 日	排名	國家	排名	國家
地	英國諾福克郡（Norfolk）	1	美國	6	尼德蘭
	諾里奇市（Norwich）	2	英國	7	瑞典
人	Leigh Manning	3	新加坡	8	澳大利亞
	（金融科技）雜誌，母公司是	4	立陶宛	9	加拿大
	Biz Click Media 公司	5	瑞士	10	愛沙尼亞

全球百大網路金融公司報告

時：2022 年 2 月 7 日

地：瑞士蘇黎世市

人：畢馬威（KPMG，臺灣安侯企業管理公司）、澳大利亞「H2 Ventures」成立「金融科技創造」（FinTech Innovators），2013 年起進行。

事：兩家公司每年進行「全球百大金融科技業者調查報告」。

調查對象：美洲 35 家、亞太區 28 家、歐洲／中東／非洲（EMEA）區域 28 家公司、英國 13 家。

評比項目行業：銀行 42 家、保險類 17 家、證券業 19 家。

1. 每年募資金額
2. 近期募資比率
3. 創新程度
4. 行業多樣性
5. 地理分散

兩種金融小白

項目	投資空白	信用空白
俗稱	投資小白	信用小白
說明	是指一個人在證券交易所、中央集中保管結算所公司皆查不到其有申請證券、票券、期貨公司開戶、交易資料。	一般是指一個成年人在聯合徵信中心的紀錄中，完全沒有向任何一家銀行申請信用卡或借款，因此其「信用」評分是空白的。

Unit 3-5 網路金融公司的典範：陸企螞蟻科技集團

　　螞蟻科技集團公司是阿里巴巴集團在電子商務的支付、金融服務多個「產品」、「品牌」上市後，覺得有必要成立營運控股公司才成立的。螞蟻科技公司本質上是家消費信用貸款公司，以旗下芝麻信用公司（2015 年 1 月成立），替申請人評分，有二種放款方式，「花唄支付」（2014 年 12 月 28 日起）購物墊款，網上借款功能「借唄」。2020 年 7 ～ 11 月，股票新股上市失敗。

螞蟻集團公司年度營收、淨利

（人民幣：億元）

損益	2017	2018	2019	2020
營收	654	857	1,206	約 1,500
淨利	69.5	66.7	170	582.31

＊年度：4 月～翌年 3 月。

資料來源：阿里巴巴集團財報，由權益去推估螞蟻集團公司營收等。

螞蟻科技公司股票估計價值

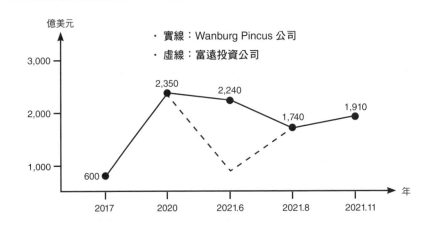

2020 年螞蟻集團公司營收結構

（人民幣：億元）

事業部	公司	營收	占比重 (%)	說　明
一、數位 金融平台				
（一）微型貸款	1. 花唄 2. 借唄	--	--	消費信用貸款餘額 17,320 1 年約 5 億戶，利率 7.3% 另網路商店信貸 4,217 資金來自 100 家銀行
（二）理財 2013 年上市	1. 餘額寶 2. 螞蟻財富	--	--	資產管理餘額 48,986 吸收資金後投入 170 家資 產管理公司（註:基金公司）
（三）保險	1. 螞蟻保險 2. 相互寶 3. 支付寶	--	--	保費分攤金額 518 與 90 家保險公司合作
二、數位支付 與商店服務		900	60	2017 年時，比重占 50% 2019 年 56.2%
三、創新業務 與其他		544	0.75	
小計		1,500	100	

中國大陸浙江螞蟻科技集團公司 (Ant Group)

成立：2014 年 10 月 16 日，2020 年 10 月兩大股東杭州君瀚（29.8%）、君澳
　　　（20.6%），2020 年 6 月更名，之前名稱螞蟻小微金融服務集團公司
住址：中國大陸浙江省杭州市
總資產：人民幣 1,392 億元
　　　　主要阿里巴巴 32.65%、股權投資 29.86%、澳 20.66%。
董事長：井賢棟
營收（2020）：人民幣約 1,500 億元
淨利（2020）：人民幣 582.31 億元（稅前）
主要產品：全銀行　主要顧客：12.4 億人（以支付寶為例）
員工數：16,000 人
市值：2020 年 11 月 13 日 2,300 億美元，2021 年 2 月 18 日美國的優步（Uber）
　　　1,081 億美元、股價約 60 美元。

銀行業引進金融科技：全球、美國角度 ——數位銀行（Bank 3.0）經營方式

既然網路金融公司對銀行不構成威脅（以貸款來說，詳見 Unit3-8 右頁），那麼銀行為何還必須花錢引進金融科技設備呢？主因在於顧客結構的改變，先知先覺的銀行「先下手為強」，在同業競爭壓力下，逐漸加入戰局。

一、2015 年美國人口世代的黃金交叉

美國商務部人口普查局資料顯示，Y 世代（其中 1981 ～ 1997 年又稱為千禧年世代）人口 7,540 萬人，以些微差距超越嬰兒潮的 7,490 萬人。主因在於許多年輕人移民美國。

二、來自顧客的「拉引」策略

1980 年代以後出生的顧客，從小習慣使用 3C 產品，例如：上網「買」（下載）歌曲、「買」東西等，俗稱「數位（產品）世代」（digital era）、數位原住民（digital native）。2007 年 6 月起，蘋果公司推出 iPhone 手機，再加上 2010 年起，4G 電信全面普及。手機的使用「革命性」的改變人們的生活習慣，以 Y 世代為例，由右表可見，跟嬰兒潮的人有明顯的數位落差、世代差距（generation gap）。

1. 最喜歡三大類的應用軟體（App），包括社群媒體、音樂及省錢。
2. Y 世代人喜歡用手機搞定一切，包括訂餐、社群媒體（例如：臉書、Instagram）、音樂、約會等，因此用手機理財是理所當然的事。

三、美國花旗銀行的預估

如同純電動汽車逐漸滲透市場，2021 年全球 7,222 萬輛乘用汽車中，650 萬輛，占 9%，已突破 4%，進入成長期。同樣的，來看數位銀行發展。

1. **滲透率**：由右圖可見，這是美國花旗銀行估計的美國消費金融中的數位銀行滲透率，不算快。
2. **另一種算法**：Statista 公司把〈線上銀行業務滲透率〉依歐洲、亞洲等，將國家排名，例如：南韓 74%、新加坡 66%、日本 37%、中國大陸 25%、印度 24%，這是 2021 年 8 月資料，滲透率是指總人口中使用線上銀行業務的人口。

知識補充站

最普及的金融科技：證券公司電子下單

在網路運用於金融交易最早、最普及的，可說是證券公司的投資人電子式交易（含網際網路、語音及 DMA），以 2022 年為例，集中市場成交值市占率約 75%，前五大是元大、凱基、富邦、永豐金、群益金鼎證券。

美國各世代人口預估

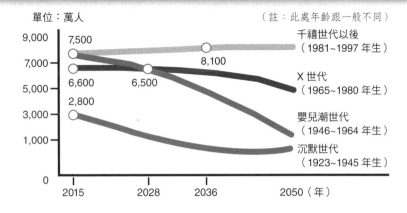

單位：萬人　　　　　　　　　　　　　　（註：此處年齡跟一般不同）

千禧世代以後
（1981~1997 年生）

X 世代
（1965~1980 年生）

嬰兒潮世代
（1946~1964 年生）

沉默世代
（1923~1945 年生）

美國銀行的消費金融中數位銀行滲透率

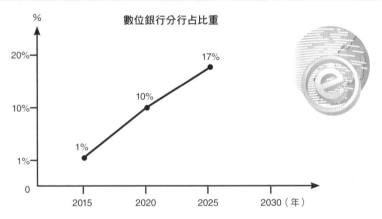

數位銀行分行占比重

資料來源：美國花旗銀行，2016 年 3 月。

金融發展指數（Financial Development Index）

年：2008 年起
地：瑞士日內瓦州科洛尼市
人：世界經濟論壇（WEF）
事：每年在金融業、金融科技，至少有三個產出。
1. 每 年 10 月 29 日 發 表 當 年 度「 金 融 發 展 報 告 」（The Financial Development Report）。
2. 每年 6 月 12 日更新 214 個國家/地區，1960～2017 年；全球金融發展資料庫（GFDD），這是由世界銀行公布的，每年 10 月 30 日。首次公布在 2012 年 9 月。
3. 每年 1 月 18 日發表去年全球金融科技發展指數報告。

Unit 3-7 金融業對網路金融公司的反擊：以陸企平安保險集團旗下「陸金所」為例

在零售業，實體零售公司常以「以其人之道還治其人之身」，即推出網路商場，俗稱「虛實整合」，專有名詞稱「全通路」（omni-channel 或 multi-channel）。在這方面，媒體最喜歡報導的是全球營收最大零售公司美國沃爾瑪（Wal-Mart，2022 年度營收 5,728 億美元、淨利 136.7 億美元），2009 年 8 月成立網路商城公司（Walmart Marketplace 與網路商店，年營收約 687 億美元），以跟全球最大網路銷售公司美國亞馬遜公司（2021 年營收 4,698 億美元、淨利 333.64 億美元）競爭。

由沃爾瑪立場來看陸企平安保險集團為何會成立上海陸家嘴金融資產交易股份有限公司（簡稱陸金所），由這角度來看，陸金所可說是平安保險集團的「網路金融公司」。

一、平安保險集團簡介

臺灣政府較少開放中國大陸的金融業來臺營業，一般對其也都在報刊上浮光掠影的報導。由右頁小檔案可見，平安保險公司號稱是中國大陸第一家「股份制」保險公司，橫跨金融業三行業，保險起家，進軍銀行，在證券暨期貨業開花結果。

二、陸金所第一階段業務：網路放款仲介

陸金所以網路放款仲介業務起家，2015 年精準預知網貸泡沫，藉債權轉讓交易，帶領 2,600 萬用戶避災。從個人放款仲介轉向「企業對企業」放款仲介，號稱全球第一大網路放款仲介。

三、陸金所公司

1. **資產管理商機：** 據有關部門統計，剔除通路業務互相嵌套、交叉持有的重複計算因素，至 2021 年 12 月，全國資產管理規模約人民幣 68 兆元，以 2020 年總產值人民幣 114.4 兆元以及貨幣 M2 的人民幣 240 兆元，已經具備了影響金融市場穩健的力量。

2. **成長：** 一站式理財網站。由右圖第二欄可見，陸金所第二項業務是「財富管理」網站。本質上還是「肥水不落外人田」，主要是成為關係企業的網路行銷公司，例如：
   - 保單：全中國大陸 2020 年保單保費收入約人民幣 5.4 兆元。
   - 基金：限於法令，主要是貨幣市場基金。
   - 信託業務：網路信託業務成長較為緩慢，還沒有成熟的經營方式。

3. **2016 年起業務範圍：三所一惠**
   - 由右圖可見，陸金所有四個「事業部」，公司稱為「三所一惠」（惠指普惠金融），2015 年 8 月陸金所控股公司以 19.5 億美元收購普惠金融事業部。
   - 2017 年陸金所在香港股市上市，2020 年 10 月，美國紐約交易所上市，2022 年市值約 135 億美元。

陸金所的三項主要業務

資金供給端	陸金所的四項主要業務（占營收%）	資金需求端
一、投資人 ・租賃公司 ・小額貸款公司 ・擔保公司	（一）平安普惠金融占 31.83 2012 年 3 月投資融資網站（www.lufax.com） 1. 穩盈一定 e 占 1.86 2. 貸款淨利息占 22.91，擔保 7.06	二、借款人 ・公司 ・個人
	（二）金融資產交易服網站占 61.9 （www.lfex.com） 1. 陸金所 2. 重交所（重慶金融交易） 3. 前交所（深圳市前海區） 企業交易人民幣 4.2 兆元 個人交易人民幣 1.35 兆元 （三）其他占 6.27	1. 保險 　平安養老 　保險公司 　富盈人生保險 　（註：退休金保險） 　・團體 　・個人 2. 平安大華投信公司 　日增利貨幣市場基金 3. 股票、信託

平安保險集團

成立：1988 年，2007 年 3 月上海股市上市，港交所股票代碼 2318
地址：中國大陸廣東省深圳市　董事長：馬明哲
子公司：保險類（平安「人壽」、「財產」、「養老」等）
銀行：平安「銀行」、「信託」、「租賃」、網路金融
證券：平安「證券」（香港）、「期貨」、「資產管理」等
顧客：2.27 億人（2021.12）
地位：美國財富雜誌全球 500 大第 11 名，2020 年營收人民幣 1.18 兆元，淨利人民幣 1,480
　　　億元。

中國大陸陸金所（Lufax Holding Ltd.）

（本名上海陸家嘴國際金融資產交易市場公司，Lu.com）
成立：2011 年 9 月，2020 年 10 月 30 日紐約交易所股票上市，屬平安保險（集團）旗下，
　　　市值 135 億美元，股價約 5.5 美元
地址：中國大陸上海市陸家嘴
資本額：人民幣 8.73 億元
董事長：冀光恆（2020 年 4 月起）
營收（2021）：人民幣 618.35 億元
淨利（2021）：人民幣 168 億元
主要產品：三所一惠，詳上圖
顧客：借款人數 276 萬人（+17.1%）、小微企業 124 萬家

網路金融公司對美中臺銀行業的威脅「微不足道」

網路金融公司對金融業（以銀行業為例）營收的威脅 0.4% 以下。2022 年銀行推估營收 20,000 億元來說，最多 80 億元。

一、美麗的錯誤

針對網路金融公司的前景，少數人「就近引譬」，以「公司對消費者」（B2C）電子商務，在美中約占零售業 20% 為例，來說明網路金融公司擁有兩大優勢，會打得銀行「不死也半條命」。以美國網路放款仲介公司 Kabbage 公司與消金霸主富國銀行比。

1. **貸款利率高：** 網路放款仲介公司的投資人大都擔心借款人不還，因此最低貸款利率 9%，網路放款公司向借款人收 3% 的仲介費率，借款人一年借款成本 11% 以上。

2. **速度快：** 有人說，網路放款仲介公司，當貸款申請人資料備齊，最快 6 分鐘便可核貸。但這不是重點，貸款申請人重視的是貸款利率，其次是貸款金額；有些仲介貸款公司宣稱貸款核貸時間最快 15 分鐘。

二、網路放款利率比銀行放款高很多

全球各國政府為了穩定金融，銀行皆是特許經營（以臺灣來說，最低資本額 100 億元），銀行有特權「吸收存款，從事放款」，只做其中一項便不能算，例如：中華郵政公司吸收 0.5 兆元存款，但不能以「現金與約當現金」從事放款，所以不算銀行。以臺灣營收最大的鴻海為例，2022 年 11,000 億元，銀行吸收此存款，供 110 萬位借款人，每人借 10 萬元。最厲害的網路放款仲介公司可能會「吸引到」一家高風險的投資公司提供 6 億元資金，但必要報酬率 7%，這是投機級債券殖利率的起點。

由右頁表二可見，美中臺的網路放款仲介公司的貸款餘額與銀行對家庭放款的比例，皆在 0.02% 以下（中國大陸高點在 2016 年 5.2%）。

三、從銀行損益表切入

2022 年 40 家銀行營收 20,000 億元，由其營收結構來分析，詳見表一右側。表一左側的網路金融公司幾項業務對銀行的衝擊在 0.1% 以下。

1. **營收結構「80:20」原則：** 銀行的基本業務是「資金買賣業」，占營收 80%，也就是賺「放款與存款的利率差」。至於金融服務費收入占 30%，但其中 80% 以上是賣保單（占 50%）、基金（占 24%）的佣金收入。

2. **營收占 70%「部分」，影響不到 0.9%：** 網路金融業的「網路放款仲介業務」（P2P），收取 4% 的「仲介費用」，再加上利率，貸款人「總成本率 11%」以上。此項業務衝著銀行「消費金融業務」中的信用卡循環信用餘額來的，2022 年 1,000 億元（占放款 33.5 兆元的 0.3%）。縱使全部被網路金融公司搶走，金額、比率不大。

3. **占營收 30% 部分，影響不到 0.01%**：網路金融公司搶攻支付、匯兌（臺灣有外匯管理條例卡著），以你去自動櫃員機跨行轉帳手續費 15 元、跨行提款 5 元來說，站在銀行角度，「服務」性質大於「獲利」。縱使全被「專營支付公司」搶走生意，對銀行電匯收入、自動提款機服務收入的影響微不足道。

表一　本國銀行的營收結構

網路金融公司	本國銀行
	2021 年比重
網路放款仲介（P2P）	營收 （一）放款利息收入 69.5% 　1. 家庭 50% 　　・抵押貸款 42.5% 　　・消費者貸款 7.5% 　2. 企業占 45.45% 　3. 政府占 4.55%
支付公司 網路匯兌	（二）服務收入 30.5% 　1. 保單占 30.5%的 56% 　2. 基金銷售佣金 　3. 支付服務：電匯費用 小計　100%（營收 11,100 億元）

表二　三個國家網路放款仲介餘額與銀行家庭貸款比重

項目	臺灣	中國大陸	美國
（1） 網路放款仲介餘額	33.5 億元 （假設）	人民幣 1.3 兆元 （來自 Unit 8-3 表）	157.4 億美元
（2） 銀行對家庭放款	16.75 兆元	人民幣 80 兆元 （詳見 Unit 8-3）	15.74 兆美元
（3）=（1）/（2） 網路放款占銀行放款比率	0.02%	2.3%	0.01%

註：中國大陸 2022 年預估人民幣放款餘額人民幣 200 兆元，其中消費性貸款人民幣 55 兆元，詳見 Unit 8-3。

Unit 3-9　金融科技的資料來源與刊物

　　金融科技是全球的顯學，相關資料如天上繁星，令人無所適從。以作者寫書大量使用資料的多年經驗（有用原始資料驗證），Statista 公司好用。

一、全球很懶人包的資料來源

　　由右表可見，從資料來源、分析、產出來說，Statista 可稱得上是「現象級」。

1. **投入**：現象級過程。由表第一欄可見，Statista 的三種資料來源，許多印度資料庫公司來說，都是撿現成的。Statista（取 statistic data 二字的一部分創造的字）有 45% 資料是自主調查的。公司總裁為 Friedrich Schwandt，是德國著名的經濟學者。

2. **過程**：現象級認同。各國媒體經常引用其資料，包括「商業內幕」（Business Insider）、富比士、紐約時報、華爾街日報。公司每年營收約 6,000 萬美元，主要是靠廣告收入，其次是訂閱費。

3. **產出**：現象級影響。由右頁小檔案可見，Statista 的資料在全球有 300 萬位用戶，比較重要的是許多大學都是其用戶，教授、學生以及資料庫來做研究、報告。從表中第三欄來說，有關金融科技方面的三種報告。2014 年美國經濟《圖書館雜誌》（*Libary Jounal*）譽為全球最棒資料庫。

二、網路上的刊物

時：2007 年成立

地：英國諾福克市（Norfolk）

人：Biz Clik Media Limited

事：1. 出版〈FinTech Magazine〉，這是網路版，每 3 個月出一輯，約 60 多篇。另外網路上也有 8 篇 2016、2017 年文章，說明 10 本流行的金融科技雜誌，可自行參考。

　　2. 出版金融科技相關文章

　　　　・行業：城市（hub）等

　　　　・公司：企業、銀行

　　　　・人：執行長等

　　　　・物：App、newsletts

員工人數：50 ～ 200 人

投入：資料來源	轉換	產出：以金融科技為例
22,500 個資料來源： 一、45% （一）與 Statista 獨家合作機構提供。例如：會計師事務所－德勤（Deloitte）、眾信（Ernst & Young）；企管顧問公司－麥肯錫；德國行銷市調公司－捷孚凱（GFK）。 （二）Statista 公司的市場調查。 二、45% 買來的 IPSO、Nielson Scarborough 等. 三、10% 各國政府公務統計資料庫	1.500 位公司數據專家檢驗 2.資料分類 3.報告撰寫	一、資料統計（以 2022 年 3 月來說） 2011～2020 年（每 10 年滾動）全球對金融科技公司投資金額，單筆費 39 美元。 二、數據分析報告 （一）FinTech：Statistics & Fact，每年 6 月 8 日。 （二）FinTech Europe: Statistics & Fact，每年 11 月 17 日。 （三）In-depth: FinTech 年報，138 頁，1,995 美元。 三、市場預測 FinTech，70 頁，495 美元 FinTech Report，92 頁，995 美元

Statista 公司

成立：2007 年，2019 年德國廣告公司 Stroer 媒體公司收購
地址：德國漢堡市
總裁：Friedrich Schwandt
主要產品：150 國總體、170 個產（行）業的公司資料
主要客戶：約 300 萬戶，其中 20 萬戶是付費用戶，月費約 49 美元
員工數：約 500 人

第 3 章　金融科技「行業」：金融科技、網路金融公司

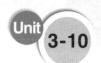

Unit 3-10　銀行採用金融科技節省成本，增加收入

從損益表的架構來思考一家公司的任何計畫，就很容易抓住其著眼點，一般二分法：降低成本（cost reduction）、提高營收（revenue raising）。臺灣經濟停滯、人口到頂（2018 年人口到頂 2,360 萬人，之後衰退），對大部分內需導向的行業內的公司，要增加淨利，一是營收面撈過界，搶別人行業中的肥肉；一是「省一元、賺一元」的降低成本。

一、降低成本導向

2008 年起，銀行面臨低利率環境，2021 年第四季放（1.61％）存（0.36％）款利率差 1.25 個百分點以下（2009 年第二季 1.11％）、放存款比率 2021 年 70％；簡單的說，銀行產能利用率低。銀行想方設法降低成本，最常見的是機器設備能用則用（縱使過了報廢期）、甚至「以次充好」，這些都是為了降低營業成本中的製造費用中的房地產、設備折舊費用。銀行推動「數位銀行」，以智慧機器取代行員（例如：以 Pepper 機器人取代分行的迎賓人員），著眼點在於「省錢」。

二、提高營收導向

由右表可見，銀行的財富管理業務，以「一般」顧客為例，一位理財專員約需負責 350 ～ 400 位顧客，才夠經濟規模。但理專約只能承擔顧客群中的一成，會挑顧客中淨資產較高、年齡較輕（比較會買保單和基金）。有些銀行估計過「有九成的一般顧客成為棄嬰」。由圖可見，透過智慧客服（詳見 Unit 10-5）、機器人理專的協助，一般理專可以服務更多的「小氣財神」。站在政府角度，這便是「普惠金融」，金融服務普遍惠及大眾。

資產管理規模

英文：asset under management（AUM）
中文：銀行等的資產管理規模
推論：某一位顧客在銀行買基金等規模

2006 年起，中國大陸中信信託資產管理規模第一

時：1979 年 7 月 1 日成立
地：中國大陸上海市
人：中信集團公司（CITIC Group）
事：2020 年年報，中信信託「全口徑」資產管理規模（AUM）人民幣 1.76 兆元（成長率 27%），2006 年以來，皆位居陸信託業第一。其中三大事業部的信託本部資產管理規模的淨利人民幣 7.77 億元。

數位銀行的貢獻

業　務	網路銀行業務（Bank 2.0）	1. 網路金融公司 2. 手機銀行業務（Bank 3.0）
一、降低成本 ・支付 ・匯款（含轉帳）	略	美國貝寶（PayPal）公司總裁——丹・舒爾曼認為： 透過資訊通訊技術、機器人理財的協助，可接觸到責任區大部分顧客。
二、增加營收 ・財富管理 ・以一般顧客為例，一位理專約 350~400 位顧客	一位理財專員因精力有限，只能處理 10%（350～400 位）顧客。行有餘力才照顧資產規模小的顧客。	

顧客投入與對銀行的營收貢獻程度

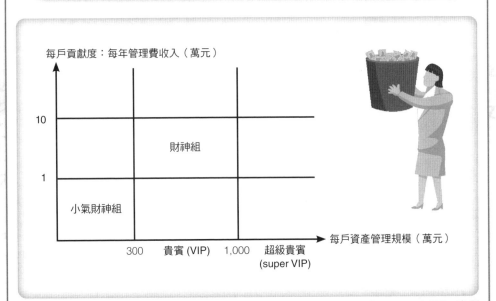

每戶貢獻度：每年管理費收入（萬元）

10

1

財神組

小氣財神組

每戶資產管理規模（萬元）

300　貴賓 (VIP)　1,000　超級貴賓 (super VIP)

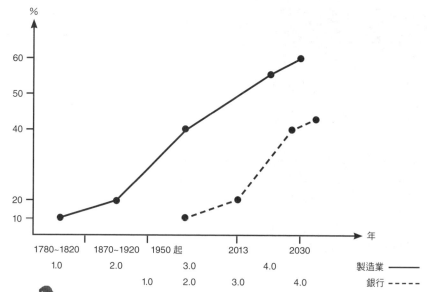

%

60

50

40

20
10

年

1780~1820	1870~1920	1950 起		2013		2030
1.0	2.0	3.0		4.0		
	1.0	2.0	3.0		4.0	

製造業 ───

銀行 -----

® 伍忠賢，2022 年 4 月 19 日。

公司與支付方式：總體篇

公司、家庭與政府支付動機

　　網路金融公司兩大銀行業務：支付匯兌與網路放款仲介。本章說明，支付公司只能經營的個人現金與小部分信用卡支付市場。簡單的說，以 2016 年 10 月投入營運的 5 家支付公司（歐付寶等），年支付金額須 4,600 億元以上，付款手續費的收入才能損益兩平，以 2022 年預估信用卡刷卡 3.2 兆元來說，占 11.3%。

一、收支的主體

大一經濟學中，把個體分成三個：

1. **家庭 895 萬戶、2,350 萬人**：臺灣人口在 2020 年 1 月達到 2,360 萬人，到頂之後，就人口衰退。
2. **商業組織 180 萬家**：這包括公司（73.5 萬家）、公益團體（包括財團法人、社團法人，俗稱非營利組織、非政府組織，NGO），財團法人中產值最人的是醫院，52 家年營收約占全民健保 8,000 億元的一半。
3. **政府分為中央、縣市政府**：政府有中央和縣市（俗稱地方）政府二級。

二、收入與支出三類動機

提到個體的現金收支，會計學、經濟學的分類方式大同小異。

1. **會計報表上的「現金流量表」**：由右表可見，公司四大財務報表中的現金流量表，把「流入流出」分成三類活動──「營業」、「投資」、「融資」。
2. **經濟學的分類**：經濟學把經濟活動分成以下兩大類：
   - 實體經濟面（俗稱商業基礎）：公司現金流量表上的「營業」活動現金流「量」（流出、流入）。
   - 金融面（投資、融資）：公司現金流量表上的「投資」、「理財」活動現金流量。

三、實體經濟

實體經濟有兩個角度可切入：

1. **從需求結構切入**：2022 年總產值 21.85 兆元。讀過大一經濟學的人可能會記得右表二的等式關係。表中，總產值的需求結構長久很穩定，可以「背」一下。
   - 家庭消費（即 2,351 萬個個人）占總產值 44.7%，家庭消費常見的說法是「食衣住行育樂」，其中「食」常用的說法是「開門七件事，柴米油鹽醬醋茶，每樣都得花錢」。由表二可見家庭消費結構。
   - 公司投資占總產值 27%：實體投資包括兩中類「固定資本形成」（占 26.2%）與「存貨變動」（占 0.8%）；簡單的說，買地蓋廠房（占 27.83%）、買機器（占 34.5%），二者合計 62.33%。

- 政府支出占總產值 13.5%：中央政府支出約 2.2784 兆元、縣市政府支出約 0.8016 兆元，由表二可見，合計 3.08 兆元。
- 出超占總產值 14.8%，出口減掉進口的「出超」，出口公司賺外幣，進口公司付外幣；國外買方付款，臺灣的出口公司收款。

2. 從生產流程切入：總產值聚焦在「最終」商品和服務，但是若以汽車公司每賣一輛車，須往前（上游的汽車玻璃、座椅、塑件等公司）買料。從「產業關聯表」，2.06 乘上總產值稱為國家生產「總」額。

表一　2022 年家庭、公司與政府的現金流量表

活　動	家庭（個人）	公　司	政　府
一、營業活動			
・流入	年薪	營收 財務收入	稅費收入 其他收入
・流出	生活支出 10.21 兆元	營業成本費用 財務成本	政府支出 ・中央政府 2.2784 兆元 ・地方政府 0.8016 兆元
二、投資活動	・股票 ・共同基金	・債券 ・基金 ・股票	
・流入	賣股票	賣債券	
・流出	買股票	買債券	
三、理財活動			
・流入	借房屋貸款	借抵押、信用貸款 發行股票	發行公債
・流出	還貸款 本息	同左	付公債利息和還本

2022 年預估銀行存款金額 44.27 兆元，貸款餘額 33 兆元。

表二　2022 年臺灣總產值（預測）：需求結構

總產值	（家庭）消費	投資	政府支出	出超
GDP =	C	+ I	+ G	+ (X – M)
100% =	44.7%	27%	13.5%	14.8%
上述比率是 2021 年數字，公式右四項取整數				
22.85 =	10.21	6.17	3.08	3.39

Unit 4-2　營業活動的支付方式 I：家庭（個人）

你（或你家）一個月「支出」多少錢？怎麼付款的？一般在區分支付方式時，比較喜歡二分法的一刀切，本單元以 2022 年家庭來說明。

一、現金以外支付，以大額支付為主

以一位上班族來說，大部分的支付方式都是以現金以外方式支付，主要有三種：

1. **銀行轉帳**（加提款）13.05 兆元：
   - 銀行自動轉帳：主要是繳費（水電費等）、繳稅（綜所稅、房地產稅、汽機車牌照稅和燃料稅）；另外，個人的每月定期定額的基金、房屋貸款扣款。
   - 個人轉帳：這主要分成「已約定」、「未約定」帳戶兩種，包括房屋貸款還本還息（例如：每月 2 萬元）、定期定額基金 0.3 萬元，甚至買股票後的付款。
2. **信用卡**（有效 3,300 萬張，3.2 兆元）：
   信用卡是成人大額支出的主要方式。到量販店買菜、汽車加油，都可以用信用卡付款，屆時約定銀行帳戶扣款，或自動櫃員機轉帳。
3. **電子票證**（1.36 億張，1.6 兆元）：
   常見電子票證有交通票證（悠遊卡、一卡通、ETC 卡）、便利商店卡（例如：統一超商旗下愛金卡公司發行愛金卡 icash）。主要是個人零錢支出，金額 2,000 億元。搭捷運用交通卡（悠遊卡、一卡通），到統一超商的關係企業（例如：康是美）用「愛金卡」。

二、現金支付，以小額支付為主

1. 現金支付：只有去自助餐店、路邊攤等小金額交易，才會用到現金。
2. 中央銀行發行局每日公布通貨發行額 3.17 兆元：以中央銀行的資產負債表來說，「現金」指的是「通貨發行額」，2022 年 12 月約 3.17 兆元，這隨總產值、人口數增加，從 2008 年起，每年約增加 1,400 億元。

三、電子支付情況

詳見右頁表三。

臺灣的中央銀行通貨發行、淨額的幾個關鍵數字

單位：兆元（其中硬幣占 4.34%）

時間	2005.12	2010.12	2015.12	2022.12.31
（1）紙鈔	0.923	1.1535	1.668	3.0305
（2）硬幣	0.04	0.0505	0.0936	0.1375
（3）總額	0.963	1.204	1.762	3.17

資料來源：中央銀行統計月報第 127 頁，2022 年 3 月。2022 年為本書預估。

表一　2020 年臺灣民間消費支出結構

金額：9.61 兆元

生活項目	%*	付款方式
一、食 1. 食品及飲料 2. 菸酒	13.86 2.58	量販店刷信用卡 現金
二、衣 衣著鞋襪服飾用品	4.82	同上
三、住 1. 住宅服務、水電瓦斯及其他燃料 2. 家具設備及家務維護	17.79 4.98	（註：住宅服務是設算的） 房貸還款 銀行自動扣款
四、行 交通及通訊	10.82 2.67	搭捷運和公車刷悠遊卡 電話費付現或銀行扣款
五、育 醫療保健	4.33	看病掛費付現、刷卡
六、樂 休閒、文化及教育其他	6.96 3.57	到銀行繳學費
七、餐廳與旅館	10.09	刷卡
八、其他	17.53	
小　計	100	（註：一年每戶平均 123 萬元、每人 46.8 萬元）

資料來源：行政院主計總處「國民所得統計摘要」，民間消費結構。

＊註：民間消費中，98.5％是家庭消費。

表二　預估 2022 年臺灣電子支付金額

方式	公司	流通	有效	交易	餘額
一、信用卡	33 家銀行	5,112 萬張	3,300 萬張	3.2 兆元	980 億元
二、現金卡	13 家銀行	--	35 萬張	--	141 億元
三、電子票證	專營 4 兼營 1	1.46 億張	--	864 億元	111 億元
四、電子支付	專營 9 兼營 20	1,500 萬人	代收 840 億元	支付 408 億元	儲值 95 億元

資料來源：整理自行政院金管會銀行局信託票券組，2022 年 3 月 4 日。

2021 年 7 月起，電子票證、電子支付合稱「儲值卡」。

Unit 4-3

營業活動的支付方式 II：公司和政府

公司和政府的支出方式有兩個特色：

- 金額較大，常以萬元起跳，動輒一筆億元或數十億元；
- 有專人擔任財務部出納工作，而且基於內部控制考量，以財金資訊公司（詳見 Unit 4-6）為例，出納人員「作表」、財務主管覆核、董事長核章。簡單的說，要有三級三審，「支票」情況稱為「三級章」。

一、公司的支付方式

你的公司（至少財務長、董事長知道）一個月「支出」多少錢？怎麼付的？

1. **金額**：由於有產業中下游，所以支付金額很大，主要是買料的貨款、員工薪資轉帳。為了配合董事長的時間，許多公司的支付時間常固定：頻率高的週一、三、五；頻率低的一旬一次（例如：10、20、30 日）。
2. **支付方式**：公司基於內部控制考量，大都是透過財金公司轉帳（例如：薪資轉帳）、開支票。公司付款大都透過跨行轉帳方式，以員工的「薪資轉帳」來說，員工大都在公司附近的銀行開戶，到了發薪日，薪水入帳。由於金資公司的金資轉帳，既快（3 分鐘內）又便宜，公司愈來愈少開支票，而且賣方公司很擔心收到芭樂票，也不喜歡收到支票。
3. **小額支出的支付方式**：至於開會吃便當、員工出外搭計程車，這些向出納人員憑發票或收據等申請付款，由小金庫中的零用金支出。但金額極小，跟家庭無法比。

二、政府的支付方式

政府一年「支出」多少錢？怎麼付的？中央銀行國庫局的官員知道。

1. **大額支出**：以中央政府的收支來說，由中央銀行國庫局負責，主要是透過銀行轉帳完成，其次是支票。
2. **支出方式**：各級政府的支出，主要是金資轉帳、支票。

空額支票（bad check）

說明：俗稱「芭樂票」，這是臺語用詞，轉成國語。芭樂在 1960 年代，路旁就揀得到、不值錢，英文又稱 dishonoured cheque、bounched cheque（跳票）。

原意：無法兌現的支票。

家庭和公司的支付方式

支付方式	家庭	公司
1. 銀行帳戶扣款	全國性繳稅費、on-batch payment	
2. 財金資訊公司之跨行支付	自動櫃員機轉帳即金融簽帳卡（debit card）	金融電子資料交換（financial electronic data exchange）
3. 狹義網路銀行	網際網路銀行業務（internet electronic banking）	
4. 手機付款	行動電話銀行業務（mobile banking）	
5. 電子票證	消費扣款（electronic ticket）	

一、網路銀行占78%

1. 存款	V	V
2. 提款	轉帳付學費	V
3. 電匯	單筆買基金	V

二、臨櫃交易占22%

Cash

經濟體系金融面的支付

許多美國電影描述男主角打個電話，就能買進一支股票（例如：蘋果公司），花了10億美元，而且連眼睛都不眨一下。有許多方式可以形容，以一個（或稱經濟體系）來說，套用「冰山上的一角」來比喻：

- 海面上的冰山「一角」：實體經濟的交易「支付」。
- 海面下的冰山「主體」：經濟中的金融面。

一、個體間

經濟學的主體有三：個人（或家庭）、企業、政府，其支付方式詳見右表，分成三大類，中央銀行對銀行、銀行間和銀行對客戶。

二、銀行間

銀行間的金融交易，依幣別分成兩種類。

- 銀行間臺幣交易：這主要指「同業拆放款」等。
- 銀行間外幣交易：臺北外匯經紀股份有限公司，簡稱臺北外匯；元太外匯經紀股份有限公司，簡稱元太外匯。

三、中央銀行對金融機構等

- 業務局的公開市場操作：以發行「央行可轉讓定期存單」為例，約9.48兆元。
- 國庫局代理財政部的收與支：以中央公債「未償還餘額」為例，約5.84兆元。

支付服務業的分類

大分類	中分類	小分類
一、銀行	40家銀行中，有23家兼營手機支付	—
二、支付公司	（一）支付公司 另第三方支付，是指網路購物情況下，宅配公司、商店代收貨款	1.手機支付（俗稱行動支付） 2.網路支付
	（二）電子票證公司	1.交通卡：悠遊卡、一卡通、汽車用ETC 2.商店卡：愛金卡（icash） 3.其他

個體	組織	支付金額
一、政府跟銀行間	（一）業務局 I	中央銀行的「公開市場操作」主要是發行「可轉讓定期存單」，餘額約 9.48 兆元。
	（二）業務局 II	「同業資金調撥系統」扮演銀行間的跨行清算，一年約 532 兆元。另「票據交換結算系統」14 兆元。
	（三）國庫局	中央公債餘額 5.84 兆元
二、金融機構間	（一）外匯市場	
	1. 外匯經紀、元太（外匯銀行對客戶）	9.016 億美元 x 240 日 = 220 億元
	2. 財金公司	外幣結算平台，採取即時總額清算（real-time gross settlement）
	（二）同業拆放款	31.7 兆元
三、個體間的金融交易	（一）金融市場	
	1. 債券市場（含票券市場）	3.0117 兆元／月 x 12 個月 = 36.14 兆元（註：2020 年 52.5 兆元）
	2. 股票市場	註：2020 年集中市場 49.18 兆元
	・集中市場	3,782.37 億元／日 x 244 日 = 92.29 兆元
	・店頭市場	493.34 億元／日 x 244 日 = 12.087 兆元
	（二）房地產市場	
	・住宅	2021 年成交 33.8 萬戶，約 2.5 兆元
	・商用	約 0.45 兆元

冰山上的一角（the top of the iceberg）

年：2008 年 4 月 17 日
地：中國大陸
人：「百度」上的熱心網友
事：冰的比重是 0.9，所以冰（含冰山）會漂在海面上。一般來說，以 100 公尺高的冰山，露出外面上占一成（10 公尺），水面下占九成。

Unit 4-5　全景：支付種類——以臺灣為例

　　一般來說，有交易（transaction）、交換（exchange，例如贈與、遺產等），就有款項的支付（payment）行為，一般俗稱「一手交錢，一手交貨」。由表第一欄可見，我們把交易性質依金融、實體面二分法。

一、二大類之一：金融面

1. 大額支付系統（large value payment system, LVPS）

　　金融機構（尤其是銀行）間的款項支付常是百萬元以上。

2. 小額支付

　　自然人買股票（甚至少到 1 股），金額常是數萬元，但證券公司的交割部只接受投資人銀行帳上款項劃撥，不會接受現金付款。

二、二大類之二：實體面——零售支付系統（Retail Payment System, RPS）

　　這便是家庭，是日常生活中「食衣住行育樂」的交易，依金額分成二中類。

1. 大金額：住與行

　　買房自備款起跳 100 萬元（訂金可能 30 萬元）、買車頭期款 5 萬元，一般都是開支票或是銀行轉帳，有金流，對以後糾紛時，才容易有跡可循。

2. 小金額支付系統（Small Value Payment System, SVPS）

　　以去便利商店買東西為例，平均每筆交易 84 元，許多年輕人用手機、電子票證（悠遊卡等）支付，一半以上人付現金，四大便利商店大都只跟一家銀行簽信用卡付款。

臺灣的零售支付系統

時：2019 年 12 月
地：臺灣臺北市
人：楊金龍，中央銀行總裁
事：在〈中央銀行季刊〉上文章「中央銀行貨幣與零售支付系統——兼論財金公司扮演之角色」，第 23 ～ 28 頁。

支付的分類與交易類型

經濟層面	交易類型	結算	清算
一、金融面 （一）銀行業 　1.中央銀行與 　　銀行 　2.銀行間 （二）金融市場 　1.外匯 　2.公債 　3.債券 　4.票券 　5.股票	公開市場操作 同業拆款 ・資金撥轉 外匯交易 公債交易 債券交易 票券交易 證券交易	同右 財金公司 外幣結算系統 中央登錄債券系統 櫃檯買賣中心 債券成交系統 證券交易所 證券劃撥結算系統	中央銀行 同業資金 調撥作業 清算系統 （簡稱同資系統） 1995 年上線 1994 年 11 月成立 1961 年成立
二、實體面 　1.自動櫃員機 　2.支票 　3.銀行 　4.信用卡 　5.現金	提款、轉帳 票據交換、代 收代付 轉帳 信用卡交易 現金交易	財金資訊公司 跨行金融資訊系統 票據交換所 聯合信用卡處理中心 信用卡結算系統	1988 年 11 月成立 公司，之前屬財政 部下 1950 年代 1983 年 9 月成立

臺灣家庭（個人）最主要支付方式：自動櫃員機

項　目	2010 年	2015 年	2022 年
一、經濟 / 人口			
1. 人口數（萬人）	2,316	2,349	2,351
2. 總產值（兆元）	14.06	17.055	22.85
3. 民間消費（兆元）	7.48	8.79	10.2825
二、量			
1. 金融卡（億張），流通	0.749	0.915	1.19
2. ATM（台）	25,711	27,363	33,700
三、交易			
1. 筆（億）	6.55	8.25	9.5
2. 金額（兆元）	8.35	10.147	13.7

資料來源：金管會銀行局，金融統計指標，2022 年 2 月。2022 年為本書預估。

Unit 4-6 支付方式的進行過程

　　1960 年代，隨著銀行逐漸電腦化，大額支付方式漸漸轉為支票、電匯（類似電報性質），1991 年隨著網際網路的逐漸普及，家庭的個人使用信用卡刷卡、自動櫃員機轉帳，逐漸成為個人支付主要方式。本單元說明三階段的演變，主要著眼在第三階段金融科技所帶來的支付方式改變。

一、個體間

　　在右表中最下一段討論政府跟公司（例如：繳營所稅、營業稅）、公司對公司和員工、個人間收支的支付方式。

- **78% 的銀行業務都在網路銀行上進行**

　　2016 年起，許多銀行董事長發言，以自己銀行為例，說明客戶 78% 透過「網路銀行」進行，到實體銀行臨櫃（存款提款與匯款）占 22%。你或許會覺得奇怪，任何銀行你都沒有辦網路銀行密碼，那網路銀行業務占銀行業務 78% 是怎麼來的？最簡單說法有兩項。（詳見 Unit 4-5。）

　　1. 銀行帳戶自動扣款。

　　2. 自動櫃員機轉帳。

二、銀行與顧客間

　　顧客跟銀行間的交易，以公司來說，常見的是「媒體轉帳」，這是網路銀行業務。個人還是常跑銀行，例如：存款等。

三、銀行間的清算

　　銀行間的清算屬於貨幣銀行學範圍，依地理範圍，至少分成兩個層級：

1. **國際間**：例如：位於瑞士巴塞爾市的國際清算銀行。
2. **在臺灣**：中央銀行扮演「銀行中的銀行」角色。簡單的說，中央銀行扮演「銀行」，各銀行如同公司般。央行的業務局，旗下「銀行間資金移轉系統」（簡稱同資系統），一年交易額 532 兆元，詳見 Unit 4-2。

　　在金融科技情況下，款項移轉可能由「加密電子貨幣」來處理。

財金資訊公司（FISC）

成立：1998 年，前身為 1988 年成立的金融資訊服務中心（簡稱金資中心）
地：臺灣臺北市內湖區康寧路三段 81 號
人：主要是由財政部與各金融機構出資
事：主要是金融機構間跨行業務之帳務清算，例如：自動櫃員機的跨行領款、轉帳等。

對象	Bank 1.0	Bank 2.0	Bank 3.0
一、銀行間	中央銀行	中央銀行	中央銀行
清算	16個票據交換所，人工作業，透過電匯方式清算	同資系統	加密電子貨幣詳見 Unit 6-7
二、銀行跟客戶間			
（一）大金額	支票／電匯	財金公司	同左
（二）小金額	自動櫃員機／現金	同左	同左
三、個體間	自動櫃員機	網路銀行 財金公司	
（一）政府			
1. 收入	支票／電匯	電子支票／支票	同左
2. 支出	支票／電匯	電子支票 員工薪水是銀行薪資轉帳	
（二）公司			
1. 收入	支票／電匯	銀行	同左
2. 支出	支票／電匯／小額現金	電子支票 支票	
（三）家庭			
1. 收入			
・大額	現金	公司薪資轉帳（轉入銀行戶頭）	同左
・小額	現金	現金	
2. 支出			
・大金額	信用卡	・銀行自動扣款（繳房貸、稅費、定期定額買基金） ・自動櫃員機轉帳（13.05兆元） ・信用卡（3.2兆元）	同左
・小金額	現金	・現金 ・電子票證（1.6兆元）	・手機付款 手機綁信用卡、金融卡、電子票證

電子支付的重要性

　　貨幣的發明是人類百大發明之一，跟「火」、「輪子」、「炸藥」等，對人類的生活品質的改善有很大助益。貨幣的使用，讓人們可以從「物物交換」提升到「一手交錢，一手交貨」的市場經濟而更有效率。由於紙鈔、硬幣使用期間已超過千年，人們習以為常。本單元說明電子支付（信用卡、現金卡、電子票證、手機支付）的優點，正逐漸取代紙鈔與硬幣。

一、鈔幣支付的缺點、優點

　　由右表可見，站在政府、個人（買方）的角度，用鈔幣交易大都「弊大於利」，大趨勢是電子支付。很多公司喜歡收現，原因是信用卡的卡費費率 1.5%、手機支付的支付公司服務費率 1%。「收現」的所有成本率約 0.4%，比前者低。

二、全球支付資料來源

　　許多人喜歡上網抓個資料便推論。有關全球中央銀行最權威的機構首推國際清算公司（BIS），有「全球中央銀行」之稱。大部分資料來源，當你細看其針對全球電子、手機支付的調查方法，會發現粗糙得很，不值一看。

三、全球數字

　　德國統計網路公司 Statista 估計全球行動支付金額，詳見下圖。

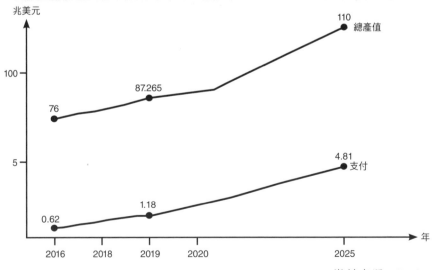

全球手機支付金額

資料來源：Statista。

個體	說　明	舉　例
一、政　府		
（一）財政部	許多非法的地下經濟（無照攤販）或商店漏開發票，使用現金以外支付方式，會使這兩種交易的金額浮現，政府能課到稅。	相關國際研究顯示，電子支付每成長10個百分點，四年後地下經濟減少0.05個百分點。2016年印度只有2%的交易有繳納營業稅、公司稅，11月禁用舊大鈔，詳見 Unit 4-8 小檔案。
（二）法務部	許多非法交易（販毒、走私、賭博、賣淫、恐怖主義分子）的支付方式都是靠現金支付。「零」現金會逼得地下經濟、非法交易「有跡可查」。	從歐洲央行（ECB）、委內瑞拉到印度，世界各國中央銀行愈來愈不愛鈔票，特別傾向於廢除備受匪徒和毒販青睞的高面額鈔票。
（三）中央銀行	印製、回收處理鈔票、硬幣，央行須付出發行成本。	
（四）對經濟成長率	在2011至2015年，慕迪分析公司調查46國、500多城市的研究報告顯示，電子支付每增加1個百分點，相對貢獻消費0.06個百分點，總產值成長0.04個百分點。	美國慕迪子公司慕迪 Analytics（2007年成立）電子支付研究發現，2011~2015年電子支付產品（包括信用卡、金融卡和預付卡）替臺灣的總產值增加18.7億美元，金額和比率不大，但發展空間大。
二、公　司		
（一）減少驗鈔的時間	商店購買驗鈔機、驗鈔燈，以查驗顧客付的鈔票是否為偽鈔。	現金是一種效率非常低的支付方式。
（二）加快結帳速度	以手機付款來說，可加快櫃檯結帳速度，可預留更多顧客消費。	2008年1月，全聯實業推出「福利卡」，這是跟愛金卡（icash）一樣的儲值卡，可加快櫃檯人員結帳速度。
（三）減少被搶被偷	以便利商店為例，夜間、長假（銀行沒營業）時，最容易被搶，公司必須付出運鈔保全費用。	
三、個　人		
（一）加快結帳速度	以手機支付、接觸式信用卡來說，在商店結帳速度很快，可以免除大排長龍的浪費時間。	2016年，美國貝寶公司估計2015年美國民眾為了轉移和處理金錢，付出1,380億美元的費用和利息，這些支出是沒有必要的。如果改採貝寶支付，可降低一半以上費用，這可使個人把節省下的錢去投資，以賺更多錢。
（二）省得被偷被搶	財不露白，帶現金比較容易被偷、被搶。	電子支付普及化為普惠金融鋪路，有利推動可信賴的網路交易。

以丹麥說明電子支付的好處

「現金」看似人類食物中的糖，被批評得「一無是處」。在本單元中以北歐斯堪地那維亞三國（瑞典、挪威、丹麥）中的丹麥說明，Unit 4-9 再說明瑞典的作法。

一、現金支付比率愈來愈低

隨著電子支付的發展，現金支付占消費支出比重會愈來愈少，由右表第三欄可見，這是全球十大經濟國手機支付普及率。

1. **日本人慣用現金：** 日本是工業國家的特例，現金支付占家庭消費支出80%，美歐皆在 10% 以下。
2. **以歐元區為例：** 瑞典只占 2%。

二、全球十大經濟國的手機支付普及率

由右表第四欄可見，在消費支出中以手機支付的比重。

三、丹麥的示範

依表第一欄的組織層級，以丹麥為例，說明電子支付對丹麥的好處。

1. **政府的考量：** 稅收是國家提供慷慨社會福利的重要財源。根據丹麥財政部的報告，由於推動電子支付，地下經濟規模在 2012 至 2014 年由 450 億克朗（63 億美元）降至 310 億克朗。財政部宣布 2016 年 1 月起，在商店、加油站、餐廳進行無紙鈔交易，推動數位付款方式，包含使用信用卡或手機支付等電子貨幣。財政部希望此舉能為企業節省龐大的現金處理行政費用，以降低與現金相關的犯罪行為。此外，透過數位支付，政府也更能掌握各項稅收的來龍去脈，讓銀行系統可以優化服務、效率。丹麥中央銀行探索以區塊鏈技術為基礎的虛擬貨幣，甚至宣稱 2017 年起，停止再鑄硬幣，但外包給芬蘭，之前瑞典、挪威也這麼做。
2. **對商店的好處：** 2016 年 6 月，丹麥中央銀行發表一份報告：
   - 手機綁金融卡的處理成本約只有現金的四成。
   - 商店沒有「現金」，也大幅減少歹徒搶劫的念頭。
3. **對家庭的好處：** 2015 年的調查發現，四成的丹麥人不使用現金支付。
4. **從 1991 到 2016 年：** 以 1991 年來說，現金和支票占丹麥交易的 82%，在 1990 年代末期，支票像渡渡鳥（dodo bird，在模里西斯上，美國動畫電影「冰原歷險記」中有其角色）一樣絕跡，現金使用率一直在穩定下降。
5. **丹麥的電子支付：** 2013 年 5 月起，丹斯克銀行（Danske Bank Group）推出手機支付 MobilePay，市占率 50%，一群地區銀行 2015 年 11 月紛紛加入 MobilePay，推升丹斯克銀行的股價。

全球經濟在十國的手機支付普及率、現金支付率

單位：兆美元，%

排序	國家	總產值（2022 年）	手機支付普及率 *	現金使用率 **
1	美	24.8	29	32
2	中	18.46	81.8	─
3	日	5.383	25.3	─
4	德	4.557	12.5	80
5	英	3.442	19.1	42
6	印度	3.25	37.6	─
7	法	3.14	15.6	68
8	義	2.27	21.1	86
9	加	2.19	26	─
10	南韓	1.907	36.7	14

* 手機支付滲透率是指手機用戶中有行動支付者。

資料來源：Statista，2021.1.15。

2022 年總產值預測值來自國際貨幣基金，2022.4.20。

** 資料來源：Statista，2022.3.15，指在商店有 POS 系統，2017 年資料。

丹麥王國

人口：580 萬人

土地面積：4.3 萬平方公里（不含格陵蘭）

首都：哥本哈根市

人均總產值：6.78 萬美元（全球第 7）

貨幣：丹麥克朗

出口：食品、能源（風力發電）

榮譽：2022 年 3 月 19 日，聯合國發布 2022 年「世界幸福報告」（World Happiness Report），在 146 國 / 地區中，丹麥排第二（7.62 分）。2012 年起，有此報告，6 年中有 5 年居首，第一名為芬蘭（7.842 分）。

瑞典：無現金社會的極致

2016 年 11 月，今周刊和三立電視合作，製作了專輯「歐洲最強創新國——瑞典」，今周刊總編輯謝春滿在「編輯室報告」中有一段話，作為本單元開場白：「在臺灣，常常聽到『市場太小，服務做不起來』。一樣的問題，也發生在瑞典。瑞典的人口 1,000 萬人，全球許多最創新的公司，都從瑞典出來，到底為什麼？」

一、瑞典可說是美國版的加州矽谷

瑞典在全球創新的排名如下：

1. **全球**：以平均每人所擁有的「獨角獸」（unicorn）公司來說，數量（註：中國大陸 206 家）全球第一，人均科技公司產值全球第二高，僅次於美國加州矽谷。
2. **歐洲**：2016 年，歐盟的歐洲創新計分表（European Innovation Scoreboard, EIS）中，瑞典排名第一。

二、瑞典創新來自政府帶頭衝

每次談到北歐（尤其是瑞典）的經濟成長方式，總是以維京人的傳統來形容，由於冰天雪地、資源不足，只好往外擴展領土，「民族性」偏向冒險、團結合作（海盜間的革命情感）。1940 年，政府成立科技研究委員會，有點類似臺灣的科技部對大學教授的研究補助。以電子支付為例，電子支付隨時隨地都要入帳，所以銀行間需要一個 24 小時的即時結算系統，所以中央銀行再建一個即時的記帳系統。

三、公司眼光「立足北歐，進軍全球」

電子支付在瑞典的成功，更成為新創公司向國際發展的跳板。瑞典的金融科技生態圈迅速成形，虛擬銀行、身分認證、資訊安全公司這類產業蓬勃發展。瑞典成為全球創投公司投資金融科技的主要國家之一。以銀行的網路銀行（Bank 2.0）、手機銀行（Bank 3.0）業務的推展來說，銀行開發出的資訊安全標準成為北歐各國的資訊安全規格，比歐美高出一截。

四、以手機支付為例

由右表可見，2012 年起，瑞典銀行共同推出手機支付公司 Swish，再加上信用卡支付等，瑞典的現金使用率 20% 以下，宣稱 2025 年達「無現金社會」（no cash society）。但 2018 年 4 月 3 日，瑞典中央銀行總裁 Stefan Ingves 認為，全部電子支付最大風險在於電力、網路當機，全部交易將停擺，不強求無現金社會。2017 年商店 POS 系統現金支付占比 20%。

獨角獸公司（Unicorn）

時：2013 年
地：美國
人：Aileen Lee，美國創投人士
事：是指成立時間 10 年內，股票市值（中國大陸、香港稱估值）10 億美元以上〔100 億美元以上稱為「多角獸」（decacorn）〕，而且股票未上市。如同獨角獸一樣，獨特且稀少，卻隱含著巨大商業能量，長期追蹤全球獨角獸表現的 CB Insights 數據顯示，至 2022 年 3 月底，全球獨角獸公司達 734 家以上。

瑞典在手機支付的發展

時間	活動
2000 年	瑞典訂定《電子簽章法》，政府跟瑞典最大電信公司 Telia 合作發行一張內載電子憑證（註：透過公鑰架構來驗證個人身分的電子檔案，它可以被儲存在電腦設備或是晶片卡裡）的個人身分證，它的功能跟臺灣的自然人憑證類似，一開始先用在報稅和登入政府服務網站上。
2003 年	瑞典銀行們意識到電子憑證應用在驗證網路銀行身分上的便利性，幾家大型銀行合資成立一家公司，於 2003 年開始發行免費且通用於銀行之間的電子憑證：銀行身分證（BankID）。顧客從 A 銀行拿到的憑證，也可以登入 B 銀行的網路服務，並可處理轉帳、申請貸款等各種作業。
2004 年	在銀行業推廣下，銀行身分證用戶數 650 萬人，快速超越瑞典國稅局的 Telia 憑證，政府把它納為公共服務網站的標準功能，於是銀行身分證成為世界上少數公私兩用的公鑰架構。
2010 年	銀行身分證推出手機版，稱為「行動銀行身分證」。
2012 年	銀行們合資設立手機支付公司 Swish，類似支付寶。 斯德哥爾摩市的大眾運輸工具禁用現金。
2013 年	瑞典政府、電信公司、公共服務（如水電網路）公司的網站都支援 Mobile BankID 登入，有的公司也可讓員工用它登入公司系統。

資料來源：整理自今周刊，2016 年 11 月 28 日，第 119 頁。

瑞典（Sweden）

人口：1,010 萬人
土地面積：45 萬平方公里
首都：斯德哥爾摩市
人均總產值：58,600 美元（2021）全球第 11 名
貨幣：瑞典克朗（SEK）
出口：鐵、銅、木材，1995 年加入歐盟

人們為什麼還使用現金

在臺灣的雙北市搭捷運，看到買代幣的，直覺上可能是外縣市的人、外國遊客與雙北市開車人士。悠遊卡用途太廣（包括停車場付停車費），雙北看似每個人都應該有一張以上，或是手機綁悠遊卡。同樣的，在中國大陸、北歐，手機付款很方便，陸客來臺可能會覺得在臺灣許多商店「付款」須用現金，很不方便。本單元說明現金支付的二個主要原因。

一、站在個人理財角度，現金支付可以克服你亂花錢

2012～2021年，筆者之一伍忠賢開始在大學的通識中心教授「個人理財」課程，2015年5月與鄭義為教授出版《圖解個人與家庭理財》一書（五南圖書出版）。對避免「無謂支出」（即浪費）曾花一章說明。

以信用卡來說，刷卡下去「不痛不癢」，就因為這樣，2004～2005年，銀行業爆發「卡債風暴」，金額約7,000億元，有20萬人達到「卡奴」（欠卡債30萬元以上）標準。2005年起，金管會對銀行的信用卡申請資格、信用卡額度、最低還卡金額等嚴格規範，才讓卡債風暴不再續演；南韓等國也發生。有些人（像2016年6月筆者去電視台受訪的節目企劃人員，23歲女性）不申請信用卡，便是避免「逞一時之快」的消費。由右頁小檔案中可見，付現金是避免「衝動消費」（impulse buy）的煞車機制，頂多就是把口袋內的錢花掉。看到紙鈔，你會想到1,000元紙鈔須上班一天（8小時）才賺得到，「賺錢不容易，錢還是省著花」。

二、付現可以炫富

有些男人為什麼買數萬元起跳的手錶？雖然利用手機就可看時間。從十七世紀手錶逐漸普及起，女人透過配戴項鍊、耳環、戒指等方式以炫耀財富，男人比較不適合以珠寶方式呈現，所以戴手錶。同樣的，在瑞士每年每人平均以現金支付金額9,200美元。瑞士治安良好，偷竊和搶劫案件相對較少；瑞士境內大部分為鄉村環境，交易方式大多為面對面，現金可能被視為手中的有形資產。從支付每月水電費帳單到購買保時捷跑車，瑞士人皆偏好以現金支付。

全球現金支付的重要論文

時：2018年3月
地：瑞士巴塞爾市
人：Morten L. Bech 等四人，當時是國際清算銀行「支付與市場基礎建設」委員會執行祕書。
事：在〈BIS Quarterly Review〉期刊上論文 "payments are a-changin' but cash still rules"，pp. 67~80，論文引用次數118次。

各國現金支付的法令上限與每年支付金額

項　目	說　明
一、現金支付的法令上限：大部分基於洗錢防制考量	1. 2016 年起，瑞士 9.77 萬美元以上，賣方必須確認消費者的身分，並且向檢察官等呈報可疑交易。 2. 西班牙 2,600 美元。 3. 法國 1,050 美元。
二、每人平均現金交易金額（美元）	2015 年國際清算銀行（BIS）的統計：

歐洲	美洲	亞洲
瑞士 9,214	美 4,433	日本 6,739
歐元區 3,571		香港 6,550
英國 1,583		印度 196
瑞典 872		

資料來源：整理自工商時報，2017 年 1 月 4 日，A8 版，顏嘉南。

「個人使用現金付款時，會更謹慎」

時：2016 年 12 月 26 日

人：樓永堅，政治大學企業管理學系教授。

事：現金付款的痛感比支票、信用卡或是電子支付來得高，所以消費者用現金支付時，會較為謹慎。

1. 美國麻州理工大學的研究，消費者購買美國職籃球賽票券時，用信用卡支付，願付價格比用現金時高 65%！

2. 另一個消費研究，行為實驗室的研究，是把一個馬克杯賣給參與實驗的人，每個 2 美元，其中一半人用現金購買，另一半的人刷卡購買。2 小時後，研究人員表達買回該馬克杯的意願，並由參與實驗的人出價。結果發現，採取信用卡支付的人平均出價 3.83 美元，使用現金支付的人平均出價 6.71 美元，價值高了 75% 以上。用現金付款時，消費者跟所買的東西之間的連結較強，也覺得比較珍貴。

（摘修自今周刊，2016 年 12 月 26 日，第 26 頁）

第 5 章

網路金融公司在支付業務：個體篇

近景：零售支付中的支付市場

一、行動支付（Mobile Payment）

以專利申請來說，行動支付起於 2000 年，「行動」這字常見有「行動上線」（mobile online）、行動運算（mobile computing），但 95% 以上是以手機方式執行。所以本書把行動支付稱為手機支付（smart phone payment）。

二、資料來源

有關手機支付的全球、各洲（區域）、各國的統計資料很多，下表是常用的二個。

三、全球總產值、人口與手機支付

嚴格來說，全球只有中國大陸、北歐（丹麥、瑞典）流行手機支付，大部分國家仍以現金、信用卡、借記卡（debit card，即臺灣的金融卡）為主。

全球手機支付兩個重要年度報告

時	每年 3 月 16 日	每年 10 月 1 日
地 人	英國倫敦市 全球支付集團公司（World Pay Group Inc.）	美國紐約州紐約市 麥肯錫公司
事	2019 年 7 月被 FIS 公司收購 出版《Global Payment Report》	發表〈Global Banking Practice: Global Payment Report〉

全球總產值、人口與手機支付金額

單位：兆美元

年	2010	2015	2020	2021	2022	2023	2024	2025
1. 總產值	66.113	75.199	85	87	100	105	111	116
2. 人口數（億人）	69.57	73.4	77.94	79.2	79.9	81.5	82.2	83
3. 零售型電子商務	--	--	4.213	4.921	5.545	6.169	6.773	7.385
4. 手機支付	--	1.548	1.11	1.49	2	2.68	3.6	4.83
5. 手機支付人數（億）	--	0.45	11.83	12.78	13.16	14.06	14.58	15

資料來源說明：

· 零售型電子商務、手機支付用戶數：美國紐約市 eMarketer 公司，2021 年 6 月 1 日。

· 手機支付金額：印度諾伊達市 IMARC Service 公司，2021 年 8 月 28 日。

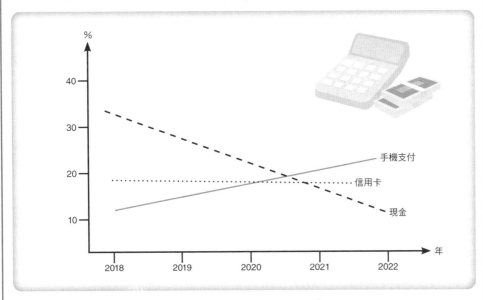

資料來源：WorldPay's, Global Payments Report，2020 年 3 月 21 日。

美國銀行支付金額統計

時：2021 年 1 月 7 日，10 月 29 日更新
地：美國華盛頓特區
人：美國聯邦準備理事會
事：提出前年的全國銀行的支付報告（Federal Reserve Payment Study, FRPS），從 2001 年起

Unit 5-2　手機支付的資金來源

手機付款是非常直覺的，國中生以上的使用者普及率 40%，把提款卡、信用卡鍵在手機內，透過無線電話上網，與銀行連線。

一、顧客付款的資金來源

由表一可見，90% 以上的手機支付是透過銀行完成的。

1. **手機綁信用卡**
   以信用卡刷卡來說，手機綁信用卡，只是以手機內含信用卡代碼，取代信用卡，以接觸「讀卡機」方式，完成刷卡付款。

2. **手機綁提款卡**
   這等於是以提款卡向商店付款，顧客的壓力比較大，因為銀行帳戶要有一定金額的錢，否則在商店付款時會出現「餘額不足」。

3. **手機綁電子票證**
   手機綁悠遊卡等，好處是可以搭捷運、短程火車、公車。

二、付款情境

由表二可見，付款情境至少有三種情況：

1. **手機網路購物付款**
   手機上網購物，順便付款（含訂金），主要是透過手機 App，少數電腦的信用卡刷卡機、電子錢包等。

2. **個人對個人轉帳**
   這可取代自動櫃員機轉帳功能。

3. **實體商店付款**
   這是一般電視新聞上常見的畫面，手機「嗶」一聲代表顧客在商店付款成功。

三、商店角度：美國順序「現金—信用卡—支付公司」

商店在決定「什麼收款方式」占一半以上的影響力，由下圖可見，美國支付公司收款成本率最高，所以商店最喜歡收現金（成本金率 0.4%，即收 10,000 元，要負擔 40 元收款成本，這是 2014 年歐盟委員會估計），其次信用卡。臺灣商店對客戶支付方式之喜好順序為：現金—手機支付—信用卡。

收款成本率

| | | 2.8% 支付公司：貝寶
2.2% 銀行信用卡 |

2%

| 1.26% 信用卡 | 1.26% 信用卡 | |

1%　　　　1% 支付公司

| 0.8% 現金 *
0.7% ATM
0.6% 支付寶 | 0.4% 現金 | 0.8% ATM
0.4% 現金 |

國家

中國大陸　　　　臺灣　　　　美國

* 為本書所加

表一　三種手機付款的顧客資金來源

資金來源	說明	適合對象
一、手機綁信用卡	（一）Master 卡：萬事達卡（Master）、發卡組織設計出 Master Pass 電子錢包平台，透過 API 設計，商店可以把信用卡支付模式綁定在自家的 App 中。 （二）威士代碼化技術服務（Visa Token Service）：藉由一串 16 位數的「代碼」取代持卡人敏感的卡片資料，降低在不同裝置上存取同一組卡片資料的風險。	20 歲以上且有穩定工作的人，如此才能申請到信用卡。臺灣約 3,300 萬張，2020 年刷卡金額 3.019 兆元，2011 年起，平均每年成長率 7.3%。
二、手機綁銀行帳戶，俗稱「簽帳卡」	Debit card 有下列名稱： ・（金融）簽帳卡 ・借記卡	20 歲以上，有銀行帳戶。
三、手機綁「電子票證」，俗稱「儲值卡」	以愛金卡（icash）為例，2014 年由愛金卡公司接手，2015 年起，愛金卡公司跟大眾銀行（2018 年起被元大銀行合併）合作發行 icash 聯名卡，當儲值餘額不到 100 元，可自動加值 500 元，加值金額列入信用卡帳單，六家銀行如下：華南、第一、中信、富邦、玉山、元大。此稱為 icash 2.0。	1. 任何年齡，且有手機的人。 2. 法令限制：實名制電子票證的儲值上限為 1 萬元，以免遺失後、止付前，失卡損失過大，手機綁儲值卡也如此。

表二　手機支付的結構

付款方式	2014 年	2017 年	以威士 (Visa) 公司舉例
*金額	800 億美元	11,164 億美元	1. Visa Developer Center 開放平台：網路購物時，買方只需要輸入一組個人自設的帳號及密碼，即完成交易。 2. Visa Checkout 線上付款方案：全球開發人員皆可善用 Visa 支付技術、產品及服務，協助各產業因應消費者需求。
1. 手機商務（C2B payment），指線上購物，俗稱「遠」端支付	71.6%	62.7%	
2. 個人對個人轉帳（P2P payment）	21.4%	24.5%	Visa 全球通匯（Visa Direct）：透過銀行帳戶或現金，進行個人對個人的國際匯款，包括全球符合資格的 Visa 信用卡、金融卡及預付卡帳戶。
3. 近端支付（Proximity payment），主要指在商店付款			Visa payWave 感應支付：付款時只需把 Visa payWave 卡靠近讀卡機即可。
・手機綁信用卡 ・近距離無線通訊（NFC） ・二維條碼	6.7%	12.8%	

資料來源：英國電信研究機構 Ovum 公司。

大型科技公司進軍金融業務

金融業全球前幾大的行業，金融科技讓大型科技公司「英雄有用武之地」，本單元說明。

一、大型科技公司（BigTech）

Big ＋ Technology

1. **美國尖牙股（FAANG）**：美國有五大科技、網路公司，市值占道瓊、那斯達克數額約 23％，為了容易記憶起見，把五家公司英文字母第一個字，排列組合找到一個發音相近的字──尖牙（Fang），依序：F（FB）、A（Amazon）、A（Apple）、M（Microsoft）、G（Google）。

2. **中國大陸 BAT**：BAT 是棒球球棒，B（Baidu）、A（Alibaba）、T（Tencent）。

二、大型科技的競爭優勢

由右上表可見大型科技的核心能力（第一欄）、競爭優勢（第二欄）。

三、全景：大型科技公司的金融業務

大型科技公司推出金融業務，請見右下表，應用場所不同，像電子商務為主的亞馬遜、阿里巴巴（旗下螞蟻金服），以網路購物支付為主。

美國五大科技公司英文縮寫

家數	The Four of Five Big Tech		
英文縮寫	GAFA	FAAMG	FAANG
Google	V	V	V
		M: Microsoft	N: Netflix
Amazon	V	V	V
Facebook*	V	V	V
Apple	V	V	V

＊臉書 2021 年更名「元」（Meta）。

資料來源：整理自中文維基百科 Big Tech。

大型科技（含網路）公司在金融業務的優勢

核心能力	競爭優勢：價量質時	說　明
一、投入 1.網路外部性（network externality） 2.數據分析（data analytics） 二、轉換 3.具有 ・規模 ・範疇經濟	量：蒐集大量且各式樣顧客資料 價與時：可作到精準行銷，包括市場定位等 價：新業務開放成本價	透過多元商業活動吸引各種顧客
三、產出 多元商業活動 （activities）	質：增加顧客黏著度	提供顧客一站式消費 （one stop shopping）

全球大型公司的手機支付人數（2021）

排名	國家	公司	支付	人數（億人）
1	中	螞蟻科技	支付寶	12.4
2	中	騰訊金融	騰訊支付	10.35
3	美	蘋果公司	蘋果支付	5.07
4	美	貝寶	PayPal	3.92
5	美	亞馬遜	亞馬遜支付	2
6	南韓	三星	三星支付	1
7	美	谷歌	谷歌支付	1

資料來源：Statsle 公司，2021.11.4。

三種小額支付評分：臺灣情況

以 3 萬元以內的小額支付來說：

一、全景：三種小額支付方式量表

站在小額買方的角度，使用哪種方式，其決策時，大都考慮 12 個以上因素（右表），我們依行銷組合（4Ps）予以分類。其中自動櫃員機加現金視為一種方式，手機支付難。

二、近景：手機支付說明

1. **用戶年齡**：一般來說，成年人才可向電信公司申請門號，2021 年如果臺灣修法把成年水準由 20 歲降為 18 歲，仍有 13% 的人低於 18 歲。
2. **支付的安全性**：手機支付有多種方式會被「盜刷」，2019 年 12 月 4 日，中國大陸中央電視台報導，詐騙集團利用手機型嗅探器，可以入侵用戶手機，盜刷用戶帳戶金額。
3. **支付項目**：以便利商店內的付款來說，水電費等屬於代收項目，手機支付不適用。
4. **支付金額**：以儲值來說，上限 5 萬元；以轉帳來說，一天上限 10 萬元，一個月 20 萬元。
5. **延後支付**：手機支付綁信用卡才有延後支付功能，另二種資金來源是即時扣款，無延後付款，所以最多 5 分。
6. **消費者現金支付折扣**：少數情況（主要是加油站），現金支付有 2% 的折扣。手機支付不見得有。
7. **商店請款手續費**：手機支付服務公司對商店請款收 2 ～ 3% 服務費（含讀卡機租金等），比信用卡請款費 1.5% 還高。

三、結果：以自動櫃員機轉帳作基礎

以 2021 年的二項支付來看：

1. 分子：手機支付金額 0.5 兆元，各細項詳見下表第四欄。
2. 分母：自動櫃員機交易金額 13.05 兆元。手機支付占自動櫃員機交易的 3.83%。
3. 手機支付的五種資金來源：

五種資金來源	英文	例子	億元
1. 手機綁信用卡	TSM	Apple Pay	689
2. 手機綁金融卡	--	臺灣 Pay	725
3. 手機綁電子票證	--	悠遊卡、一卡通	18
4. 手機綁支付錢包	O2O	LINE Pay、街口支付	854
5. 行動收單刷卡機	mPOS	QR code 行動支付	--

在臺灣商店三種小額支付方式吸引力評比量表

行銷組合	手機支付	ATM 與現金	信用卡
一、產品			
1.用戶年齡	1	5	1
2.支付安全性	4	10	9
3.支付項目	7	10	7
4.支付金額	5	10	9
5.延後支付	3	1	10
二、定價	7	8	1
6.消費者：現金折扣	1	10	4
7.商店：請款手續費	4~10	1	10
三、促銷	1	10	6
8.顧客忠誠計畫	1	10	6
四、實體配置	3	1	5
9.商店地點普及性	--	--	--
10.營業時間			
11.網路購物			
12.國外支付			
小計	37~43	72	67

* 分數（1 ~ 10）愈高，代表吸引力愈高。 ® 伍忠賢，2020 年 11 月 27 日。

電子支付機構三大業務

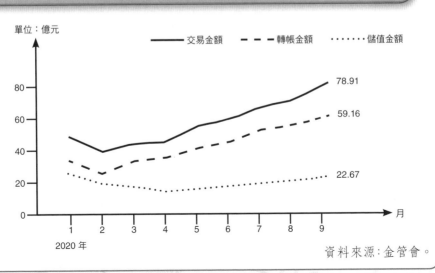

單位：億元

—— 交易金額　－－－ 轉帳金額　‥‥‥‥ 儲值金額

78.91
59.16
22.67

2020 年　　　1　2　3　4　5　6　7　8　9　月

資料來源：金管會。

Unit 5-5 中國大陸支付產業

1903 年起，美國的汽車業如雨後春筍般快速發展，最多有 400 家汽車公司，從完全競爭到寡占市場結構花了 30 年。中國大陸的支付業家數最多時 270 家，看似百家爭鳴，但由於有富爸爸加持，起跑點不公平，2015 年支付寶、騰訊支付市占率九成，2020 年 82%。本單元說明支付業。

一、支付公司的本業

以手機支付來說，2021 年 2 月 237 家支付公司至少可分成四類，依序發展。

1. **大部分從零售公司開始**：從網路商場的「線上支付」開始，2019 年零售型電子商務破人民幣 10 兆元；再擴大到實體商店。
2. **網路公司**：由於網路普及率高，尤其對 1990 年後出生的使用者，所以由搜尋引擎、社群軟體公司來推動，就理所當然。
3. **電信公司**：人手一支手機的時代，由手機公司、電信公司（例如：中國移動公司）、通訊軟體公司來推，就水到渠成。
4. **其他**：線上遊戲公司等。

二、市場結構

北京市的中企艾瑞諮詢（i Research）的 2016 年資料（主要來自支付清算協會 1,233 家公司），市占率如下，如下表。

手機支付業市場結構是獨占，前二大市占率 94% 以上。

1. 零售型電子商務支撐的支付寶：支付寶市占率 55.4%，但隨著強勁對手進軍，市占率快速被蠶食掉。
2. 通訊為主的微信支付、騰訊支付（2005 年 9 月上市）占 38.8%。詳見 Unit 5-8。
3. 其他競爭者市占率皆在 3% 以下，超過 6% 只有 2 家：銀聯商務、快錢支付。

中國大陸第三方支付市占率

2020 年 3 月

排名	頂層公司	母公司	支付名稱	%
1	阿里巴巴集團	螞蟻科技	支付寶	55.4
2	騰訊	騰訊金融科技	微信支付、QQ 錢包	38.8
3	萬達集團	快錢公司	快錢支付	15
4	蘇寧	蘇寧	蘇寧支付	0.2
5	--	其他		3.9

2011～2021 年 中國大陸「經濟／人口」與電子商務、手機支付

年	11	12	13	14	15	16	17	18	19	20	21
一、億人											
1. 人口	13.44	13.54	13.61	13.68	13.75	13.83	13.9	13.95	14	14.21	14.126
2. 上網人口	5.13	5.64	6.17	6.49	6.88	7.31	7.72	8.28	8.54	9.89	10.32
3. 手機支付	0.8	1	1.25	2.17	3.57	4.62	5.62	6.59	7.33	7.9	8
二、人民幣（兆元）											
1. 總產值	48.79	53.86	59.3	64.36	68.88	74.6	83.2	91.0	98.6	101.6	114.4
2. 商品零售	16.3	18.7	21.2	23.5	26.7	29.7	32.7	33.8	36.67	35.55	36.62
3. 零售型電子商務	0.8	1.3	1.9	2.8	3.9	5.2	7.2	9	10.63	9.64	10.8

註：二、2. 3. 來自中國大陸商務部〈零售行業發展報告〉，商品中不包括汽車。

中國大陸人口與手機支付人口

億人

年	2019	2020	2021	2022	2023	2024	2025
(1) 總人口	13.98	14.121	14.126	14.131	14.136	14.215	14.155
(2) 手機支付人口	5.92	6.993	7.35	7.53	7.69	7.84	7.86
(3)=(2)/(1)=%	42.15	49.53	52	53.29	54.4	55.41	55.57

資料來源：美國紐約市 Insider Intelligence，旗下 eMarketer, China Mobile Payment Forecast，2021 年 6 月。

2022 年起，人口數為本書所估。

Unit 5-6 中國大陸政府對手機付款的管理

中國大陸可說是手機付款高度普及的地方，尤其是一線（4個，2個直轄市北京、上海市加上廣東省廣州市、深圳市，簡稱北上廣深）、二線（35個，主要是26個省的省會）城市，比臺灣雙北市成人的悠遊卡還普及。以支付寶來說，2008年2月27日，推出手機支付。

一、民間先上，政府跟上

1980年起「改革開放」，由於中央政府財力有限，所以是由各省市政府（甚至鄉鎮企業）帶頭衝，由此，奠定了國務院跟各省市政府間的分工。

1. **省市政府先踩油門**：從宋朝起，浙江省是與南洋貿易的重要據點，民營企業發達，尤其是寧波市、10元商品聞名的義烏市。以手機支付來說，起於2004年12月浙江省杭州市的支付寶。

2. **國務院各部會再來踩煞車**：等到各省市的專營支付公司已成氣候（即公司數多到已成為一個行業），甚至出了亂子，國務院的各部會出手管理，由右表可見，在5年半的「低度管理」後，2010年6月，人民銀行跳出來接手管理。

二、對顧客備付金的管理

顧客備付金是支付公司預收的顧客待付貨幣資金，以支付公司名義存放、調撥資金。平均每家支付公司開立顧客備付金戶13個，最多達70個，受《存款保險條例》保護，2016年第三季，267家支付公司吸收顧客備付金人民幣4,600億元，金額規模巨大。支付公司占用備付金的孳息，有些占支付公司營收11%。支付寶、財付通這樣的大型支付公司比例也很高。人民銀行基於保障顧客財產安全的考量，分二階段要求支付公司把顧客備付金以專用存款帳戶存至指定銀行，類似基金的作法。

三、2021年起，加大監管力道

由右下表可見，2021年起，中國大陸政府基於網路上個人資料等與「共同富裕」（例如：電子商務平台公司給宅配人員低薪）等考量，對網路平台公司（含支付公司）加嚴監理力道，右表是對網路支付公司，以支付寶為對象說明。

顧客備付金（client's reser--vers of payment）

另一英文為provisions，這是銀行的流動準備，例如：放在分行金庫、自動櫃員機的錢。在中國大陸，一個顧客把錢存到支付公司（例如：支付寶）帳戶，這稱為「儲值」，對支付公司來說，這是顧客準備付款用的金額。

中國大陸政府對專營支付公司的管理

時間	2004.12 ～ 2010.5	2010.6.14	2017.10.15
主管機關	各省市政府工商局	人民銀行，在各省市政府的分行，在各市縣設「支」行	人民銀行
公司性質	公司	非金融業的特許公司	同左
管理辦法	無，俗稱「低度管理」	2010 年 6 月 14 日發布「非金融機構支付服務管理辦法」，9 月 1 日實施，主精神「扶大限小」。2015 年 7 月發布「非銀行支付機構網路支付業務管理辦法」徵求意見稿。2017 年 1 月 13 日，人民銀行提出「支付公司備付金集中存管有關事項的通知」（簡稱 10 號文）	詳下面說明，針對支付公司顧客備付金、顧客支付皆應由網聯公司執行

中國大陸相關部會 2021 ～ 2022 年對支付業監理

人民幣

影響程度	時	人	事（說明）
一、集團分拆	2021.9.14	銀保監	（金融時報）新聞，銀保監打算把螞蟻集團公司信貸科技事業部（花唄、借唄）分拆成消費金融公司，這二項合出一個 App。
二、單一業務			
（一）放款	同上	同上	支付寶的用戶資料釋出交給一家信評公司，由國營企業主導。
（二）存款	2021.1.15	人民銀行	銀行透過支付寶等協助銀行個人存款業務。
（三）支付	2022.3.1	同上	把「掃碼支付」納入人民銀行業務，支付寶等個人收款碼不能用於經營性服務。
（四）財富管理	2023.10.7	同上	財富管理、保險跟銀行業間必須有防火牆，以利風險管理。

表一　支付寶的用戶資金來源與功能

2020 年 6 月

項目	分　類	
一、持卡人資金來源	1. 綁信用卡，包括萬事達卡、威士卡、JCB 卡等	左 1、2 是與中國銀行、中國建設銀行合作
	2. 綁金融卡（俗稱借記卡）	
	3. 綁儲值卡	可從支付寶把資金轉到銀行，超出額度部分，收服務費率 0.1%
二、功能	詳見表二，三階段發展	1. 全球：200 個國家／地區 2. 月活躍商店數 0.8 億家
（一）線上支付	主要是淘寶網、天貓商城，包括第三方支付	跟瑞士旅遊服務公司環球藍聯（Global Blue）合作，在海外消費時在環球藍聯特約商店可用。2009 年起，可用於還銀行信用卡
（二）公共服務費用支付	水電費、電話費、Q 幣、騰訊 App	2009 年起
（三）買基金	餘額寶上的唯一一支基金「天弘基金」，這是貨幣市場基金	2013 年 6 月推出，僅 1 個月，即有 400 萬戶，金額人民幣 100 億元以上 2020 年 6 月，約人民幣 4.1 兆元

表二　支付寶的三階段成長進程

階段	I	II	III
期間	2003.10~2007 年	2008~2012 年	2013 年起
功能	1.2003 年 10 月 15 日～2004 年 11 月淘寶財務部負責 2.2004 年 12 月分拆成子公司負責淘寶網支付	實體商店的支付 2008 年 2 月 27 日手機支付 2011 年 5 月 26 日獲得人民銀行（支付業務許可證）	1.集分寶：這是顧客忠誠計畫 2.餘額寶：這是支付寶的理財投資商品，取代銀行活存

表三　中國大陸人民在支付寶的支付行為

項目	在中國大陸	在國外
一、年齡層分布	以使用族群來看，80 後（1980 後出生）人均支付金額超過人民幣 12 萬元，90 後（1990 後出生）使用手機支付 91%。80 後和 90 後是手機支付的主力軍。買走最多衛生褲的是江蘇人；在「借唄」上有借有還、信用最好的是河南人；最愛 AA 制（各付各的）的城市是浙江省溫州市人；年輕人叫外賣，口碑餐飲數據顯示，90 後用戶到店吃飯比率達 46%。在戲劇、電影等娛樂性票務支出方面，更占總購買量的 84%。	90 後在旅遊方面傾向於自由行、境外隨身 WiFi 租賃成長率 171%、租車自駕成長率 110%。
二、各省市排名	從人均消費金額上看，上海人 2016 年平均用支付寶花掉人民幣 14.8 萬元，蟬聯第一名，是 2015 年的 1.5 倍，隨後是浙江、北京、福建、江蘇，這五省市的人均支付金額均邁入人民幣 10 萬元。發紅包方面，出手最闊綽的是廣東汕頭人，第二名是 2015 年奪冠的福建省漳州市人民，接著是福建省莆田市，前三名城市人均發紅包金額在人民幣 5,000 元以上。	跨境消費前五大掃貨地點依序：南韓、香港、泰國、澳門、臺灣。以臺灣來說，線上網購因素，陸客來臺帶動旅館、餐飲、娛樂等支付需求，在 2016 年臺灣第三方支付專法打開跨境支付市場後，支付寶進軍臺灣市場，多了「跨境掃碼支付」選擇，多購買食品、彩妝。
三、城市公共服務付款	城市公共服務的付款，包括繳水電燃氣費、交通違法罰款、預約掛號，2016 年新增登記結婚離婚、登記器官捐獻等。有 357 個城市可以透過行動裝置完成水電費繳納、繳交違規罰款、大眾交通運輸購票等服務。有 10 億人次透過支付寶「行動上的城市公共服務」功能，完成相關服務。	補充左述，螞蟻金服偏好一萬次元的交易，顧客交易頻率愈高，代表顧客愈黏，蒐集到數據就愈多，一旦發現顧客在付款，就推附近商家優惠活動給用戶。

資料來源：整理自經濟日報，2017 年 1 月 5 日，A12 版，蔡敏姿。

2016 年中國大陸支付寶的「全民帳單」

時：2017 年 1 月 4 日
地：中國大陸，另加二特區（香港、澳門）、三國（南韓、臺灣和泰國）
人：中國大陸 4.5 億人，使用支付寶
事：2015 年手機支付超越網路支付，2016 年 71%，占狹義電子支付 71%，2014 年 49.3%，2015 年 65%。

中國大陸騰訊科技公司可說是中國大陸版的 LINE（微信）、臉書（騰訊 QQ），旗下騰訊金融科技公司（2015 年 9 月）是市占率 35% 的手機支付公司，業務詳見下表。

騰訊金融公司業務內容

層面 ＼ 對象	對公司（商店）（即 B2B）	對消費者（B2C）
一、金融面		
（一）資產面	--	騰訊理財通
（二）負債面	--	信用卡還款
二、實體面		
（一）實體商店		
（二）電子商店	1. 財付通、商企付	
2. 發票財稅		
3. 騰訊區塊鏈：電子發票		1. 騰訊手機加值、微信支付、QQ 支付 2. 騰訊退稅通

2021 年 12 月上網人數 10.32 億人

時：2022 年 2 月 25 日
地：中國大陸北京市中關村
人：中國網際網路信息中心（China Internet Network Information Center, CINIC），1997 年 6 月成立，上級是國家互聯網信息辦公室
事：發布第 49 次「中國網際網路發展狀況統計報告」，上網人數 10.32 億人，在生活各方面如下表：

單位：億人

食	網路外賣 5.44	行	即時通訊 10.07
衣	網路購物 8.42	育	線上辦公 4.19 線上醫療 2.98
住	網路支付 9.03	樂	網路遊戲 5.53、網路直播 7.03

微信支付用戶在兩岸付款情境

地	臺　　灣	中國大陸
商店購物	跨境消費（以到臺灣為例）： 陸客（包括陸生）拿手機（綁定中國大陸銀聯卡），在臺消費，付「人民幣」。 ·商店串接微信「公眾號」，類似臉書粉絲頁，商店收「臺幣」。 ·串接銀行：第一、華南、中信、富邦、新光。	在中國大陸消費： ·QQ 錢包：市場定位以手機遊戲玩家為主，用戶數 8.77 億戶。 ·微信支付：以手機人士為主，每月活躍用戶 8.46 億戶。
網路購物交易	跨境網路商店： ·綜合網路商城：新加坡優達斯（Uitox）網路商店商品上架。 ·微信其他服務：提供顧客關係管理。 ·物流：順豐快遞，把商品快遞給中國大陸買方。	國務院外匯管理局規定一人 1 年上限 5 萬美元。

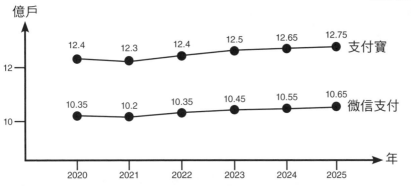

資料來源：Statista，2021 年 11 月 4 日。

中國大陸騰訊控股公司 (0700-HK)

成立：1998 年 11 月 11 日，2004 年 6 月 15 日在香港股票上市，股價 470 港幣
住址：中國大陸廣東省深圳市
資本額：人民幣 30 億元
董事長：馬化騰　總經理：劉熾平
營收（2021）：人民幣 5,601 億元
淨利（2021）：人民幣 2,248 億元
主要產品：即時通訊（微信 WeChat）、騰訊 QQ、社群網路（騰訊網）、電子商務（拍拍網）、大眾媒體、金融市場（財付通，包括微信支付與 QQ 錢包）、網路遊戲及家用遊戲機開發，網路銀行微眾（WeBank）。
主要顧客：中國大陸人民，約 12.6 億人，2022 年 1 月 7 日胡潤研究院陸企 500 強民營公司中，股票市值第一名
員工數：約 11.3 萬人

機構名稱	歐付寶	橘子支	國際連	智付寶	臺灣電子支付
資本額	10 億元	6 億元	5.01 億元	5.5 億元	5.3 億元
董事長	林一泓	劉柏園	詹宏志	王俊博	張育達
集團背景	歐買尬（遊戲產業）	遊戲橘子（遊戲產業）	網路家庭（電商產業）	智冠（遊戲產業）	藍新（支付產業）
開業期程	2016.10	2016.10	2016.10	2017.2	2017.6

資料來源：金管會銀行局。

臺灣的 5 家手機支付公司年營收 1,000 億元才獲利

年：2016 年
地：臺灣臺北市
人：某家支付公司總經理
事：5 家手機支付公司資本額 31.81 億元（詳上表），以資金成本 8% 推算。
每年資金成本如下：
31.81 億元 ×8% ＝ 2.5448 億元
1,000 億元手機支付金額，刷卡手續費率 1%，營收 10 億元。營運第 3 年起，純益率 30%，淨利 3 億元，才有小賺。

2020 年臺灣民間消費的電子支付結構

單位：億元

項　　目	兆元	%
(1) 民間消費	9.613	100
・其中家庭消費	9.488	
(2) 電子支付		
・含 ATM 轉帳	4.95	51.5
・不含 ATM 轉帳	3.88	40.36
(3) 現金支付	4.663	48.5

第 6 章

數位代幣、貨幣與跨國支付：兼論比特幣

全景：數位資產中的代幣與貨幣

一、全景：數位資產

2000 年起，數位資產（digital assets）逐漸興起，許多公司也重視數位資產管理。

二、近景（大分類）：代幣與貨幣

以右表可見，由區塊技術發展的代幣（token）與貨幣兩大類，右下小檔案可見，「異質化代幣」在 2021 年起大流行。

三、特寫：代幣（或數位貨幣）二階段發展

由右表可見，依數位貨幣的發行機構與發行（資產）準備，把數位貨幣分二階段，以 1.0 ～ 2.0 命名。

四、比特幣說明

數位資產中最有名的「網路原生的貨幣」（the internet of money）便是比特幣（bit coin），其次是以太幣（Ether, ETH）。

由右表可見，比特「幣」還不夠格稱為「貨幣」，性質上比較像黃金。

1. **性質：類似黃金的商品**
   美國芝加哥商品期貨交易所把比特幣列為交易商品，許多國家（包括臺灣）政府把比特幣定義為金融商品。

2. **資訊安全是最大問題**
   日本兩家比特幣交易所因駭客入侵、員工監守自盜而倒閉，顧客損失慘重。

五、比特幣的缺點

量體太小，易炒作。2022 年 4 月 19 日比特幣整體市值 6,000 億美元，和黃金、股票、房地產等其他資產相比，甚至比台積電市值 5,000 億美元還高。如此很容易炒作，計有二波。

1. **第一波**：2013 年 11 月，1,137 美元。比特幣不受各國政府監管的概念，深受投機者及犯罪人士的歡迎，加上科技創業人士和創投者的追捧，看好這種數位貨幣有助發展網路金融業，造就 2013 年比特幣竄紅的榮景。泡沫破裂後，跌到 600 美元。

2. **第二波**：2016 年起，2016 年幣值上漲，2017 年 12 月 17 日高點 19,783 美元，但中國大陸政府限制比特幣交易，避免洗錢。

3. **第三波**：2020 年 4 月起，比特幣價格上漲，詳見 Unit 6-3 右圖。

數位代幣與貨幣的兩階段發展

貨幣	民間發行	各國中央銀行發行
項目	（全球）穩定幣（Stable Coin）	中央銀行數位貨幣（Central Bank Digital Currencies, CBDCs）
時	2014 年 7 月	2020 年 8 月 14 日
地	曼島（Isle of Mar），香港	中國大陸
人	Tether 公司	人民銀行
事	發行泰達幣（Tether）或 USTD（T 代表 Tether，1USDT ＝ 1 美元）	推出數位人民幣（E-CNY） E：electronic，電子、數位 CNY：Chinese yuan，人民幣

代幣	一、同質化代幣（Fungible Token）	二、異質化代幣（Non-fungible Token）
性質	1. 每單位皆同一價值 2. 可以分割	1. 每單位皆「不同質」（指獨一無二） 2. 不可以分割
時	2009 年 1 月 3 日	2014 年 5 月
地	全球	美國紐約市
人	中本聰（網路名，Satoshi Nakamoto）	Kevin McCoy 和 Anil Dash
事	推出比特幣。	McCoy 在 Namecoin 區塊鏈上註冊一個影片剪輯，以 4 美元賣給 Dash。

® 伍忠賢，2022 年 4 月 19 日。

異質化代幣 2021 年大紅大紫

時：2021 年 11 月 25 日
地：美國紐約市
人：哈珀・柯林斯集團（Harper Collins）
事：柯林斯英語詞典（Collins English Dictionary）2021 年英語代表字，「非同質化代幣」（Non-fungible Token, NFT）這詞 2021 年比 2020 年使用量增加 110 倍，這遠超過「新冠肺炎」（COVID-19）、大疫情通知（Pingdamic：ping 簡訊通知，pandemic 大流行）。

圖解數位科技：金融科技與數位銀行

數位資產：比特幣的支付功能

比特幣只有在極少數國家的 0.001% 地方可使用，所以支付功能極低。但以網際網路的快速傳送，比特幣又有傳送安全的好處，可適合作跨境支付的替代方案之一。

一、比特幣的支付用途

由下表可見比特幣的支付用途很窄，但運用於跨境支付上，交易費用低（據稱貝寶收 6 ~ 8%），因此大有發展。

二、全球小額跨境匯款商機 5,400 億美元

1. 全球跨境小額匯款金額 2020 年 5,400 億美元：5,400 億美元看似很大，跟 2018 年美國「非現金支付」約 164 兆美元比起來，就很小。
2. 跨境支付公司商機：跨境支付的電匯費用大都是分成八個級距，收取一個金額的匯費。

三、WageCan 公司

2016 年 9 月，1054 期《商業周刊》報導愛沙尼亞的公司 WageCan 公司，由臺灣人胡晉豪成立，內容偏重其求學、創業過程，在跨境支付方面主要由三個國家／地區的辦公室負責。

1. **臺灣**：主要是比特幣跨境支付辦公室；客戶遍及歐盟、亞洲的東南亞、非洲（西非經濟共同體、南非）、美洲的南美洲。
2. **香港**：跟香港「通匯」及國際發卡組織合作發行簽帳卡。
3. **冰島**：租賃比特幣「挖礦」伺服器主機。

比特「幣」比較像數位「商品」

貨幣四項功能	比特幣
1. 交易媒介（medium of exchange）	V
2. 計價單位（unit of accounts）	V
3. 價值儲存（store of value, SOV）	X
4. 延期支付的標準（standard of deferred payment）	?

比特幣的兩種實體

用　　途	說　　明
一、比特幣自動櫃員機（Bitcoin Atm, BTM）	
地	挪威
人	Aksje Bloggen，金融服務公司
事	每月公布全球比特幣自動櫃員機數目，2015 年 455 台、2016 年 903 台、2017 年 1,932 台、2018 年 4,009 台、2019 年 5,795 台、2020 年 12,641 台、2021 年 34,000 台。
二、比特幣金融卡（Bitcoin debit card）	
2014 年 7 月	香港 ANX 推出全球首張比特幣簽帳金融卡
2014 年 10 月 29 日	臺灣全家便利商店的 FamiPort 號稱可購買比特幣
三、跨境支付	
香港 Bitspark，外籍移住勞工跨境匯款	

數位貨幣交易所 Coinbase

時：2017 年 8 月 10 日
地：美國紐約州紐約市
人：數位貨幣交易所 Coinbase（2012 年 6 月 20 日成立），臺灣譯為「比特幣錢包」公司，公司位於美國加州舊金山市
事：以美國創投公司 IVP 為首，募集到 1 億美元，市調公司 Pitchbook 估計，這使 Coinbase 成為第一家躋身「獨角獸俱樂部」的比特幣公司。這使該公司籌措的資金升至 2.17 億美元。
Coinbase 總裁阿姆斯壯表示，這些資金將用來擴大工程和客戶支援人員規模，在紐約市為機構投資人交易平台 GDAX 設立辦公室，期望建立供一般消費者使用的數位貨幣應用程式。

Bitcoin 與 bitcoin

時：2013 年 4 月 12 日
地：美國紐約州紐約市
人：Maria Bustillous
Bitcoin 首字大寫是指其所使用的科技和網路。
bitcoin 代表比特幣（貨幣本身）。

Unit 6-3 中國大陸政府對比特幣交易的監理

由於中國大陸的三個比特幣交易所占全球交易量很大，2017年國務院兩個相關正、副部級機關逐漸監理此行業。

一、人民銀行與外匯管理局的宗旨

大部分國家的貨幣發行機關（主要是中央銀行，美、日是財政部）與金融業監理機關，皆有四個任務。

1. 維持金融穩定。
2. 健全銀行經營。
3. 維持幣值穩定（對外指匯率，對內指消費者物價指數）。
4. 經濟成長。

由右表可見，中國大陸人民銀行與國務院外匯管理局在2016年對外匯、洗錢防制進行較嚴格管理，在這樣的全局來對比境內比特幣交易所，就知道所涉及的層面。

二、人民銀行對比特幣交易所的監理

1. **2017年1月6日**：人民銀行及其上海分行約談比特幣交易平台負責人及業內人士，醞釀設立第三方比特幣託管平台，詳見右圖。要求自查近期異常情況，並進行相應清理整頓。有關官員並對平台負責人強調，比特幣是特定虛擬商品，不能作為貨幣流通使用。

2. **2017年1月11日**：人民銀行上海分行和北京營業管理部檢查組進駐三個比特幣交易平台，檢查人員就交易平台執行外匯管理、反洗錢等相關金融法律法規、交易場所管理相關規定等情況，進行現場檢查。受此消息衝擊，晚間Bitstamp交易所比特幣跌破800美元。比特幣中國大陸報價大暴跌。

三、國務外匯管理局對比特幣交易所的監理

1. **外匯管理**：2017年1月，國務院外匯管理局近期調查多家主要比特幣交易網站公司，了解透過比特幣繞過外匯管制轉移資產的行為。受此打擊，1月5日，交易網站的比特幣由人民幣9,000元閃崩到人民幣6,000元。

2. **防止資金外逃**：2015年起，中國大陸掀起「資金出逃潮」，這波主因在「賺人民幣貶值匯差」（例如：2015年人民幣6.2兌1美元，2016年1美元兌6.8人民幣，1美元可賺人民幣0.6元）。

   2017年2月起，人民銀行等相關部會全面嚴防資金外逃。

2017年之前，曾經在中國大陸颳起一陣炒作熱潮，引發人民堅壁清野的阻絕政策，虛擬貨幣的炒家與交易平台全數被趕出中國大陸。

中國大陸國務院外匯管理

目的	外匯管理局
一、穩定幣值，以維持美元兌人民幣匯率穩定	2016 年資金外移很多都是以合法掩護「非法」（例如：官員貪汙所得），而且一半是外幣，一半是人民幣結匯。 1. 針對公司，俗稱資「金」管制。交易額在 100 億美元及以上的特別大額對外投資項目、國有企業境外購買或開發中方投資額在 10 億美元及以上的大宗房地產項目等。 2. 針對個人，尤其是赴海外購置房地產者。
二、金融穩定	1. 針對人民幣。 2. 針對比特幣（詳見左頁內文說明）。
三、洗錢防制（打擊洗錢和恐怖主義融資）	2017 年 7 月 1 日，銀行針對客戶的兩種交易超過金額的，皆須即時向人民銀行各分行申報。 1. 人民幣「大額」交易金額在人民幣 5（原 20）萬元，美國、加拿大及澳大利亞的大額現金交易申報起點，均為 1 萬美元（或等值外幣）。 2. 自然人跨境轉帳超過人民幣 20 萬元也要申報，隨著滬港通、深港通等業務逐步推進，境內居民個人跨境業務逐步開放，個人跨境人民幣業務會更加頻繁，設計專門的人民幣報告標準，便於人民銀行等及時掌握人民幣跨境交易資料，進行監視。

資料來源：整理自工商時報，2017 年 1 月 1 日，A5 版；吳瑞達；1 月 12 日，A15 版，李書良。

中國大陸對比特幣交易平台的監理

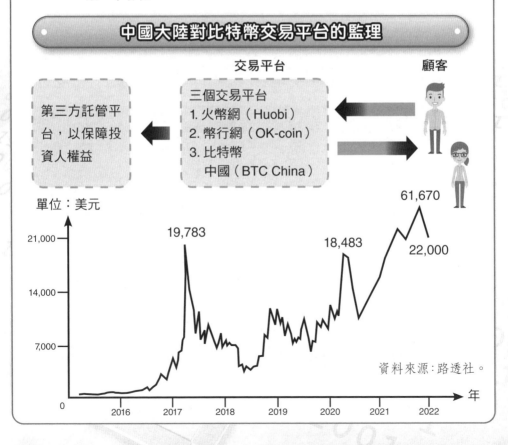

Unit 6-4

數位貨幣 1.0：
2014 年起──全球穩定幣 I

由於比特幣、以太幣等數位「資產」屬於「0」準備發行，價格暴起暴跌，於是有許多公司推出有資產支撐（assets backed）的數位貨幣，以求其幣值穩定，如此才可作為支付工具等，稱為全球穩定幣（Global Stable Coin, GSC）。

一、2014 年起，導入期

由右表可見，一般穩定幣發行公司皆宣稱跟共同基金一樣，有監（保）管銀行，以確保儲備資產（例如：10 億美元）是真的，不會被挪用。

二、全球穩定幣種類

詳見右上表。

三、兩個著名的全球穩定幣

右下表可見兩種常見的全球穩定幣，但問題來了，保管銀行背後的金融監理是否夠強，大都設在避稅樂園（tax heaven），其政府大都只是「虛有其表」，連帶穩定幣的發行、整理，缺乏保障。

著名的全球穩定幣舉例

時	地	人	事
2014 年 11 月下旬	香港 英國屬地曼島	Tether 跟 Bitfinex 的母公司 iFinex	推出泰達密（USDT），T 指泰達（Tether） 1 USDT = 1 USD 約發行 8.5 億美元
2019 年 9 月 30 日	馬爾他島	幣安（Binance）交易所，公司在 2017 年 7 月成立	發行公司、託管銀行 Paxos，監理機構是美國紐約州金融廳 推出 BUSD（B 指 Binance、US 指美國、D 指美元） 1 BUSD = 1 USD 幣安號稱全球最大加密貨幣交易行

以共同基金比喻金融穩定幣發行與交易

資產	賣方	第三方	銷售者	買方
一、基金	證券投資信託公司	保管銀行	銀行、投資顧問公司等	基金
二、金融穩定幣	錢包提供公司（wallet providers）	保管人／受託人（custodians/ trustees）	經銷公司（resellers）經理（manager）	投資人

全球穩定幣的分類

大分類	中分類	小分類	舉例
一、資產連結型（asset-linked stable coins）	（一）多項資產，又稱一籃子資產（basket of assets），資產池	1. 法定貨幣（Fid）	1. 美元連結，USD 泰達幣 USD T, T 指 Tether
	（二）單一資產	2. 商品	2022 年 4 月 23 日市值 287 億美元 2. 英鎊連結，B GBP Bit USD 3. 密碼（crypto）
二、演算法型（algorithm-base stable coins）			
三、混合型（hybrid）			

資料來源：部分整理自聯合新聞網，「全球穩定幣的監管邏輯」，2020 年 10 月 12 日。

Unit 6-5　特寫：全球穩定幣 II ——臉書天天幣（Diem）

全球聲勢最大的全球穩定幣發行計畫可說是美國「元」（Meta，2021年9月以前為臉書）公司的「天天」（Diem）幣，曝光率極高。

一、2022年7月，德國 Statista 公司統計

元公司最大的資源有二：

1. 臉友（FB fans）：臉書採取註冊制。
2. 臉友的粉絲：這反應在臉友發文後，粉絲的按讚數。

   統計資料來源：全球社群媒體的人數統計機構有很多，在資料的判斷大都以德國漢堡市的 Statista 公司為準，底下是2022年3月數字。

   臉書全球活躍用戶29.1億人，第二名 YouTube 25.62億人，WhatsApp 20億人、臉書 Messenger 9.88億人、Instagram 14.78億人、微信12.63億人、字節跳動10億人、QQ 5.74億人、抖音6億人、新浪微博5.73億人。

二、廣告與支付是元公司重要收入來源

由右表可見，元公司從2015年推出電子支付業務，並且逐漸擴大到其他社群媒體。

三、推出全球穩定幣「天天幣」（Diem）

由表可見，2018年起，元公司開始推出自己的全球穩定幣「天天幣」。

為維持獨立起見，天天幣協會（Diem association）擔任發行基礎，美國以外的國家中央銀行紛紛反對，只好縮回去，改釘住美元，缺點是幣值會波動較大。

2020年12月，元公司把數位貨幣、協會改名為「天天」（Diem），打算發表「1美元兌1天天幣」的數位貨幣。瑞士金融市場監督管理局（FINMA）審核中。

知識補充站

diem

- 拉丁文，英文 day。
- 以常見字來說，per diem，英文 per day。
- 以健康險來說，實報實銷，中稱「差旅費用包幹」。

臉書的天天幣（Diem）的發展進程

時	事
2015 年	推出 Messenger 的美國支付平台。 在 IG、WhatsApp 上推出臉書電子支付。
2018 年 5 月	臉書的區塊鏈項目啟動，由摩根貝勒負責，她 2017 年加入臉書，2020 年 8 月左右離職。另有一說，此時已由馬庫斯（David Markus）負責。
2019 年 2 月 4 日	臉書收購智慧合約公司。
4 月	成立「臉書金融事業部」（Facebook financial），凱思瑞（Stephane Kasriel）副總裁主管支付業務。
5 月 17 日	在瑞士日內瓦市成立公司 Libra Network。
6 月 18 日	臉書公司網站上公布天秤幣，合併上述電子支付於電子錢包 Novi、Calibra，通用貨幣為天秤幣（Libra）。目標是 2020 年推出天秤幣。
6 月 21 日 ~ 10 月 22 日	七大工業國等挑戰天秤幣，美國眾議院金融服務委員會要求臉書公司董事長馬克・祖克柏出席聽證會。
9 月 23 日	臉書宣布天秤幣一貨幣，比較像國際貨幣基金特別提款權，美元占 50%、歐元 18%、日圓 14%、英鎊 11%、新加坡幣 7%。
10 月 4~11 日	貝寶（PayPal）、二家大型信用卡公司（萬事達、威士）、消費性電子商務公司電子灣退出天秤幣協會。
10 月 14 日	21 家公司簽署天秤協會組織章程，成立理事會，選舉執行委員會。
2020 年 4 月 16 日	天秤幣協會宣布由一籃子貨幣改為針對單一貨幣。
5 月	臉書電子錢包名字的 Calibra 改為 Novi，由政府發行的身分證明（ID）來實名制，且內置「詐欺保護」功能。
6 月	天秤幣協會任命斯圖爾特・萊雅（前美國財政部副部長）擔任執行長。
2021 年 1 月	天秤幣更名天天幣（Diem）。

資料來源：整理自中國大陸，36 氪，臉書天秤幣，2020 年 9 月 30 日。

全球穩定幣 III：金融監理

加密貨幣中的比特幣、以太幣對各國中央銀行的法定貨幣不構成威脅，比較常見的是法務部查比特幣詐欺、洗錢。但是全球穩定幣追求值穩定，民間發行的數位貨幣會威脅到各國中央銀行的法定貨幣、貨幣政策。

一、20 大工業國

20 國組織（20G）或 7 大工業國（G7）是全球較有力的國家會議，會對政治、經濟、金融的政策作出協調的決議。由右表可見，2019 年 6 月，20 國組織已表示金融穩定幣的監理必須加嚴。

二、執行機構

1. **金融穩定委員會**：金融穩定委員會的動作算快，詳見表。
2. **國際證監會組織（IOSCO）**：加密貨幣交易所等會進一步發行證券型代幣（security token）稱為「證券型代幣發行」（Security Token Offering, STO），跟新股發行（Initial Public Offering, IPO）很相似。2019 年 6 月 27 日，臺灣的金管會發布〈證券型代幣發行的相關監管規範〉。

美國有關比特幣價位空、多的分析

時	2021 年 1 月	2021 年 2 月 20 日	2021 年 4 月起
地	華盛頓特區	美國加州	美國紐約市
人	財政部的金融犯罪執法局（FinCEN, Financial Crimes Enforcement Network）	伊隆‧馬斯克，特斯拉公司總裁兼執行長	摩根士丹利證券公司
事	公告修改《銀行保密法》（BSA），要求美國國民與相關企業必須申報在國外特有的虛擬資產，凡是 1 萬美元以上的虛擬貨幣海外帳戶都應誠實申報，修法有賴國會通過。	2 月 8 日馬斯克宣布特斯拉買進 15 億美元比特幣，隨後引起科技、金融巨頭宣布支援交易或買進比特幣。2 月 15 日他表示，比特幣和以太幣的價格似乎還是有點高。	允許富裕客戶投資三支比特幣基金： ‧Galaxy 比特幣基金 ‧Galaxy 機構比特幣基金 ‧NYDIG 精選基金

時	地	人	事
2019 年 6 月 28 ~29 日	日本 大阪府	20 國組織 高峰會	要求金融穩定委員會等相關 機構審查全球穩定幣。
10 月	瑞士 巴塞爾市	國際清算 銀行	旗下「支付與市場基礎設施」委員會 發表報告 "Investigating the impact of global stable coins"。
2020 年 3 月	西班牙 馬德里市	國際證監會 組織 （IOSCO）	發布〈金融穩定幣計畫〉報告，此幣 將受證券交易法規範。
4 月 14 日	瑞士 巴塞爾市	金融穩定 理事會	發布諮詢報告，針對全球穩定幣，提 出 10 項監理建議。
7 月 20 日 左右	瑞士 日內瓦市	世界穩定 幣協會	由加密貨幣交易所 Virgo X 和 GDA Capital 等成立 World Stable Coin Association，執行長 Adan Cai。
10 月 13 日	同上	同上	發布「全球穩定幣」規範、監理 （regulation, supervision, oversight）安排（arrangement）。

比特幣（bitcoin）

推出：2009 年 1 月 3 日，2013 年交易開始熱起來。

推出人：中本聰（化名），自稱是日裔美國人，2016 年 5 月 2 日，澳大利亞
人萊特（Craig Wright, 1970 ～）向 BBC 等媒體，承認自己是「中
本聰」，但有人認為是騙局。

交易所：以中國大陸為主，三家占全球交易量九成。

發行數量：預估到 2040 年總量近 2,100 萬個，2017 年 1,650 萬個。

技術：屬於區塊鏈的運用。

交易：全球最大比特幣交易所 Binance、Bittrex、Huobi，追蹤網站
CoinDesk，數位貨幣比價網站（CryptoCompare），臺灣報價 RTER.
info，約 112 萬元（臺幣）。

幣值：2022 年 4 月 21 日一枚比特幣 41,500 美元，乘上 0.18925 億單位，
等於市值 0.7854 兆美元。

Unit 6-7　數位貨幣 2.0：中央銀行數位貨幣——美中貨幣戰的工具

數位貨幣第三階段發展是各國中央銀行發行的法定數位貨幣（Central Bank Digital Currency，簡稱 CBDC），等同現鈔。

一、央行數位貨幣的必要條件

時： 2020 年 10 月 9 日

地： 瑞士巴塞爾市

人： 國際清算銀行與 7 國（美、歐洲央行、日、英、加）與 2 個歐洲主要貨幣國（瑞士、瑞典）

事： 發表央行數位貨幣第一份報告

　　・3 項基本原則（foundational principle）

　　・14 項核心特徵（core features）

國際清算銀行的組織設計是由「BIS Innovation Hub」負責。限於篇幅，請上網查，2021 年 1 月推出 BIS Innovation Network。

二、美中的貨幣戰延伸到央行數位貨幣

2018 年 3 月，美國總統唐納・川普，掀起美中衝突，包括貿易戰（currency war）。2021 年 1 月 20 日，拜登總統上任，換湯不換藥。由右表可見，2020 年起，貨幣戰的戰場由匯率延伸到央行數位貨幣。

1. **中國大陸：** 2021 年，人民銀行跟香港、泰國、阿拉伯聯合大公國發起數位人民幣研究項目，探索跨境支付應用。預計 2023 年數位人民幣上市。

2. **美國：** 2020 年 8 月起，財政部跟聯準會共同研究數位美元，合作單位有麻州理工大學。

中央銀行數位貨幣相關名詞

英　　文	中　　文
Central Bank Digital Currency, CBDC	中央銀行數位貨幣
Digital Fiat Currencies	數位法定貨幣
Digital Base Money	數位基礎貨幣

項目	中國大陸	美國等七國
一、問題	1. 外匯存底 以 2020 年第二季為例，人民幣在全球中央銀行外匯儲備資產中占比僅 2.02%，人微言輕。 2. 交易結算 環球銀行金融電信協會（SWIFT）是全球的跨境清算體系，總部在比利時布魯塞爾市，由於在全球跨境結算中，37.64% 使用美元，美元在國際結算體系的地位 2020 年 10 月低於歐元的 37.82%，紐約清算所銀行同業支付系統（CHIPS）是全球最大的美元交易結算系統，承擔全球 95% 的銀行同業美元支付結算業務和 90% 以上的外匯交易清算。 只要美國想制裁哪個國家，把它踢出美元跨境支付體系，基本就是判了這個國家死刑，北韓、伊朗、委內瑞拉，美國財政部只消禁止某個國家進行美元清算，這個國家幾乎買不到任何進口貨，出口也收不到帳款，經濟將一蹶不振。	1. 2020 年 9 月 1 日，德國德意志銀行認為，新冠肺炎疫情已加快「數位貨幣革命」的腳步，封城與社交距離措施提高了信用卡的需求，長期來説，央行數位貨幣將取代現金，因此德銀力促歐洲應加快發展速度。一旦人民銀行的數位人民幣提早流通，會吸引歐洲公司使用。 2. 2020 年 10 月 2 日，歐洲央行（ECB）的報告顯示，一旦一個國家缺乏數位貨幣，在貨幣政策方面可能喪失部分掌控權，因此哪個中央銀行搶先發行了數位貨幣，就有先發制人的優勢。
二、政策	2009 年起，中國大陸推動人民幣國際化，希望以換匯的方式，讓跟中國交易的國家持有人民幣，但是成效甚差。中國大陸的夢想是掌握一個全球通用的數位人民幣，避免依賴環球銀行可能被拒絕的風險。	在 2020 年 10 月 20 日，20 國集團（G20）財金部門會議後，發表的宣言表示，國際貨幣基金（IMF）、世界銀行和國際清算銀行合作，研究數位貨幣在銀行體系中的使用方式。2020 年底前完成監管穩定幣架構，以及數位貨幣設計、技術和實驗的研究和選擇。到 2025 年底，具備金融電信協會的技術能力。

Unit 6-8　數位貨幣 2.0：2020 年起———中央銀行發行數位貨幣，以中國大陸人民幣為例

2008 年起，數位支付由民營公司帶頭，各國中央銀行在民間需求下，走上發行數位貨幣。

一、中央銀行貨幣型態演進

3,000 年以來的貨幣發展大致進程如下。

- 商品本位貨幣：例如：牛、羊等。
- 金屬貨幣：例如：金本位下的金幣、銀本位下的銀兩。
- 漢朝是銅本位下的五銖錢。
- 鈔票：背後的中央銀行大抵皆有 100% 的發行準備（例如：外匯存底），用了近 200 年。

隨著科技的發展，下一階段可能型態為數位貨幣（digital money），最戲劇化的發展是美國電影《鐘點戰》（詳見下表），把「時間即是金錢」具體化了，時間對人的價值便是「壽命」，但生命「有」價，父親在小女兒早上出門上學時，從手臂轉 2 小時給她付車費、買午餐。拉回現在，數位貨幣會分二階段發展，參見右表。

二、中央銀行數位貨幣（Central Bank Digital Currency）

許多國家的中央銀行（例如：瑞典、丹麥、中國大陸）都在研發「加密電子貨幣」（Crypto currency，crypto 是字首，意思是隱藏的；例如：比特幣），在電腦網路交易和認證，無須透過中央總帳系統。2019 年 6 月，臺灣的中央銀行成立中央銀行數位貨幣小組。

三、中國大陸人民銀行數位人民幣（Digital Currency / Electronic Payment, DCEP）

2008 年 2 月中國大陸支付寶上路，豐沛的手機支付公司給中央銀行的人民銀行在數位貨幣打下良好基礎，由 Unit 6-9 右上表可見，貨幣由紙鈔 1.0 到數位化 2.0（批發型，人民銀行對銀行）、數位 3.0（通用型，銀行對公司、人民）。右下表可見其歷程。

美國電影《鐘點戰》（In Time）

時：2011 年 10 月 28 日上映
地：美國
人：男主角賈斯汀‧提姆布萊克飾，女主角亞曼達‧塞佛瑞飾
事：這是想像在 2169 年，人類因基因工程的原因，出生時，前臂會有一個數位手錶，一般人活到 25 歲就進入「不老」階段，但只有 1 年壽命，必須透過工作才能賺到壽命（以小時計）。

2020 年中國大陸數位人民幣進展

時間	內　　容
4 月	人行宣布數位貨幣在深圳、蘇州、雄安、成都及未來的冬奧會場進行內部封閉試點測試，俗稱 4＋1。
7 月	滴滴、美團等電商平台宣布跟人民銀行數位貨幣研究所合作。
8 月	商務部提出在京津冀、長三角、粵港澳大灣區及中西部開展數位人民幣試點。
10 月 12 日	國務院公布「深圳綜合試點實施方案」，強調推動數位人民幣的研發應用與國際合作。
11 月初	人民銀行行長易綱表示，數位人民幣在四個試點城市試行順暢，已進行超過 400 萬筆交易，規模達人民幣 20 億元。

數位人民幣 4＋1 測試狀況

城市	廣東省深圳市	江蘇省蘇州市	四川省成都市	北京市
時間	2020 年 10 月 9 日～18 日	2020 年 12 月和 2021 年 1 月 27 日	2021 年 1 月 27 日～2 月 26 日	2021 年 2 月 10 日～17 日
名稱	禮享羅湖數位人民幣紅包	數位人民幣紅包	同左	同左
特色	紅包人民幣 200 元、5 萬個，共 1,000 萬。之後在福田、龍華區第二、三輪。	第二輪人民幣 4,000 萬元。	人民幣 5,000 萬元。3,000 萬元線下消費，2,000 萬元京東消費。	每個數位人民幣紅包金額為 200 元，發 5 萬個紅包。

Unit 6-9 數位人民幣試點

　　數位人民幣的導入、成長、成熟，須要數年發展，本單元說明研發過程中的封閉測試（close beta, CB）、公開測試（open beta, OB）。

一、四階段試點

　　捷運公司一條新路線通車前，會有一個月免費搭乘的試營運期，藉以找出小問題予以改善。數位人民幣是新金融商品，分四階段在中國大陸南東西北四個省的四個城市逐漸試點，針對支付功能也逐漸增加。

二、廣東省深圳市

　　由深圳市羅湖區公所主辦，申請者 190 萬人抽 5 萬人，中籤率僅 2.6%，95% 人領取 4 萬。7,573 名中籤個人成功領取「禮享羅湖數位人民幣紅包」（比較像臺灣的消費券），僅限 11 月 18 ～ 24 日在 3,000 家商店使用。使用紅包交易 62,788 筆，交易金額人民幣 876.4 萬元。

三、2020 年 12 月 5 日，江蘇省蘇州市公開測試

　　蘇州市相城區多家商店已安裝近距離無線通訊（Near Field Communication, NFC）二維條碼，測試員進行數位人民幣支付測試。

四、四川省成都市

　　成都市的測試以邀請制為主，透過大銀行員工的邀請，才能下載數位人民幣錢包（被稱為「熊貓錢包」）。

五、數位人民幣 App 上線

　　2022 年 1 月 3 日，人民銀行推出「數位人民幣 App」，由數位貨幣研究所執行，比較有「場景」試行。包括兩層意義：

1. 試點城市：大部分是各省省會城市、地級市（像江蘇省蘇州市）。
2. 試點場景：主要分政府（公錢包）與民間、公司對人民（個人錢包）。
3. 適用對象：白名單（白名單是黑名單的反義字，指政府核可的）。

人民幣數位化發展

時	1948 年 12 月	2017 年起	2020 年 12 月起
人民幣 機構 貨幣	-- 人民銀行 紙鈔，16 種面額	數位 1.0 人民銀行 人民銀行跟銀行間	數位 2.0 人民銀行 數位人民幣對人民流通紙鈔，數位人民幣共存

人民銀行在數位人民幣發展進程

時	人	活　動
2014 年	周小川	打算發行數位人民幣，成立數位貨幣研究小組。
2015 年	人民銀行	提出數位貨幣方案。
2016 年 1 月 20 日	人民銀行	在人行召開數位貨幣研討會，提出數位貨幣發行目標。
2016 年	人民銀行	開始申請數位人民幣專利，迄 2019 年 9 月，已申請 84 項專利。
2017 年 1 月 29 日	人民銀行	設立「中國數字貨幣研究所」，支付結算司副司長穆長春兼任第一任所長。
3 月 1 日	國務院	中央科技工作會議強調建構以數位貨幣為龍頭的人民銀行創新平台。
6 月	人民銀行	印發〈金融業信息技術＋三五發展規畫〉，把新科技應用列為重點。
2019 年 12 月	人民銀行	由人行牽頭，四大國有銀行和三大電信公司，共同參與數位人民幣試點項目。
2020 年 5 月	人民銀行	挑選四個城市試點，用於轉帳、繳費，四大銀行工商、農民、建設、中國銀行。 北：河北省雄安特區 東：江蘇省蘇州市 南：廣東省深圳市 西：四川省成都市
8 月 14 日	商務部	發布〈關於印發全面深化服務貿易創新發展試點總體方案的通知〉。
10 月 23 日	人民銀行	發表〈人民銀行法〉修法意見稿，第 19 條中加入「人民幣包括實物形式和數位形式」。

資料來源：「一文讀懂人民幣 3.0」，2020 年 8 月 10 日。

第 7 章

網路金融公司的授信業務：
以網路放款仲介為例

Unit 7-1 網路放款仲介公司的商機（市場定位）

　　把鏡頭拉大到全球，會發現銀行不夠「普惠」的國家，便容易萌生替代性金融服務，在本書中，主要是網路金融公司，本章說明「網路放款仲介公司」（internet lending company，有譯為線上放款公司）。

一、銀行力有未逮，替代行業油然而生

　　在 Unit 3-8 中以臺灣為例，說明網路放款仲介公司只能在「邊緣」（右圖左下區域）中求生存。

1. X 軸：銀行普及程度

一般常用「每萬人幾家店」來衡量零售公司的普及程度，右圖的 X 軸以 1、0.5 家銀行分行為例來說明。以臺灣來說，2,350 萬人有 3,400 家分行，每萬人 1.44 家分行。銀行愈普及，愈沒有「遺漏之處」。

2. Y 軸：銀行業完全競爭程度

銀行業競爭愈激烈，對客戶比較會「大小通吃」。在寡占、獨占市場，銀行比較會「捉大放小」。

二、網路金融公司「活躍」的國家

以經濟發展程度來區分：

1. 工業國家（人均總產值 2 萬美元以上）

英美的銀行業由大型銀行主導，屬於寡占市場，對於企金中的小公司、消金業務中的中低所得家庭，由於違約風險較高、貸款金額較低，對銀行獲利貢獻較少，銀行往往刻意忽視。英國 6,600 萬人中，有 200 萬成人沒有銀行帳戶，還有低收入及身障人士可能被排除在金融服務外，原因可能是沒有信用紀錄或房子，也可能是宗教及地理因素。

2. 新興國家（人均總產值 2 萬美元以下）

許多新興國家由於戶政系統不健全（大部分人民無身分證），人民難以實名方式向銀行申請開戶、貸款。

三、全球發展進程

　　由右表可見，網路放款仲介公司 2005 年從英國出現，美國的公司立刻跟上，2007 年中國大陸跟上。

1. 全球約 70 國：全球 193 國中，約有四成國家有網路放款仲介公司。

2. 臺灣限於金管會的謹慎，2016 年 3 月核准：行政院金管會對於網路放款仲介業的主管機關歸屬，一直不願下決定，拖數年才鬆手。2016 年 3 月，第一家網路放款仲介公司「鄉民貸」成立。

網路金融公司活躍的國家（灰色塊區域）

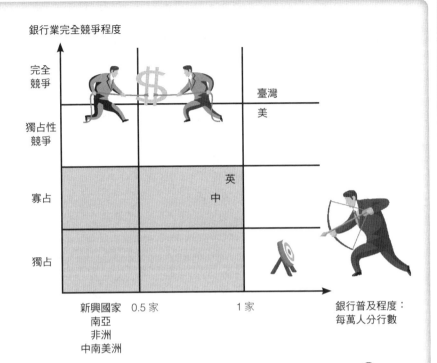

英美中臺網路放款仲介發展進程

項目	2005 年 2 月	2006 年	2007 年	2016 年
1. 國家	英	美	中國大陸	臺灣
2. 第一家公司	Zopa	Prosper 融資	拍拍貸	鄉民貸
3. 後續	約 8 家公司	放款俱樂部、2014 年 12 月股票上市	2014 年起泡沫化，宜人貸 2015 年 12 月美國紐約發行所股票上市	—

Zopa：創辦人之一 Gile Andrews（總裁）
　　表示公司名字原意是「可能達成協議區域」（Zone of possible agreement），投資資金主要來自 Metro 銀行。

Unit 7-2　網路放款仲介公司導論

一、就近取例：B2B、B2C 電子商務

由表一可見，電子商務公司類型依賣方、買方的身分（公司、自然人）可分為四種情況，以下兩種占 99% 以上。

1. **企業間電子商務（B2B e-commerce）**：公司為了買生產用的原料（零組件），在中國大陸，公司上阿里巴巴網站尋找賣料的公司，買賣方皆須輸入公司營業執照，以取得網站會員資格。
2. **零售型電子商務（B2C e-commerce）**：在臺灣，個人上網路家庭公司「露天市場」等網路商場，以向 PAZZO、OB 嚴選等「公司」（俗稱網路賣家）購買衣服，這是常見的「公司對個人」（B2C）電子商務。

二、網路放款仲介公司的類型

以美國網路放款仲介公司為例，依借款人身分，依銀行業的用詞，分成兩類：

1. **企業金融業務**：由於網路放款仲介公司能找到的投資人有限、資金有限，所以市場定位以小公司為主，放款金額小（15,000 ～ 25,000 美元），可說專挑銀行挑剩下的客戶。以其中 2009 年成立的 Kabbage 放款公司為例，主要投資人是古根漢（Guggenheim）夥伴公司，資金約 2 億美元。
2. **消費金融業務**：放款俱樂部（Lending Club）公司因公司股票在紐約證交所上市，在全球網路放款仲介公司中，知名度數一數二，其投資人主要是幾家衍生性商品基金。至於美國的「社會融資」（Social Finance）公司，限於資料，號稱「畢業校友財力協助在校校友」，看似「消費者對消費者」業務。

三、必也正名乎

眼尖的讀者，可以發現本書用詞跟市面名詞不同。

1. **網路放款**：網路放款借款人，包括公司、自然人，所以只以全稱用詞來涵蓋。
2. **網路放款仲介**：一般稱為「網路借貸」，本書稱為網路「放款」（lending）仲介，沿用以銀行業等為中心用詞的習慣。

四、美國升息的影響

2016 年 12 月起，美國逐漸升息，對網路放款仲介公司造成沉重打擊，過程如下：

1. **投資人**：以衍生性商品基金（hedge fund）為主要投資人，其投資標的涵蓋投機級債券（債信等級 BB 級以下），所以也會對網路放款有興趣，因借款利率上升幅度比較大。
2. **對網路放款仲介公司的衝擊**：主要是對小公司為放款對象的網路放款仲介公司，「源水有限」，只好「量入為出」的放款仲介，放款仲介金額無法成長。

表一　兩種常見的電子商務

賣方 / 買方	企業（business）	顧客（customer）
企業（網路商店）	1. 陸：阿里巴巴 2. 臺：台塑集團旗下台塑網	淘寶網 京東商城
顧客		網路家庭旗下露天市場 雅虎奇摩 樂天

表二　網路放款仲介的四種型態：以美國為例

出借人 / 借款人	企業（B）	消費者（C）
企業（B）	能力放款公司（Able Lending）、CAN、Dealstuck、Kabbage、OnDeck 融資	放款俱樂部（Lending Club），與本表下方三家
消費者（C）	－	社會融資公司（Social Finance）

另外，較有名還有愛帆（Avant）、市集（Marketplace）、繁榮市場（Prosper）。

表三　本書對網路放款的中英文用詞

項目	市面	本書用詞
英文	Peer to peer lending（platform）	Internet lending brokerage company
中文	個人對個人借貸平台	網路放款仲介公司
補充	Peer：n. 同輩、好友 Person：n. 個人	這是屬於另類放款（alternative lending）的一大部分

企業對企業電子商務的網路放款

各國的中小企業往往比較難從銀行貸款，或者取得貸款不敷使用。於是 1970 年代，臺灣便有「中心－衛星體系」的供應鏈融資（supply-chain financing），由裕隆汽車公司替零組件公司（玻璃、座椅、塑件等中上游）的貸款，發行票券擔任保證人。到了二十一世紀，在電子商務中，以中國大陸的「企業對消費者」中賣方來說，有訂單，卻苦於無法向銀行貸款。於是網路商場公司、網路金融公司「聞香下馬」。本單元聚焦於電子商務的賣方（包括其供貨公司）如何從這兩個管道取得融資。

一、商機

1. **拉個全景：**中小企業較難從銀行借錢。根據世界銀行旗下國際金融公司（International Financial Corporation）的估計，全球有 45 ～ 55% 的中小企業無法取得銀行貸款，21 ～ 24% 的中小企業無法貸到想要的金額，在新興國家中小企業無法從銀行借到至少 2 兆美元。

2. **拉個近景 I：**以電子商務中的賣方為例。根據美國產業調查公司 eMarketer 的估計，2021 年零售型電子商務商品交易 5.455 兆美元，2022 年將是 6.17 兆美元。

3. **拉個近景 II：**供應鏈融資。在公司的供應鏈中，品牌公司、零售公司對中上游公司付款常採月結 45 天。簡單的說，中上游公司應收帳款 75 天，在新興國家，甚至 90 天。這對中上游公司中的中小企業構成嚴重的融資壓力。

二、對網路賣方的融資

1. **電子商務商場的支援業務：**由表一可見，以中國大陸阿里巴巴集團為例，把對賣方的融資視為支援業務，在訂單金額三成內給予貸款，以協助其購料，此類似信用狀中的紅色條款。

2. **網路金融、金融科技公司的核心業務：**由表一第三欄可見，美中有網路金融公司協助賣方取得融資，主要部分還是應收帳款融資。

三、徵信審查方式

由表二可見，兩種網路放款仲介公司的授信要求的徵信審查方式，以中國大陸的作法為例。

1. **企業間電子商務：**兼論供應鏈融資。這主要是淘寶網有該網路商店（中國大陸簡稱電商）的營收紀錄，針對雙 11（光棍節）訂單的三成放款給網路商店去購料。

2. **消費性電子商務：**以支付寶來說，有顧客的購物紀錄，只會在過去消費金額（例如：單筆人民幣 3,000 元）去「放款」（主要是指信用卡卡債代償）。

表一　美陸電子商務市場對賣方的融資

國家	網路商場集團	網路金融公司
一、美國 （一） 網路商場	2012 年亞馬遜（Amazon）成立亞馬遜放款公司（Amazon Lending），透過對庫存週期、缺貨率或產品評價分析，來選擇平台上的債信合格公司提供貸款。	C2FO 公司（詳見 Unit 8-2）提供供貨公司與買方的營運資金交易平台，利用企業資源規劃系統和交易資料，使供貨公司與買方快速尋求雙方都可以接受的貼現利率，供貨公司可以貼現收到款項。
（二） 支付公司	貝寶、日本樂天均對其網路上合格企業提供貸款協助。	—
二、中國大陸	阿里巴巴由螞蟻科技累積大量的用戶與信用數據，其芝麻信用應用在消費者融資消費，透過企業徵信業務方案，協助小微企業徵信。 第二大電子商務公司京東商城 2013 年 10 月分析成立京東金融，營業項目企業對消費者、企業對企業業務，包括訂單與倉單融資等供應鏈融資。	以上陸企群星金融為例，提供平台，透過大公司（買方）的系統獲得交易資料，讓中上游公司獲得應收帳款的融資，由第三方的保付代理公司、銀行或投資機構對供應鏈公司進行融資。由於大公司通常信用良好，對應收帳款融資等於是建立在大公司的保付承諾基礎下，比中小企業融資風險低；且這些網路放款仲介公司透過企業數據與行為的監視，藉著機器學習的動態調整，及時發現異常交易狀況且迅速做出決策。

表二　兩種電子商務情況下，對賣方、供應鏈的融資

電子商務種類	中上游供貨公司	賣方	網路商場平台	買方
1. 企業對企業	透過「賣方」的企業資源規劃（ERP）系統，可向後追溯到中上游供貨公司	例如：小家電中的臺商艾美特	阿里巴巴	零售公司
2. 企業對消費者	同上	淘寶村的電子商店	淘寶網 天貓商城	支付寶 餘額寶

7-4 網路放款仲介行業的兩項分類

　　一個同樣的行為，在全球各國解讀不同。網路放款仲介業的政府主管機關在全球，大抵可以二分法，詳見表一。

一、網路放款仲介公司的型態

　　有許多報刊說明網路放款仲介公司的經營型態有幾種，邏輯上正常情況只有一種，有二種變型。

1. **網路放款仲介公司只擔任「仲介」角色**：網路放款仲介公司只扮演「仲介」角色，再加上對借款申請人的「徵信」，以降低呆帳率，如此，投資人才會「聞香下馬」。
2. **資金來源**：放款資金來源主要為公司，尤其是衍生性商品基金、投資公司，這些「錢」願意冒險追求 7% 報酬率。在美國，網路放款仲介公司歸類為群眾募資公司，借款人發行 1 萬美元的「中期債券」，投資人買進債券，也可賣出。中國大陸宜信、臺灣的瑞保網路科技公司皆稱債權可轉讓。

二、證券經紀業務：英美

　　由表一可見，英美政府認定網路放款仲介者屬於證券經紀，分成兩階段：

1. **證券承銷商**：由保管銀行（例如：Units 7-5 圖中的 WebBank）擔任債券發行承銷商，借款人是債券「發行人」。
2. **證券經紀商**：網路放款仲介公司是證券經紀商，把「債券」出售給投資人。
3. **英國的自律性管理機構**：英國政府很喜歡讓金融業自組公會、協會，自己制定行業規範。2011 年 8 月，網路放款金融協會（The Peer-to-Peer Finance Association, P2PFA）接受政府監督。

網路放款仲介的權威研究

時：2018 年 9 月
地：瑞士巴塞爾市
人：克拉森（Stijn Claessens）等 4 人，國際清算銀行穩定政策部財務主管
事：在〈BIS Review〉季刊中，"Fintech credit markets around the world: size, drivers, and policy issues"，論文引用次數 222 次。

定義	資金「仲介」業	證券業
一、部會 主管 機關	臺灣：由經濟部主管	1.英美 　英：金融市場行為管理局 　美：財政部、證交會 2.其他
二、類比	房地產買賣仲介	1.群眾募集資金（crowd funding） 　中國大陸簡稱眾籌 2.借款人是債券「發行人」（issuer）， 　保管銀行是債券「承銷商」 　（underwriter），網路放款仲介公 　司是債券「經紀商」，投資人是債券 　「持有人」

項目	網路放款仲介公司	銀　　行
一、 主管 機關	2013 年 3 月前，由金融服務管理局（FSA, Financial Service Authority）負責。2013 年 4 月由英國金融行為管理局（FCA, Financial Conduct Authority）成立，負責監理的政策制定、目標指引、指標設計和監督管理等。擬訂《關於網路眾籌和通過其他方式發行不易變現證券的監管規則》，於 2014 年 4 月 1 日起實施。主要涉及最低資本額要求、客戶資金管理、爭議處置及補償機制、資訊揭露制度以及定期報告制度等。2015 年 12 月又提高資訊揭露的標準和結束營業的相關規定。	1. 英國金融監察服務機構（Financial Ombudsman Service, FOS）主要目標是確保金融市場健全運作、強化金融消費者權益保護、提高金融體系完整性，制訂詳細法規，並根據風險進行評估與監理，主動抽查及稽核，一旦金融業者違反規定，罰鍰非常高，英國 2016 年罰鍰達 10 億英鎊。 2. 臺灣的財團法人金融消費評議中心較像。
二、 存款 保險	無 網路放款在英國被視為替代性金融服務，網路放款屬於借款人發行中期（1~3 年）的「個人」債券，由投資人認購網站，扮演個人債券的經紀商。	有 金融服務補償計畫（Financial Services Compensation Scheme, FSCS），是英國版存款保險制度，可以為每個存款戶在每家銀行提供上限為 8.5 萬英鎊的保障。

網路放款仲介公司的典型：美國放款俱樂部

在生物學中，「老虎」只有一種，到了各國各地則適應當地，而有體型膚色等小變化，由北往南的名稱有「西伯利亞虎」、「中國大陸東北虎、華南虎」，到南亞印度等稱為「孟加拉虎」。網路放款仲介公司也是大同小異，以全球曝光率較高的美國股票上市公司「放款俱樂部」來舉例。

一、網路放款仲介公司扮演網路放款「仲介」

「老鼠老虎，傻傻分不清楚」，這句順口溜在借貸的「仲介」、中介間也適用。

1. **中介者賺價差**：由圖一可見，銀行扮演借貸雙方的「中介」，這跟統一超商是一樣的，向聯華食品公司買進 10 萬箱元本山海苔禮盒，再賣給 10 萬位顧客，賺取「買賣」價差，但也扛下滯銷的虧損風險。

2. **仲介賺仲介費**：由圖二可見，網路放款仲介公司扮演資金借方、投資人間的「仲介者」，比較像租屋市場中的「崔媽媽租屋中心」。網路放款仲介公司向借款人、投資人收取仲介費。

3. **網路放款仲介公司仲介費率 1% 以上**：網路放款仲介公司收取借款金額 1% 以上的仲介費率，看似很高，主要支付以下二種費用：
   - 資料費用：美國有信用卡交易紀錄公司，金融機構可付費向其取得某人的交易、繳款紀錄。美國有三大一小個人信評公司，會依各人的銀行貸款等資料，計算每個人即時的信用評分，詳見 Unit 15-2、15-3。
   - 行銷費用：網路公司為了打知名度，往往須砸大錢，俗稱「燒錢」。網路放款仲介公司也須打廣告。

二、資訊流、商流

房屋仲介（例如：信義房屋、永慶房屋）是常見的「仲介」，扮演買屋者、售屋者間的資訊流、商流的「媒介」。網路放款仲介公司本質是網路借貸雙方的仲介。

1. **對借款人徵信**：借款人必須是「實名」，網路放款仲介公司主要功能在對借款申請人徵信，剔除詐貸者與債信差的，這是對投資人最大保障。

2. **甚至要求借款申請人「提升信用」**：針對債信未合格的貸款申請人，網路放款仲介公司可要求借款申請人向產物保險公司購買貸款保險，以確保本息一定清償，或徵提合格保證人。這兩種借款申請人「強化信用」（credit enhancement）的方式，才可取信投資人。

3. **投資人**：數百家公司擔任債券投資人。

三、資金流

網路放款仲介公司、手機支付公司等都不經手借貸、買賣雙方的金錢，而是由保管（或稱合作）銀行負責，以維持資金的安全。

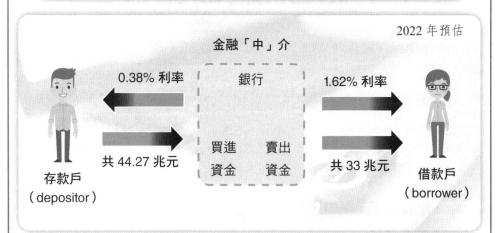

圖一　銀行扮演金融中介角色

2022 年預估

金融「中」介

存款戶（depositor）←── 0.38% 利率 ── 銀行 ── 1.62% 利率 ──→ 借款戶（borrower）

共 44.27 兆元 →
買進資金　賣出資金
共 33 兆元 →

圖二　以債券發行來說明放款俱樂部的商流、資金流

發行市場		交易市場	
債券發行人（issuer）	債券承銷商（underwriter）	債券經紀商（broker）	債券投資人

借款申請人 ──債券──→ 網頁銀行（Web Bank）（註：一家網路銀行在猶他州鹽湖城市） ──仲介費──→ 放款俱樂部 ←──→ ・投資公司　・衍生性商品基金

10,000 美元 ←──

債券 ──→

10,000 美元 ←──

知識補充站

資金流

以圖二來說，美國網頁銀行（Web Bank）扮演放款俱樂部放款業務的特約保管銀行，負責撥款給核貸的借款申請人，再向投資人「收款」出售「中期債券」以收款。之後，借款人定期償還本息。

第 7 章　網路金融公司的授信業務：以網路放款仲介為例

149

Unit 7-6 美國證券交易委員會對「網路放款仲介公司」的監理

2006 年起，美國網路放款仲介公司成立，並沒有形成百花齊放情況，放款俱樂部公司市占率 75%，一枝獨秀，在 Unit 7-5、8-2 中有詳細說明。

一、網路放款仲介業屬於群眾募資

群眾募資（crowd funding），陸稱「眾籌」，分為公益、營利兩種，營利型群眾募資可說是個人或公司透過「網路公司」（俗稱網路平台，或簡稱平台）以債券、股票方式，採公開募集方式，以取得資金。由 Unit 7-5 圖二可見，兩個公司的分工。

1. **債券承銷商**：網頁銀行（Web bank）
   債券發行人（即借款人）發行「中期債券」（member payment dependent notes）。
2. **債券經紀商**：網路放款公司。

二、證券交易委員會納入監理

2006 年繁榮市場（prosper）設立，是第一家網路借貸仲介公司，初期對借款者的限制極少，以致呆帳率偏高；以 2006 年至 2008 年 10 月為例，呆帳率 26.1%。這使得美國證券交易委員會（SEC）於 2008 年要求所有的網路放款仲介公司，須把其商品註冊為證券，使資訊更加透明化。由表一可見，英中臺對網路放款仲介公司的三道防線。

由右頁小檔案可見，美國財政部對網路金融業的監理，漸由州政府提升到財政部通貨監理署。

金融穩定「無傷」

時：2020 年 5 月
地：日本東京都
人：Lavinia Franco 等 4 人
事：在亞洲開發銀行「研究所」（institute）的工作論文 " Does Fintech contribute to systemic risk? evidence from the US and Europe"，其以美、歐各 20 家大型金融科技公司為對象，結論是金融科技公司規模太小，因此縱使出問題，也不會顯著提高銀行業的系統性風險。

表一　三國對網路金融公司的監理

防線	第一道	第二道	第三道
一、臺灣	網路金融公司	經濟部	金管會
二、英國：以網路放款仲介為例	網路放款公司	網路放款仲介協會（P2P FA）	金融行為管理局
三、中國大陸	網路放款仲介公司	·網路放款金融協會 ·互聯網金融協會	·各省市金融辦公室 ·國務院一行二會

表三　美國財政部與證券交易委員會對網路放款仲介業的監理

項　目	說　　　明
一、時間	2008 年
二、人：主管機關	財政部、證券交易委員會（SEC）
三、行業性質	「放款平台」跟「群眾募資」一樣，屬於《金融服務現代法案》中的金融機構活動，因而在聯邦層面，聯邦準備銀行和聯邦存款保險公司（FDIC）及聯邦貿易委員會（FTC）對於網路放款仲介公司相關業務，存在一定的監管職能。
四、對借貸網站公司	1. 資訊揭露：網路放款仲介公司必須全面性揭露發行的收益權憑證和對應的借款資訊，一旦資料有所變更，就必須進行更新，形成「持續的資訊公開揭露機制」，使網路放款仲介公司業務透明化、規範化。 2. 對於借款人資訊的真實性及交易是否符合公平原則。 3. 保管銀行。 4. 針對網路放款仲介公司的發行說明書及相關資料，美國證交會主動進行稽核，以保障投資者能獲得所需的資訊。

美國對網路金融公司的監理

時：2016 年 12 月 2 日
地：美國華盛頓特區
人：美國財政部通貨監理署（OCC）
事：首度開始核發如同銀行的特許執照給網路金融公司，包括存款、支票或借款等三種服務中至少一種，並須符合風險管理、消費者保護、資本和流動性等標準。面臨反洗錢管控和消費者保護等聯邦銀行法規的規範。

中國大陸銀保監會監理

臺灣少數學者喜歡以中國大陸最高時有6,548家網路放款仲介公司來批評金管會對網路金融管太多，以致公司無法出頭。看了本單元，站在中國大陸國務院角度，大概會後悔自己沒有「防微杜漸」，以致捅下人民幣2,000億元（e租寶、大大集團、河北融投各人民幣500億元以上）的爛攤子，社會成本遠大於經濟效益。

一、缺乏管理，源自省市政府的私心

有許多臺灣學者認為中國大陸政府非常鼓勵網路金融公司發展，就以網路放款仲介公司來說，先讓他們叢林式發展，優勝劣敗。但這是個誤會。中央政府對省「市」（指四個直轄市）政府有經濟成長的「硬」指標（即一定須達成的），經濟成長率是其中一項，例如：2015年的「保七」（7%）。各省市政府為達標，往往會對企業違法經營「睜一眼、閉一眼」，例如：2008年9月三聚氰胺假奶粉一案，是因為波及30萬名嬰兒健康受損，中央政府才強力介入，維護食品安全。

2006年，山寨手機也是一例，2009年時維持400萬人就業，且有進口替代效果，可減少進口。迄2010年才由於美國政府的抗議，中國大陸中央政府強力要求省市政府「打假」，山寨手機公司氣焰才稍減。同樣的，針對各省市的網路放款仲介公司，兩級政府的監理心態如下：

1. **省市政府金融辦公室**：這是網路放款仲介公司的省市政府主管機構，大都規定最低資本額（大省市人民幣1億元、小省人民幣0.5億元）。剩下的大都「輕度」監理。2020年11月大幅提高門檻，詳右頁內文三。
2. **國務院銀行保險監理委員會**：銀保監會對網路放款仲介公司採取開放的態度，希望藉此解決中小企業和個人融資困難的問題。

二、2015年中央政府出來收拾殘局

2015年，網路放款仲介公司大量倒閉，出借人被倒債、被騙，哭爹喊娘，新聞大篇幅關注，而使中央政府聚焦此行業。2015年7月18日，國務院下11個部會印發「關於促進網路金融健康發展的指導意見」，確立網路放款仲介業由銀保監會負責監理，網路放款仲介平台資訊仲介的定性，不得提供增加信用服務（如提供擔保墊付、支付公司資金託管及提納風險準備金等等），不得非法集資。對於網路放款仲介業監理日益收緊，包括宜信、積木盒子、短融網等宣布轉型為金融科技公司。2015年12月，銀保監會公布「網路放款資訊仲介機構業務活動管理徵求意見稿」，並且要求各省市政府加強監理力道，網路放款仲介公司於是大幅關門。

三、2016 年中央政府清掃戰場

1. **行業狀況：**2015 年行業家數 3,585 家（註：「網貸之家」2016 年 11 月 5,879 家，其中 56.9% 出問題），歷史高點。2016 年 6 月，2,349 家放款餘額人民幣 6,212 億元，詳見 Unit 8-3 表。

2. **2020 年 11 月：**銀保監會發布〈網路小額貸款業務管理暫行辦法（徵才、意見稿），全國型公司資本額 50 億元以上，省級公司人民幣 10 億元以上。

中國大陸銀保監會對網路放款仲介業的規定

不得經營	可以經營
一、不得宣傳 1. 不得線下推廣。 2. 不得自行或委託授權協力公司在網路、市話、手機等電子管道以外的場所宣傳或推薦。	**一、網路放款仲介公司** 定義為屬於民間借貸範疇，將受《合同法》、《民法通則》等法規及最高人民法院有關司法解釋規範（註：2010 年「關於非法集資犯罪」的法院解釋）。
二、不得經營 1. 資金來源 　．不得自行融資 　．不得吸收公眾存款 　．不得為出借人提供擔保或保本、保息 　．不得發售銀行理財、券商管理、基金、保險信託產品等金融產品 　．不得歸集資金設立資產池 2. 資金去路 　．不得為融資專案分拆	**二、個人借貸上限** 1. 單一網路放款仲介公司人民幣 20 萬元。 2. 向多個網路放款仲介公司借款上限人民幣 100 萬元，但各網站間資料沒互通。允許網路放款仲介公司引入協力公司機構進行擔保或跟保險公司開展業務合作。投資人資金應存於銀行中，據「融 360」的抽樣，約只有 4.9% 的網路放款仲介公司有依規定做，應充分揭露借款人和融資資訊。

中國大陸大學生消費傾向與網路放款仲介專訪

時：2016 年 6 月 23 日

地：臺灣新北市汐止區

人：伍忠賢

事：聯合報集團子公司聯合線上公司「udnTV」播出江明珠、林克倫主持人專訪伍忠賢 30 分鐘，讀者可上 YouTube 下載。

監理科技（RegTech）
＝監理（regulatory）＋科技（technology）

專稱監理科技公司（regtech）

1. 大數據分析

2. 人工智慧

3. 雲端計算

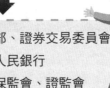

政府的金融
監理部會

一、美國財政部、證券交易委員會

二、中國大陸人民銀行
　　國務院銀保監會、證監會

三、臺灣行政院金管會

法令遵循回報

監理

· 洗錢

· 資訊安全（防駭，資料保護）

· 其他詐欺

一、金融業	二、網路金融業
1. 保險業	1. 支付公司
2. 銀行業	2. 網路貸款仲介公司
3. 證券暨期貨業	3. 財富管理公司

時：2017 年 5 月

地：中國大陸北京市

人：國務院人民銀行

事：成立金融科技委員會

第 8 章

美中臺的網路放款仲介公司

Unit 8-1 網路放款平台公司

網路購物業者強調其成本優勢在於免開店省房租、省店員成本，但物流費用高。這道理不適用網路貸款仲介平台，仲介費 8%、投資人要求報酬率 7% 以上，貸款利率 15% 以上。

一、生存空間

由右圖可見：

1. **X 軸**：銀行授信評分不及格者。一般來說，有兩種人比較無法向銀行申請到信用卡、消費性貸款。
2. **Y 軸**：地理涵蓋中的邊陲地帶。

二、利率高，不夠格稱為普惠金融

由右下表可見：

1. 銀行放存款利率差約 1.24%。
2. 網路貸款利率差 8% 以上。

2019～2021 年美國家庭貸款科目

單位：兆美元

生活項目	性質	2019 年	2020 年	2021 年
1. 食：信用卡	信用	0.93	0.82	0.86
2. 住：房屋 （mortgage）	抵押	9.56	10.04	10.93
3. 循環	抵押	0.39	0.35	0.32
行：汽車 （auto loan）	抵押	1.33	1.37	1.46
育：教育 （student loan）	信用	1.51	1.56	1.58
樂：其他	信用	0.43	0.42	0.403
小計		14.15	14.56	15.58

金融科技營運公司的市場空間

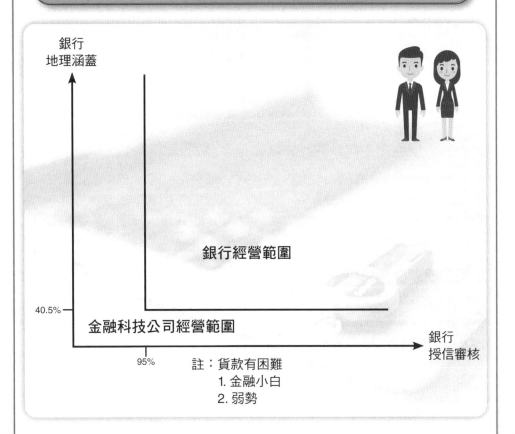

銀行
地理涵蓋

銀行經營範圍

40.5%

金融科技公司經營範圍

95%

銀行
授信審核

註：貨款有困難
　　1. 金融小白
　　2. 弱勢

銀行與網路貸款利率比較

單位：%

	銀行	網路放款
(1) 放款利率	1.62	15
(2) 存款利率	0.38	7
(3) = (1) −(2) 放存款利率差	1.24	8

Unit 8-2 美國網路社群放款仲介公司

　　網路放款仲介「最美的風景」便是「社群放款」（community lending），這是因為 2021 年 2 月臉書上約有 22 億位臉友，人口眾多，看似「商機」無限。本書以一單元，藉著美國網路放款，說明三個網路社群放款仲介案例。為寫這三個案例，你只要進入其網站，仔細閱讀即可，很容易整理成表的內容。

一、大學生學生貸款的社會融資仲介公司

　　美國大學學費很高，許多家庭無法承擔，2021 年 2 月學生們共欠 1.35 兆美元的就學貸款（student 或 college loan），0.2% 大學畢業生有借，約欠 3 萬美元，醫學院學生 30 萬美元。「社會融資公司」（Social Finance Co.）專攻大學生貸款，採取信用審核，以決定是否核貸和核貸金額，類似公司，例如：愛帆（Avant）。

二、能力放款公司

　　能力放款公司（Able Lending）二位創辦人之一的小戴維斯，畢業自哈佛大學企管碩士班，看中 2008 年 9 月 15 日美國金融海嘯後，銀行緊縮信用，小企業「缺很大」，成立網路放款仲介公司專攻小企業，類似公司，例如：Vouch（2013 年成立，俗稱 Social network for credit）。右表中的「核貸」方式有二，限於篇幅，本處說明第二種情況，即借款申請人徵提「連帶」投資人，及配合款 25%。

三、Affirm 公司

　　2012 年，貝寶共同創辦人馬克斯・列夫琴（Max Levchin, 1975～）在銀行信用卡上看到商機。銀行正緊縮年輕人的信貸申請。他表示「我不覺得年輕人沒有還款能力」，於是他在加州舊金山市成立了一個「先消費再分期付款」的貸款服務公司 Affirm。Affirm 公司靠著社群媒體的大數據分析，精準掌握使用者還款能力，還收取比一般信用卡循環利率還低的利率，合作的商店 700 家。2021 年 10 月再建立股票上市，2 月股價約 105 美元。

美國家庭貸款情況

時：2022 年 2 月 8 日
地：美國紐約州紐約市
人：美國聯邦準備銀行紐約分行
事：每季公布一次〈Household Debt and Credit Report〉，每年 2 月 8 日，公布去年一整年數字，2019～2021 年結果在 Unit 8-1。

項目	社會融資公司	能力放款公司
英文	Social Finance 公司（簡寫 SoFi） 2021 年 6 月 1 日，那斯達克上市	Able Lending 公司 （2014 年 6 月 30 日起）
成立	2011 年 8 月	2011 年 9 月，原名 outbox
公司住址	加州舊金山市	德州奧斯汀市
董事長	Anthony Noto	Will J. Davis
總裁	Paul Mayer	Evan Baehr
一、 營業項目	1.其他消費者貸款、父母（學生）貸款、學生助學貸款、個人貸款、房地產貸款。 2.財富管理。	1.小企業貸款：小企業指員工數約 11~15 人。 2.創投（另有投資人）A 輪（Series A）投資。
二、 核貸	1.以大學生二胎貸款為例：採用學生就業紀錄、在學成績，掌握現金流狀況，並預測學生未來發展可能。 2.信用分析模型（alumi-funded lending model） alumi：鋁、礬石、清澈的。 藉以挑出低風險的借款申請人。	1.中小企業 ・公司成立一年以上 ・年營收 10 萬美元以上 ・董事長個人信評分數 100 分以上 2.聯合投資人（backer）貸款金額中 25% 須徵提 3~5 名支持者（借款人親朋或客戶），提供貸款金額 25%，能力放款公司提供 75%。
三、 出資人	貸款資金來自各大學校友，可提供在學學生較低貸款利率，降低貸款負擔。投資人通常著眼於投資利益，難以真正落實善意的社群合作。透過校友交流會、職涯發展課程等，增加校友與在學學生互動，可增進學生人脈或工作機會，提高學生未來的償債能力。	由於有 25% 的款項是由借款人的「親友」出的，通常索取的借款利率較低。限於「人情壓力」，也會提高借款人的償債意願。
四、 借款人	大學生	中小企業 ・借款金額 2.5~100 萬美元 ・借款期間：1~5 年 ・借款利率：8~25% ・貸款發起費 3%

中國大陸的網路放款仲介公司

溫帶國家的人民習慣喝烈酒，熱帶國家的人喜歡喝啤酒，這是因地制宜。網路放款仲介公司在中國大陸可說爆炸式發展，要先從全面角度來看。

一、2014 年 10 月前：人民銀行一直採緊縮性貨幣政策

1. 2014 年 10 月前，緊縮性貨幣政策的考量

2014 年 10 月之前，由右表可見，基於維持物價、房價穩定，人民銀行採取管量管價的緊縮性貨幣政策。2014 年 10 月，人民銀行為了「拚經濟」（經濟成長率保 7，當年 7.3%）把存款準備率由 21% 數次調低、利率一樣。

2. 生命會自己找到出路

在銀行資金有限下，採取信用分配，放款先給公營、大公司。2009 年起，中小企業開始體會「資金荒」的嚴重程度，沿海（浙江、江蘇省）、內陸（產煤的多金省山西、內蒙古）出現大量地下錢莊。向地下錢莊借款是引鴆止渴，2011 年 5 月起，開始崩盤。同樣的，對個人來說，小額貸款公司快速成長。但債信更差的個人，連向小額貸款公司借款都不夠格，於是 2007 年 8 月，第一家網路放款仲介公司「拍拍貸」上線營運，放款給兩類借款邊緣人：大學生與債信不佳上班族，行業經營績效，詳見右表。

二、網路放款仲介公司地區分布（2019 年）

1. 以家數來說： 前三大依序為廣東省（19 家）、北京市（34 家）、上海市（7 家）、浙江省（8 家），占全部家數 85%。

2. 以貸款餘額來說， 北京市（55.14%）、上海市（22.75%）和廣東省（11.74%），合計 89.6%，其次是浙江、江蘇、山東省，重慶市、四川省。

中國大陸政府對銀行業網路放款限制

時：2021 年 2 月 20 日
地：中國大陸北京市
人：中國大陸國務院國家統計局，2017 年 1 月 10 日，銀監會先公布「初估值」
事：2020 年 7 月發布「商業銀行互聯網貸款管理暫行辦法」，基礎上發布「關於進一步規範銀行互聯網貸款業務的通知」，詳見下表。

項　目	內　　容
出資比率	銀行單筆貸款中，合作方出資比率不得低於 30%
集中度	單一合作方發放的本行貸款餘額不得超過一級資本淨額的 25%
限額	全部合作機構共同出資發放的互聯網貸款餘額，不得超過全部貸款餘額的 50%
嚴控跨區經營	地方法人銀行不得跨註冊地轄區展開網路貸款業務
參照通知和「辦法」，另有規定	外國銀行分行、信託公司、消費金融公司、汽車金融公司

資料來源：中國大陸銀保監會。

單位：人民幣億元

年	2011	2012	2013	2014	2015	2016	2017	2018	2019
1. 仲介家數（正常營運）	50	120	500	2,300	3,437	2,448	1,931	1,081	342
2. 成交金額	-	-	500	3,000	9,823	20,639	32,000	17,968	9,649
3. 貸款餘額	-	-	150	1,000	4,061	8,162	13,000	1,767	4,915
4. 貸款期間（月）	6.9	5.98	4.73	6.12	6.81	7.89	9.16	12.65	15.42
5. 貸款成本率（%）或投資報酬率	18.9	19.13	21.25	17.86	13.29	10.45	8.5	9.97	9.89
6. 借貸雙方									
投資人（萬人）					586	1,375	2,000	1,056	726
借款人（萬人）					285	876	1,000	1,641	1,156

資料來源：中國大陸網貸之家 2020.1.7，網路借貸行業年報完整版。

中國大陸小額放款公司

成立：2005 年
最初定位：補位銀行，並發揮助農助微、規範民間融資的作用
網路金融業務：據人民銀行統計，2017 年 6 月底，小額貸款公司 8,643 家（其中 160 家有網路小貸執照），貸款餘額人民幣 9,608 億元。
競爭優劣勢分析：由上表可見網路貸款仲介的融資成本約 10%，小額貸款公司約 20%，加上小貸公司較高的固定成本，缺乏競爭優勢。

部分整理自工商時報，2017 年 8 月 12 日，A7 版，陳欣文。

第 8 章 美中臺的網路放款仲介公司

鴻海的富士康集團在中國大陸的網路金融業務

臺灣的「網紅」級公司創辦人可說是鴻海郭台銘，鴻海在中國大陸的主要集團是富士康科技集團。2016 年 6 月起，以「富金通金融服務」為統一網站招牌。不過，由於中國大陸的新聞報導凌亂，不易拼湊全圖。

一、金融服務的目標

富士康集團涉足金融服務，依序可分為兩階段：第一階段「防禦」；第二階段「攻擊」（獲利）。

1. **防禦性目標**：視為照顧供貨公司、員工方式，富士康以財務資源去支援供貨公司、員工，讓這兩個生產因素的供給者覺得有「通財之義」，而拉近彼此關係。
2. **攻擊性目標**：由製造業進軍服務業（金融、零售業）。

二、金融服務的組織設計

1. **公司**：2013 年富金通金服公司（FinConn）成立，在北京市、河南省會鄭州市、上海市、廣東省深圳市皆有辦公室，旗下有 9 家子公司。
2. **網站**：2016 年 11 月起，稱為「富金通金服」，又稱「富士康金融平台」。

三、企業金融業務「企業對企業」供應鏈融資

1. **中心工廠財力支援衛星工廠**：TCL、創維等皆從事供應鏈融資業務。
2. **2016 年 6 月起，富中富負責**：富金通金服公司由旗下的「富中富」負責供應鏈融資業務。

四、消費金融業務

1. **視為對員工的照顧**：「朋友有通財之義」，富士康集團旗下至少 130 萬名員工，有些員工有消費者貸款的需求，富士康旗下的小額貸款公司富金富可挺員工，詳見表二第二欄。
2. **進可攻**：藍領勞工消費者貸款商機 2019 年約人民幣 1.7 兆元，富金富第二階段才針對集團員工以外人士營業。

五、經營績效

根據陸方「清洗消費金融」的文章，認為富金通對富士康的員工兩項貸款業務皆不好推動，主因如下：年資淺（未達 6 個月）員工多、薪水低（能貸金額低）、消費力低（存款動機強，在工廠場內消費機會少）。

表一　富金通金服公司旗下 9 家公司

顧客資產負債表

資產面
- 保險代理公司
- 基金管理
- 資產管理
- 股權投資基金

負債面
- 擔保公司
- 小額貸款：2015 年 8 月成立，在深圳市富金富信息技術公司，資本額人民幣 1 億元
- 租賃

表二　富士康集團旗下富金通金服貸款業務

單位：人民幣

針對供應鏈		對個人：富金富金融網路	
	時間	第一階段：2016.12 ～	第二階段
	種類	對員工	對外界人士
2016 年 6 月宣布，由「富有貸」網路平台負責，針對富士康合格供貨公司提供線上申辦服務，最高貸款金額 100 萬元，優於銀行的融資服務與效率。	一、富寶貸：現金貸款 二、富分期	・單筆：5,000 元上限 2 萬元 ・利率：月利率 1% 以上 ・2017 年開放提現功能 消費分期付款，員工購買自有店的 3C 產品、家電商品等。	特定人士主要為白領、藍領等勞工提供消費分期信貸、現金貸款、個人理財等金融服務。 利率：月利率 1.5% 以上，2016 年 12 月 13 日，經濟日報報導，跟網路放款仲介公司「我來貸」合作（我來貸 2016 年 10 月起專攻白領、藍領勞工貸款）。

資料來源：部分整理自工商時報，2017 年 1 月 9 日，A3 版，黃欣。2017 年 6 月 8 日，陸「網貸之家」的文章，作者是「清洗消費金融」。

中國大陸網路放款仲介公司

一、必要條件

中國大陸網路貸款仲介業的興起，必要條件是信用邊緣人太多。

二、充分條件：閒錢太多

1. 1990 ～ 1999 年：一年期存款利率 10%

由下圖可見，1983 年起經濟成長率約 10%（1989~1990 年六四事件例外），高經濟成長率加上高物價物價上漲率（1990 年約 10%），此時一年期定期存款基準利率約 10%。

2. 2001 ～ 2010 年：存款利率 2.5%

此階段經濟成長率低於 10%，2003 年起，因產能過剩，公司、政府投資減少，向銀行貸款需求減弱，銀行閒錢多，大幅降低存款利率到 2.5%。此時，人民、公司紛紛尋求比定存更高報酬的投資，第一家銀行是光大銀行，2004 年 2 月獲銀保監會核准的外幣理財商品（陽光理財 A 計畫），9 月人民幣理財商品（B 計畫），各銀行紛紛推出，號稱「銀行商品元年」。2007 年首家網路借貸公司「拍拍貸」在上海市成立，這是銀行以外的投資管道，投資人報酬率 18% 以上。

3. 2011 年起：存款利率向 1.5% 探底

2011 年經濟成長率 9.55%，2012 年 7.86%，每年下滑。2012 年放寬存款利率浮動區間下限，2012 年 7 月起逐漸下降，到 2015 年只剩 1.5%。2018 年網路貸款業有 5,000 萬人註冊（當投資人、借款人），每月交易金額人民幣 1.3 兆元。

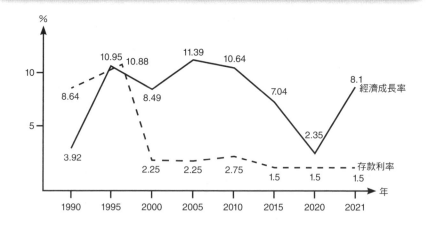

中國大陸經濟成長率與一年期存款利率

中國大陸網路放款仲介公司（正常營運）

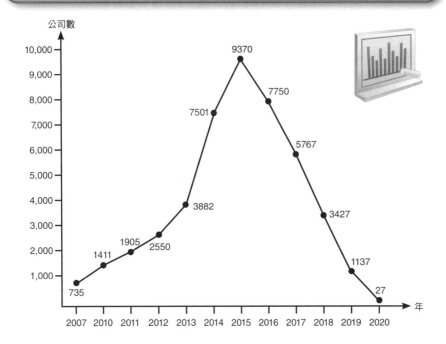

公司數

- 2007：735
- 2010：1411
- 2011：1905
- 2012：2550
- 2013：3882
- 2014：7501
- 2015：9370
- 2016：7750
- 2017：5767
- 2018：3427
- 2019：1137
- 2020：27

年

中國大陸青年消費報告

時：2021 年

地：中國大陸

人：中銀消費金融公司，中國銀行旗下與聯合時代數據（Datagoo）

事：發表〈青年消費報告〉

- 1990 年後出生人數 1.75 億人
- 負債比率占 86.6%
- 平均負債金額：人民幣 12 萬元
- 貸款用途：60% 以上貸款用途用於提高生活品質（包括休閒）

推論：「先享受，後支付。」

貸款來源：例如螞蟻金融科技集團旗下的「花唄」；分期付款買手機。

臺灣的網路放款仲介公司

2016 年 3 月，臺灣的經濟部接受網路放款「仲介」公司的設立申請，四家公司陸續成立，基於臺灣的網路放款仲介公司前景小，本書以一單元簡單說明。

一、市場定位

用個比喻，臺灣的租賃公司大都是承作銀行「不能」（例如：營業租賃）或不想作（存貨融資）業務，所以租賃的利率比銀行貸款利率高。

1. **銀行的威脅**：銀行其他消費者貸款利率 3%，且申請信用卡門檻低（20 歲，且有工作，同一公司資歷 6 個月以上）。

2. **網路放款仲介公司**：由右表可見，放款仲介網站向借款人收 3% 的手續費，再加上 8% 的借款利率，合計至少 11%，比銀行信用卡平均循環利率 10.66% 高，遠高於其他消費者貸款利率的 3%。這逼得網路貸款仲介公司市場定位在銀行授信邊緣人。

以此來說，網路貸款仲介公司的對手不是銀行，是小額貸款公司、當鋪、地下錢莊。

二、三家公司的經營方式

由右表可見，三家公司經營方式大同小異，第四家是臺灣資金交易所。

1. **授信的徵信審查跟銀行一樣**：由於網路放款仲介公司不是銀行，無法向聯合徵信中心連線查詢貸款申請人的信用紀錄，所以請貸款申請人自己向聯徵中心申請「個人」或「家庭」信用報告。

2. **宣傳詞遠大於經營績效**：臺灣的網路放款仲介公司的經營階層的發言大都「高來高去」，經營績效卻「醜媳婦不敢見公婆」，沒有公布一年的貸款餘額。

銀行與網路放款仲介公司的市場定位

2020 年 12 月

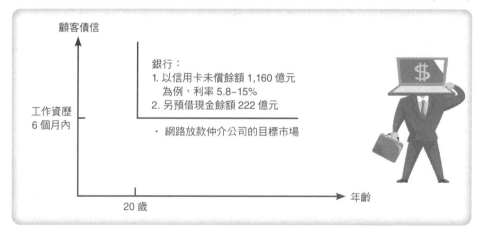

顧客債信

銀行：
1. 以信用卡未償餘額 1,160 億元為例，利率 5.8~15%
2. 另預借現金餘額 222 億元

· 網路放款仲介公司的目標市場

工作資歷
6 個月內

20 歲　　　　　　　年齡

臺灣三家網路放款仲介公司

項目	鄉民貸	LnB 信用市集	哇借貸
成立日期	2016 年 3 月 22 日	2016 年 4 月 17 日	2016 年 5 月
一、資金來源			
1. 公司	鄉民貸股份有限公司	瑞保網路科技	漢唐光電（2404）轉投資
2. 資本額	1,111 萬元	1 億元	1.89 億元
二、核貸			
1. 投資人	本國國民，滿 20 歲 投資人為進階會員，一般會員透過購買債權的方式，成為投資人。	同左 投資人為條件式受益人。	同左 WOW 帳戶與「太陽神第三方金流」帳號（註：網路代收代付）。
2. 借款人	同上 要求借款申請人自行提供聯徵信用報告，還會詳查證件及實際照會，甚至會透過社群網路系統進行身分查詢。聘請東吳大學會計系教授兼商學院研究發展中心主任沈大白領導風險控制小組。	20~55 歲 1. 借款人為信託委託人。借款人必須出具聯徵資料，及對於貸款人視訊照會等，以防制洗錢與四步驟徵信。 2. 借款人須提撥準備金。準備金比率至少 1%、手續費至少 1,000 元，假設借款人借 10 萬元，信評等級最高的 A 級客戶，只能拿到 9.8 萬元。一旦發生壞帳，網路放款仲介公司會從準備金中代償，A 級戶可享 100% 的保本率，不算仲介費的話，視同可全額拿回本金。按市場機制，隨時調整保本率。	滿20歲國人、有固定工作（6 個月以上薪資或在職證明）、WOW 帳戶與太陽神第三方金流帳號。
3. 投資人利率	4~20%	未公布	固定利率
4. 借款人借款利率	0~19.92% 平均 3.2~8.2%	2.2~19% 共 15 級，另有保本率 設立信託帳戶，不經手金流	最高月利率 1.605%
三、網路向「進階會員」收費			
1. 對出借人	收取會費	—	—
2. 對借款人	3% 手續費	—	—

資料來源：行政院金管會。

2016 年陸 10 大網路貸款仲介公司

人民幣：億元

排名	累計金額	投資人平均參考報酬率（％）	網路貸款仲介公司	公司位置	成立時間
1	2,120	7.88	陸金所	上海市	2012.3
2	2,013	8.86	紅嶺創投	廣東省深圳市	2009.3
3	1,454	-	網信理財	北京市	2013.8
4	757	15.77	PPmoney	廣東省廣州市	2012.11
5	733	7.63	鑫合會	浙江省杭州市	2013.11
6	715.5	7.80	微網貸	同上	2011.8
7	535	9.09	小牛在線	深圳市	2013.6
8	512	8.38	翼龍貸	北京市	2012.7
9	469	9.77	團貸網	廣東省東莞市	2012.7
10	429	12.24	宜貸網	上海市	2014.1

資料來源：中國大陸虎嗅網，2017.1.11，來自今太媒體。

註：網貸之家（是蒐集網路貸款仲介行業的網站）其排名跟本表不同，2017.8.20。

時：2011 年 10 月
地：上海市
人：網貸之家
事：號稱中國大陸第一家權威的網路貸款（仲介）業的入口網站

第 9 章

銀行策略管理

Unit 9-1　金融科技對銀行業的衝擊：全球和中國大陸

金融科技對全球銀行業的衝擊，主要反應在支付、貸款（和存款）兩部分。本單元先拉個全景，先看全球。

一、資料來源

由下表可見，有關全球自動櫃員機、銀行分行的數目，皆有權威機構在統計。

二、全景：對商業銀行分行數影響

由右圖可見，全球經濟的人均總產值約 12,000 美元，還在成長，所得效果會增加對銀行分行的需求，尤其在新興國家。

三、近景：中國大陸銀行

時：2020 年 11 月 30 日

人：中國大陸銀保監會

事：發布「金融許可證信息統計」，近 200 家銀行 2019 年分行達到高點 101,610 家，2020 年減少 340 家，剩 101,270 家。

四、2020 年起，全球自動櫃員機數目衰退

2020 年，中國大陸的銀行就撤銷了 8.38 萬台自動櫃員機，是第一年衰退，剩下 101 萬台。這也是全球自動櫃員機數目衰退主因。

全球自動櫃員機、商業銀行分行數統計

時	每年	每年 11 月 17 日
地 人	英國倫敦市 零售銀行業務研究公司（Retail Banking Research）	美國華盛頓特區 國際貨幣基金
事	1992 年成立對全球自動櫃員機數目每年統計，甚至預測未來 5 年	旗下 "Financial Access Survey" 有： 1.全球商業銀行分行數，2020 年每 10 萬位成人 14.14 家分行 2.經濟合作組織（OECD，不含英國）為例，2007 年高點 28.66 家，2020 年 18.3 家

全球網路放款仲介侵蝕銀行放款 0.127%

時：2020 年 12 月 7 日（2013 年 3 月起，每季一次）
地：瑞士
人：國際清算銀行
事：在〈Credit to the non-financial sector〉中，針對 40 國的銀行統計如下。

（單位：兆美元）

	2017 年	2019 年	2020 年	2021 年
(1) 銀行對銀行以外放款	67.36	123.26	135	147
(2) 網路貸款仲介餘額	0.087	0.157	0.2	0.291
(3) = (2) / (1)	0.13	0.127	0.148	0.198

全球每 10 萬位成人（商業）銀行分行數與 ATM 數

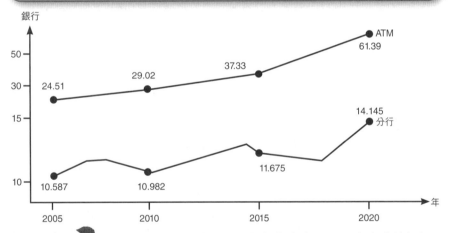

資料來源：國際貨幣基金，ATM 來自世界銀行。

全球自動櫃員機數目

單位：萬台

年	2016	2017	2018	2019	2020	2024
一、全球	--	327.24	324	--	350	322
二、中國大陸	92.42	96.06	111	109.77	141.39	88
三、美國	--	43.74	47	--	--	--

資料來源：部分整理自 ATM marketplace。

Unit 9-2　數位銀行經營方式對美國銀行業的衝擊

　　2009年起，歐美的銀行分行數目大減，數位科技的推動，數位銀行愈來愈多，機器取代行員，所以分行一家一家關。

一、科技取代勞力密集員工

　　科技取代勞力密集員工：工業4.0逐漸會取代部分勞工。

1. **被機器人取代的勞工成為「數位難民」（digit refugee）**：2016年1月23日，《英國時報》報導，商用軟體公司賽富時（Salesforce）公司總裁班尼奧夫（Marc Benioff, 1964～）說明，人工智慧創造許多「數位難民」。微軟公司董事長納德拉（Satya Nadella, 1967～）說，勞工成為科技發展之下的犧牲品而助長民粹主義，是「科技業2016年學到的最大教訓」。微軟及IBM都開始強調，人工智慧將「補足」人力缺失，而不是取代人力。

2. **所得分配惡化**：IBM總裁羅梅蒂（Ginni Rometty, 1957～）表示，「科技助長貧富不均並使財富聚集到少數人手中」是2017年最重要的議題。

3. **補破網**：微軟創辦人比爾・蓋茲表示：「科技業必須思考如何透過教育等方式來維護勞工權益，也應檢討過去轉移就業市場的作法是否恰當。」（工商時報，2017年1月24日，A8版，陳穎芃）

二、銀行家數減少

　　由下頁圖可見，美國銀行家數逐年減少，主要是各州的地區銀行（比較像臺灣的信合社）經營項目少，漸漸被全國性銀行淘汰掉。

三、銀行分行數2010年起衰退

　　1990～2009年銀行的分行家數成長，一年增加2,730家分行。2010年起，分行數目衰退，一年少967家分行。一般有二個原因：大銀行合併裁撤地區重疊分行；另一是銀行數位轉型，撤C級分行，第三原因是被網路金融公司取代部分業務。

　　另一個證據是「每10萬成人分行數」，在2009年高峰有35.91家，2020年只剩30家分行。

美國銀行與分行數目

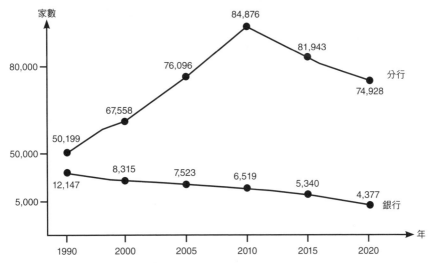

資料來源：美國聯邦存款保險公司（FDIC），2021年9月。

註：分行數高點2009年85,566家。

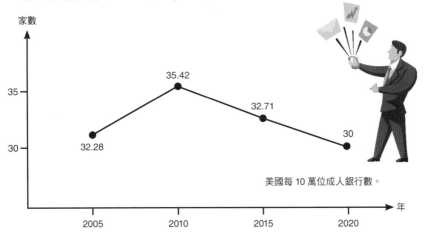

美國每10萬位成人銀行數。

註：高點在2009年35.91家。

2030年美國一半勞工工作被機器（人）取代

時：2017年7月20日
地：美國印第安那州
人：州立波爾（Ball）大學商業與經濟研究中心
事：預估美國半數工作可能被機器人取代，其中約25%工作可能流失至海外。
　　最可能被機器人取代的工作通常是低薪職務，例如：資料輸入人員、電話行銷人員和手工縫紉工，這些工作平均年薪不到3萬美元。

金融科技對銀行業的衝擊：臺灣

金融科技對臺灣銀行業的影響，分兩方面：金融科技營運公司對銀行業衝擊 1% 以下；銀行業採用金融科技，員工數仍在增加。

一、金融科技公司對銀行的衝擊

開宗明義的說，金融科技公司在行動支付、網路放款兩方面，對銀行幾乎沒有影響。

1. **網路貸款：**由於臺灣的銀行家數多，競爭激烈，貨款申請審核時間快（有銀行號稱信用卡申請線上申請 30 分鐘即可核准）、利率低，因此銀行弱勢人士（大都只剩下一些計程車司機等）人數少，貸款金額低。以網路貸款餘額 100 億元來說，跟本國銀行貸款餘額 33 兆元比，只占萬分之 3，無足輕重。

2. **手機支付對銀行自動櫃員機數目影響：**以 2022 年預估手機支付 6,000 億元為例，與銀行支付業務中的自動櫃員機交易金額 13.3 兆元，僅占 4.5%。銀行支付業務還包括電匯、支票支付、臨櫃轉帳、網路轉帳。2019 年 4 月，財金公司降低自動櫃員機轉帳費用：個人對個人一天一筆 500 元以下，免轉帳費；501 ～ 1,000 元者，轉帳手續費 10 元；1,001 元以上，手續費 15 元。

二、本國銀行運用金融科技的影響

1. **對分行數目影響：**由右表可見，2014 年分行數達高點 3,460 家，主要是銀行間合併裁撤一些分行。2019 年降至低點 3,400 家。

2. **對僱用員工數目影響：**2011 年 135,584 位員工，2022 年預估 155,000 位，11 年增加 19,416 人，平均一年增加 1,765 人，但 2023 年起，員工數可能減少，反應 2020 年 2 月起，人口衰退。

3. **對自動櫃員機數目影響**
   - 自動櫃員機數目或成長率：由 2011 ～ 2022 年 11 年來說，平均每年增加 730 台，平均成長率 2.84%，比經濟成長率略低。
   - 2020 年裁撤自動櫃員機的銀行——星展銀行：2017 年起，中國大陸星展銀行全面撤除自動櫃員機，2019 年 12 月，在臺灣，1 家分行 1 部機，40 家分行 40 部機。

金融科技業對臺灣本國銀行業的衝擊

新臺幣：兆元

年	2010	2015	2018	2019	2020	2022
一、經濟						
1.總產值（兆元）	14.06	17.055	18.342	18.887	19.15	22.85
2.人口（萬人）	2,314	2,346	2,358.8	2,360	2,356	2,351
二、貨幣						
3.放款	18.735	22.60	24.77	25.95	28.03	33
4.其他消費性放款	0.703	0.858	0.9265	0.97	1.124	1.13
5.網路放款	--	--	--	--	--	--
6.存款	23.2	30.59	33.35	34.93	38.383	44.27
7.稅前淨利	0.1832	0.3196	0.3342	0.3607	--	0.3556
三、支付						
8.手機支付	--	（2016年起）	474	1,782	3,900	6,000
9.自動櫃員機數	25,711	27,240	29,612	30,495	31,100	33,700
10.銀行家數	38	40	38	37	38	40
11.銀行分行數	3,334	3,444	3,407	3,411	3,409	3,400
12.本國銀行員工（萬人）	13.43	14.52	15.13	15.42	15.48	15.5

資料來源：金管會銀行局。2022 年數字為本書預估。

銀行損益表結構：
2021 年臺灣三十八家本國銀行

一、資料來源

中央銀行金融業務檢查處每年 3 月 25 日發布的〈本國銀行營運績效季報〉，會有去年全年的經營績效，在右頁表中有「本國銀行綜合損益表」為例。

二、一般公司損益表架構

基於上述「經營績效」二分法，來分成利息、利息以外，分別計算損益，不易看全貌。本書依據一般公司損益表架構予以重新排列。

1. 本業營收：「80：20」原則的運用

套用「80：20」原則，可見銀行 9,444 億元營收，約 75% 來自利息收入（主要是放款）；25% 來自利息以外的手續費收入，主要是財富管理（保單、基金銷售）、支付業務（ATM 轉帳等）。

2. 營業成本率 23.8%

分成兩中類：原料，即利息費用，約占 20%；直接人工類的手續費費用，約占 4%。

3. 營業費用率約 53%

營業費用中，有很大部分是放款呆帳準備等。

4. 營業淨利

營業淨利率約 23.44%。

5. 營業外收入支出淨額

銀行自營的股票、債券、外匯投資收入，視為營業外收入，營業外支出包括相關財務成本（主要是利息費用）與例外損失（例如：火災等）。

6. 公司所得稅費用與其他損益

包括表中兩中類。

7. 淨利

淨利率約 26%。

2021 年臺灣本土籍銀行損益表

單位：億元

	小計	%	細項	100%
營收	9,444	100		
・利息收入			7,055	74.7
・手續費收入			2,389	25.3
－營業成本	2,248	23.8		
・原料：利息費用			1,857	19.66
・直接人工：手續費費用			391	4.14
＝毛利	7,196	76.2		
－營業費用等	4,982	52.76		
・營業費用			4,509	47.74
・其他			473	5.02
＝營業淨利	2,214	23.44		
＋營業外收支淨額	1,174	12.42		
＝稅前淨利	3,387	35.86		
－所得稅等	894	9.46		
・公司所得稅			430	4.55
・其他損益			464	4.91
＝淨利	2,493	26.4		

金控公司的公司策略：臺灣三家純網路銀行

金融控股公司如其名，只是「投資」旗下子公司，本身沒有營業部門，所以有關金控公司的報導，大部分偏重人事、投資面。面對數位金融的發展，本單元以兩家壽險、一家銀行為主的金控公司來說明。

一、組織設計

由右表可見，金控公司在「數位金融」業務的組織設計如下：

1. **大都是專案辦公室**：專案辦公室類似政府的「委員會」組織。
2. **辦公室的召集人大都是小老闆**：專案辦公室的召集人，大都是金控公司家族的第三代子女。

數位金融金控公司是董事長家族第三代最熱門的新較勁舞台，例如：新光金控成立數位金融小組，由新光金控董事長吳東進的小女兒吳欣儒領軍；遠東集團董事長徐旭東讓兒子徐國安擔任創新長。數位金融需要摸索和創新，第三代比起管理者，敢衝與不怕犯錯的籌碼比較多。（摘自商業周刊 1446 期，2015 年 8 月，第 41 頁）

二、成長方向

依本書第 3 章把「金融科技」分成兩個行業來分析金控公司的成長方向。

1. **數位科技**：例如：資訊安全中的生物辨識等。
2. **數位金融**：大部分偏重手機支付（包括匯兌）、機器人理財等。

三、成長方式

集團成長分成兩種：

1. **內部成長**：主要是由旗下的銀行等成立「部」（一級單位）、「處」（二級單位）發展；但中信銀行「處」比「部」大。
2. **外部成長**：主要是由金控公司旗下創投公司去投資金融科技公司，到第二階段，再由銀行等出面，此時已可支援銀行數位銀行業務。

臺灣三家純網路銀行概況

名稱	樂天銀行	連線銀行	將來銀行
資本額	100 億元	100 億元	100 億元
大股東	日本樂天 51% 國票金 49%	LINE Financial 臺灣持股 49.9%，臺北富邦銀行持有 25.1%	中華電信持有 43%，兆豐銀行 25.1%、新光集團 14%、全聯實業 9.9%、凱基銀行 7%、關貿網路 2.1%
董事長	簡明仁	黃仁埈	鍾福貴
對外營業	2021 年 1 月 19 日開業	2021 年 4 月下旬對外開業	2022 年 3 月 29 日

三家金控公司在數位金融的管理

管理	中信金控	國泰金控	富邦金控
一、組織設計	2016 年 4 月中信金控數位金融處 處長蘇美勳 2016 年 6 月開發金控創新科技金融處副總周郭傑	2015 年 10 月成立數位暨數位發展中心（簡稱數數發），國泰世華數位金融部由蔡宗翰（國泰金控董事長蔡宏圖兒子）領軍。另，國泰金資深副總經理孫至德參與。	2015 年 11 月成立「創新科技辦公室」，以「科技金融為基礎，結合相關業務，推展創新科技之客戶服務導向」為目標，專注在電子支付、大數據庫、生物辨識、異業結盟四領域。創科辦總召集人蔡承儒（金控集團副董事長蔡明興的長子），另，企業安全督導副總經理李相臣執行，編制約十多人。
二、經費	「10E+ finnovation 數位方舟計畫」10 億元資金來自金控下的銀行、創投、證券、人壽四家子公司，以金控公司的數位金融處作為單一窗口。	—	—
三、成長方式	1. 扮演策略投資人角色。提供各種金融科技茁壯所需的金融產品轉介海外業務合作機會。 ・跟育成中心 Garage+ 及創業輔導協會（AAMA）合作，提供經營管理資源。 ・開放金控「開放應用程式介面」平台給潛在投資對象研發新產品，希望培植國內數位金融人才，共創平台經濟，打造金融科技生態系。（整理自經濟日報，2016 年 4 月 8 日，A5 版，陳瑩欣） 2. 2017 年 1 月 24 日，跟以色列金融科技育成中心 The Floor（詳見 Unit 9-7）成為合作夥伴。	1. 參加國內外加速器。2016 年 12 月 29 日加入美國加州矽谷知名創投加速器平台 Plug and Play，並成為「FinTech 主題」核心會員。該平台事業版圖跨及 24 國，自 2006 年創立以來募集 35 億美元以上，例如：第三方支付平台貝寶、線上儲存服務公司 Dropbox，及放款俱樂部。（整理自工商時報，2016 年 12 月 30 日，A1 版，魏喬怡） 2. 產學合作。 3. 跟金融科技公司合作。 4. 直接投資。	—

玉山金控公司的數位銀行進程

圖解數位科技：金融科技與數位銀行

玉山金控旗下擁有銀行、證券、創投等子公司，核心子公司玉山銀行為主要獲利來源，2020 年全年挹注母公司淨利數億元。本節我們挑選玉山金控公司是因其國內外得獎無數、高曝光度（因此資料可行性高）。

一、目標：應用程式介面銀行

2016 年 4 月 4 日，玉山銀行董事長曾國烈（2020 年 6 月卸任）表示：

「玉山銀行打造應用程式介面銀行，以便讓消費者所到之處（例如：商店）透過手機，皆可連結到銀行的服務。」（摘修自經濟日報，2016 年 4 月 5 日，A12 版，吳曼筠）

以塑造「場景金融」（sense finance 或 scenario-based financial service），銀行「從一處場所變成一種行為」，銀行的服務無所不在（ubiquitous）。

「應用程式介面」（application programming interface, API）由持有者提供連結，讓他人使用。舉例而言，玉山銀行跟知名美妝商店 86 小舖合作「揪好賣」平台，消費者只要推薦平台上的商品給親友，並售出此商品，即可獲得回饋金。該商店善用口碑行銷，利用親友間滾雪球般的傳散能力，達到販售目的，這是由玉山銀行提供的應用程式介面的鏈結，讓消費端連接到支付工具，順暢交易過程。

二、經營績效

玉山金控、銀行得獎無數，以 2020 年來說，舉兩個例說明。

1. 數位轉型

2020 年 9 月 30 日，美國國際數據公司（IDC）的數位轉型獎中的「資訊與數據轉型領導者獎」，由玉山銀行獲得。

2. 國際知名財金雜誌肯定

- 榮獲美國知名財經雜誌《全球金融》（*Global Finance*）頒發 2020 年「臺灣最佳銀行」大獎。
- 入選英國《銀行家雜誌》（*The Banker*）全球品牌調查排行榜，蟬聯臺灣銀行業「品牌價值第一名」。

玉山金融控股公司事業版圖

成立：2002 年 1 月 28 日
子公司：分成金融業三個行業，如下
銀行：玉山銀行，在柬埔寨有「聯合商業銀行」，持股比率 100%，12 家分行
保險：玉山保險經紀人
證券：玉山綜合證券、玉山創業投資

玉山金控在數位銀行的管理活動

管理活動	玉山金控的作法	說　明
目標	玉山金控認為，企業經營的最終目的，在於與社會永續共存、追求世界更美好。玉山金控總經理黃男州表示，企業社會責任是玉山金控對於這片土地許下的承諾。2015 年提出總資產規模三年力拼 2 兆元的目標，2017 年可達標。	透過有目的、有系統、有組織的規劃，實現玉山金控企業社會責任。從公司本身做起，在經濟、社會及環境等面向，結合金融專業推動創新力，發揮團隊合作，凝聚整合力，鼓勵社會參與及擴大影響力，為社會付出愛與關懷。
一、策略	「3i 策略」： 1.創新力（innovation）是以不一樣的創新思維突破既有限制。 2.整合力（integration）是立足更高的思考點，從「線」、「面」的方式思考，進而串起每個「點」，為社會創造更大的價值。 3.影響力（influence）是玉山金控從自身作起，期望能拋磚引玉，感染更多的公司以及社會大眾共襄盛舉，相信「一個微笑可以牽引另一個微笑，一份愛可以牽引更多的愛」。	在關懷顧客方面，以優質的顧客服務為核心，發展金融創新商品和服務，並強化資訊安全，用心守護顧客資產與權益，致力提供兼具便利與安全的金融服務。 1.在便利性上，結合數位科技與跨業合作夥伴，打造支付生活圈與數位金融服務。 2.在安全性上，建立全面品質管理文化，重視風險管理，精進個人資料保護，通過 ISO 27001 資訊安全管理系統認證，並建立市場重大事件因應機制，用心守護顧客資產。 自 2012 年起，巨大機械及各地方政府合作推廣 YouBike，提供金流等相關支援，結合玉山為悠遊聯名卡最大發卡行的優勢，鼓勵顧客共同響應，並持續擴大影響力。
二、組織設計	二級單位：成立數位金融處 2017 年成立「創新實驗室」。	2016 年 2 月中旬，玉山數位分行（i-branch）開業。
三、獎勵制度	提供高於業界優渥的待遇。	在關懷員工方面，為了培育管理人才，玉山金控跟臺灣大學高階管理教育發展中心 SEED 合作，於 2015 年完成玉山卓越學院領導梯隊培育班共三期的課程，期間歷時兩年半，共 160 位玉山中高階主管參與，及約 300 位主管選修。
四、企業文化	玉山金控長期關注節能減碳與生態保育，整合跨業合作夥伴，結合本業開拓經費來源，鼓勵社會大眾參與，以創持續運作的正向循環。 2015 年玉山金控簽署成為「赤道原則」金融機構會員，跟客戶在專案融資放款共同努力，在促進經濟成長的同時，也能以智慧、策略兼顧社會與環境永續。 在生態保育方面，發行玉山台灣黑熊認同卡，透過認同卡顧客的愛心，提供經費支持，並跟臺北市立動物園、黑熊保育協會等共同推廣動物保育。	在公司治理方面，玉山自成立之初即建立誠信經營與專業管理者領航的企業文化，精進公司治理制度及作為、提升資訊揭露透明度，透過多元管道跟各利害關係人溝通，以兼顧利害關係人之權益。 2007 年玉山成立公司治理暨提名委員會，並建立獨立董事制度，由專業與聲望兼具的專家學者擔任獨立董事，組成審計委員會，強化董事會職能。創下臺灣金融業首家入選「道瓊永續世界指數成分股」、連續三年入選「道瓊永續指數」金融業紀錄。
五、用人	因應金融科技的發展趨勢，近年來延攬的數位金融人才來自各領域，包括網路社群經營、網路、有顧客體驗經驗者。	職位相對較多樣化，包括數位行銷專才、社群經營、數位分析、資訊科技等。
六、領導型態	玉山銀行堅持誠信正直、清新專業的核心價值。	2015 年黃男州榮獲香港《財資雜誌》（The Asset）亞洲最佳金融業執行長的肯定。
七、領導技巧	只要是對顧客有利的事，都應該是銀行要做的事。	2016 年 4 月底，外資持股比率 56.01%，為國內金控最高。

資料來源：大部分整理自經濟日報，2016 年 11 月 23 日，A18 版，曾桂香。

Unit 9-7 銀行轉投資金融科技公司

　　銀行業淨利高，財力不是問題，對本業所需技術大都採取內部成長方式，針對金融科技也是如此，針對資訊技術（例如：大數據分析）常是「找人來做做看」。碰到「太新」的、超過銀行人員的經驗值，採取「撿現成」方式，以在前院種花為例，有些是買花苗、有些是買成熟花、有些是投資種花場。

一、法令轉投資限制

　　政府為了健全銀行經營，以銀行法等法令對銀行的金融、直接投資皆有（例如：淨值）比率限制，在這大天花板下，2016 年金管會對銀行投資金融科技公司又有設限，詳見表一。大型銀行淨值常在 2,000 億元以上，金融科技公司大都股票未上市，「估值」頂多 10、20 億元，銀行則全吃，是大鯨魚跟小蝦米的差別。

二、銀行謹慎

　　由表二可見，銀行對金融科技公司的投資案例鳳毛麟爪，原因如下：
1. **國外的案源不成熟**：金融科技仍在發展中，網路金融公司處於本夢比狀態中，要找到好案子不容易。
2. **臺灣的案源太少**：臺灣在金融科技的公司數目很少，大部分的新興公司都集中在手機遊戲等進入門檻低的行業，金融科技的進入門檻（人才數目、資金金額、技術難案）較高。

三、2020 年以後才可能雲開見月

　　於金融科技的運用需要銀行試辦等，到全行實施，須時 1 ～ 2 年，所以銀行在金融科技的投資，於 2020 年開花。

以色列有 560 家金融科技公司（新創）

1. 政府：以色列政府在立法及稅率支持新創公司，2016 年合併首席科學家辦公室（Office of Chief Scientist）及工業研發中心（MATIMOP），成立以色列創新科技部（Israel Innovation Authority），專責扶植研發產業。
2. 500 家以上金融科技公司：勤業眾信（Deloitte & Touche）2016 年報告指出，以色列聚焦在資訊安全，認識顧客、機器人理專等領域，以色列有 200 家以上的資安公司，資安產業的出口總額一年 35 億美元。從以色列發跡後，業務擴展至全球，如社群投資平台 e 投睿（eToro）、跨境收款平台派安盈（Payoneer）等。
3. The Floor：是以色列第一家以金融科技為核心項目的金融科技育成中心，坐落於特拉維夫（Tel Aviv-Yafo）市股票交易大樓，連結以色列 400 家的金融科技公司資源。國際金融機構如巴克萊銀行（Barclays）、花旗銀行（Citi）及威士（VISA）在以色列都設有創業加速器。

表一 金管會對金融業金融科技公司投資限額

金融業

金控	認定相關，最高可持股 100%，投資金額未設上限。
銀行	認定相關，最高可持股 100%，合計不逾銀行淨值 40%。
保險	認定相關，最高可持股 100%，合計不逾保險公司淨值 40%。
證券	可在淨值 40% 內投資。

資料來源：金管會。

表二 銀行對金融科技公司的投資

銀行	轉投資	收購或合併
一、台北富邦銀行	2016 年 11 月 2 日，斥資 1,200 萬英鎊投資英國 Nutmeg Savings and Investment 公司，台北富邦銀行執行副總黃以孟表示，藉由認購增資股權，進行策略合作並由技術移轉，引進機器人理財業務，共同開發大中華區理財市場。（經濟日報，2016 年 12 月 23 日，A12 版，韓化宇）	2011 年在英國，Nutmeg 公司成立，是英國最大機器人理財公司，管理資產約 6 億英鎊，顧客數 2.5 萬人，受英國金融行為監管局（FCA）監管，提供的金融服務被歸類為機器人理財服務。服務訴求是利用金融科技透過網路網頁，讓一般小額顧客享受到以往只有高端顧客才能享有的全權委託代操服務，其投資標的為全球各類型證交所股票指數型基金。
二、玉山銀行	· 投資「金財通」公司 2.24 億元，持股比率 64%。 · 投資「雲端生活家」。 · 玉山金控旗下玉山創投投資風尚數位公司。	這是金融科技在零售業收付的運用。
三、第一銀行	2016 年 3 月 29 日，跟宏誌科技公司合資 5,000 萬元，成立騰雲科技服務公司，一銀持股 40%。	

Unit 9-8 銀行在數位銀行業務的任務編組與企業文化

　　新科技造成「經營方式」的改變，銀行的董事會、總經理在組織設計、企業文化皆需改弦更張。

一、任務分組

　　銀行碰到跨領域等業務時，在「經營」、「管理」兩個階層，大都會設立委員會式的協調組織來「會診」。

1. 經營層的董事會下設數位銀行委員會。
2. 管理層的總經理下設專案委員會：由右表可見，幾家公股銀行各成立一些專案小組，針對金融科技等進行分工。
3. 分行的功能逐漸萎縮成行銷據點：臺灣中小企銀忠孝分行鐘志正對銀行業的觀察，他認為大趨勢是愈來愈多的分行業務（例如：授信案的審核）會換到地區或總行作業中心，最重要的授信風險管理，其次才是成本考量。

二、企業文化：銀行變科技公司

　　歐元雜誌，二次評為「全球最佳數位銀行」的星展銀行全球創新長（chief innovation officer, CIO）克諾斯（Neal Cross）接受《天下雜誌》專訪時說：「我不知道未來銀行會變怎樣，但我知道會跟現在很不一樣。我們能做的是，讓銀行文化變得像科技公司，才能快速適應變化。」2014 年由星展銀行總經理高博德（Plyush Gupta）領軍，啟動數位改革。跟新加坡政府一起辦黑客松，培育新創小組，在銀行內部推動設計思維（Design Thinking）的訓練，希望塑造星展「解決問題」的文化。「我們讓銀行員能像創業家一樣思考。克諾斯觀察，過去星展開會時，有人提出瘋狂的想法，馬上有主管會說『不』，但現在情況完全不同，主管會改口說，那我們來做實驗吧！」（摘自天下雜誌，2016 年 1 月 20 日，第 101 頁）

中信金融控股公司事業版圖

成立：2002 年 5 月 17 日
住址：臺灣臺北市南港區經貿二路 168 號
標語口號：We Are Family
銀行業：中國信託商業銀行
保險業：台灣人壽
證期業：中國信託綜合證券、創業投資、資產管理、證券投資信託

公股銀行在數位銀行業務的委員會

銀行	說　明
一、臺灣銀行	二個專案：改善消金顧客關係管理效能暨大數據建置的規劃，以因應精準行銷需求，建置顧客行為資料探勘模型。 1. 新建統計分析工具與預測模型、大數據顧問服務。 2. 語意層調整、新增資料源、擴增大數據資料儲存與處理平台、客製化資料市集。
二、華南銀行	成立區塊鏈專案小組，運用區塊鏈技術，開發出數位價值傳遞與驗證的服務 HNOTE。這是債票券交易實驗環境，即時傳送債票券的買賣及交割訊息，並經 51% 獲准加入的節點進行驗證後完成交易，利用手機掃碼 QR code 後，直接查詢債票券交易結果。
三、第一銀行	2016 年初，成立大數據、區塊鏈、人工智慧、金融科技四項專案小組，跟臺灣大學金融科技暨區塊鏈中心合作。
四、彰化銀行	跟金融科技公司討論金融科技大數據平台合作方案。

資料來源：部分整理自工商時報，2016 年 9 月 26 日，A8 版，孫彬訓。

臺灣銀行 2017 年提升服務品質服務計畫

時：2017 年 1 月 9 日
地：臺灣
人：臺灣銀行
事：遵照「政府服務躍升方案」的計畫架構如下

分類	策略	策略細項	作法	期限	執行單位
基礎服務	服務友善	網路使用便利性	例如：網頁設計、檢索工具	經常性辦理	資訊處、企劃部、電子金融部

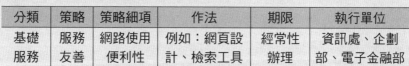

Unit 9-9　銀行的數位組織設計

　　公司的新業務的組織設計跟嬰兒長到成人一樣，都是逐年成長的，銀行的數位銀行業務亦是如此。

一、第一階段：2014～2015年數位金融「處」

　　在引進數位銀行業務，是先設二級單位數位金融「處」（註：中信銀行「處」比「部」位階高），小成本的找二家分行設立「數位銀行專區」試驗。

　　以永豐銀行為例，隨著顧客少到分行，永豐銀行認為未來，電話客服彌補了人的溫度。2016年成立500人的空中分行（即下表的數位金融處），占全行人數一成。除了跨售、客服，尚包括新空中理財和雲端開戶（ToGo）行員。

1. 2015年5月的線上業務：2015年5月上線的雲端開戶服務，民眾線上預約，1小時內專人聯繫，24小時專人到指定地點服務。ToGo團隊工作時間彈性，曾深夜出動幫800人開戶。
2. 永豐銀行商品總督導陳亭如說，把客服當虛擬網路的替代品，會覺得它貴，但看成分行的替代品，它就很便宜。
3. 空中理專也是電話客服精挑主動積極、肯學的人才，當成正式行員培訓，考取證照後轉作空中理專。（整理自天下雜誌，2016年1月20日，第107～108頁）

二、第二階段：2016年數位金融「部」

1. **數位金融部**：數位金融處升格為「部」，但仍是成本中心，支援各分行成立「數位銀行專區」或「智慧分行」。
2. **數位客服部**：客服部改為「數位」客服部。

三、第三階段：2018年起，數位金融「事業部」

　　此時，已成為利潤中心，且是事業部層級。

永豐銀行組織結構：業務方面

執行副總	商品	通路	國際金融
處長～副總	1. 法人金融處	分行營運處	海外業務處
	2. 零售管理處	通路營運處	
	3. 零售金融處	法令遵循處	
	4. 財富金融處	作業處	
	5. 數位金融處	資訊	

中國信託商業銀行總經理下轄組織結構

2022 年 1 月 1 日

一級單位	二級單位：業務（總處）	三級單位（處）
功能總處 ・管理：行政長	研發：科技金融發展中心 （一）人力資源 （二）財務 全球風險總管理處	下三處是獨立處： ・ 法務處 ・ 法令遵循處 ・ 投資處
一、全球資本市場 執行長	─	5 個處
二、法人金融暨國際事業執行長	（一）全球營運總處 （二）大中華區法金事業 　　　總處 （三）國際事業總處	2 個處 5 個處 2 個處
三、個人暨信用金融執行長	（一）客群營運總處	1. 通路經營處 2. 私人理財事業處 3. 財富管理產品處 4. 中小企業經營處 5. 信託事業處
	（二）科技總處	1. 數位平台經營處 2. 支付暨消金產品處 3. 數據暨科技研發處 4. 作業暨資訊處

Unit 9-10 中國大陸的純網路銀行

2015年起，中國大陸銀監會每年核准1家純「網路銀行」（陸稱互聯網銀行）成立，詳見右表。本單元說明網路銀行「有志難伸」。

一、SWOT 分析中的 OT 分析

1. **市場很大**：市調公司艾瑞諮詢估計，消費者貸款商機如右圖中第一象限，平均年成長率18%（2014年人民幣15.4兆元到2022年人民幣73兆元），比經濟成長率5.5%還快。

2. **威脅更大**：純網路銀行市場定位在於「網路交易」的融資，偏偏在這方面，有強勁「替代品」防守著（詳見右圖中第四象限），網路銀行占不到便宜。

二、SWOT 分析的 SW 分析

1. **優勢無用武之地**：純網路銀行強調（以新網銀行為例），顧客拿出手機自拍，上傳照片，透過人臉辨識便可開戶、轉帳甚至申請貸款。2015年12月25日，銀監會關於改進個人銀行帳戶服務加強帳戶管理的通知，開放遠「方」（臺灣稱為「端」）開戶。

2. **劣勢被放大**：許多銀行推出網路申請貸款的「閃電貸」，來跟網路銀行打對台。甚至不接受存款戶把錢轉入純網路銀行，斷了純網路銀行的存款資金來源。跟美國放款俱樂部一樣，有些陸方網路銀行替實體銀行介紹貸款申請人，賺點銷售佣金。

三、以微眾銀行為例

1. **富爸爸效應**：騰訊號稱「月活躍用戶數」（Monthly Active Users, MAU）12億人，以2016年微眾銀行（WeBank）年報來說，個人顧客7,000萬戶，貸款餘額人民幣1,630億元，平均每人貸款人民幣2,840元，利息收入占63.64%。

2. **2016年4月融資案觸礁**：2016年1月，微眾銀行打算進行A輪融資4.5億美元，盼能從新加坡淡馬錫及美國華平投資募到錢。2016年4月，融資案觸礁，主因是業績沒做出來。

3. **2015～2019年經營績效**

財報	2015～2019年經營績效 人民幣：億元				
	2015年	2016年	2017年	2018年	2019年
一、損益表					
1. 營收	2.449	24.49	67.48	100.3	148.7
2. 淨利	虧損	4.01	14.48	24.74	39.5
二、資產負債表					
1. 資產	96.3	520	817	2,200	2,912
2. 不良貸款率（%）	-	0.32	-	0.51	1.24

中國大陸網路銀行的 SWOT 分析

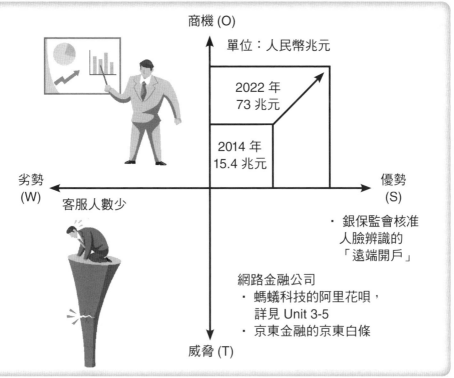

商機 (O)

單位：人民幣兆元

2022 年
73 兆元

2014 年
15.4 兆元

劣勢 (W)

客服人數少

優勢 (S)

・ 銀保監會核准
人臉辨識的
「遠端開戶」

網路金融公司
・ 螞蟻科技的阿里花唄，
詳見 Unit 3-5
・ 京東金融的京東白條

威脅 (T)

中國大陸的純網路銀行

銀行	微眾 （WeBank）	浙江網商 （My Bank）	四川新網 （XWBank）	百信
成立時間	2014.12.28 （開業）	2015.5.27	2016.12.27 （開業）	2017.7.21 （領照）
資本額 （人民幣）	30 億元	40 億元	30 億元	20 億元
母公司	騰訊 30% 百業源 20% 立業 20%	螞蟻科技 30% 復星工業 25% 萬向三農 18%	新希望 30% 小米 29.5% 四川紅旗 15%	中信銀行 70% 百度 30%
地點	廣東省深圳市 前海區	浙江省杭州市 西湖區	四川省成都市	北京市
董事長	顧敏	井賢棟	劉永好	李慶萍
業務	・小微企業貸款 ・消費者貸款	同左	同左	同左

金融科技和數位 3.0 是否會造成大規模失業？

例如：手機支付使「無人商店」變成可能，至少一般商店「少聘」收銀櫃檯人員，大部分的報刊都是一面倒。2017 年 8 月 19 日，一篇報導看得「更久」、「更廣」，得到結論是「不會」，分析如下表：

研究者	研究對象與期間	研究結論
奧圖（美國麻州理工大學）與所羅門（荷蘭烏特勒支大學，Utrecht）	19 國，1970 ～ 2007 年	1.有些工作會消滅。 2.總的來說，國家就業率會隨著總生產力的提高而上揚。
阿特金森和約翰‧吳，美國資訊科技與創新基金會（ITIF），在美國首都	美國，1850 ～ 2000 年	1.在引進鐵路和汽車的數十年後，有些行業（例如：馬車業）與工作（例如：電梯操作員）被取代。 2.1960 年代有 57% 工作項目已經不存在，其中受影響最大的職業包含辦公室職員、祕書和接線生。
推論：以人工智慧為例		1.人工智慧沒你想像聰明。 2.自動化程度幾個世紀以來不斷提高，人們也持續被警告未來即將失業，但就業率僅偶爾下滑，整體來看仍持續成長。

資料來源：整理自經濟日報，2017 年 8 月 19 日，專 3 版，林筠。

銀行智慧分行

智慧分行：
花旗銀行與華南銀行比較

Unit 10-1

如同電視新聞中的 3 萬人馬拉松賽跑的轉播畫面一般，2016 年起，臺灣所有銀行皆推出數位銀行業務。

- 作半套的稱為「數位體驗專區」：在一般分行內的一隅，推出自動存款機等自動機器。
- 作全套的稱為「數位分行／智慧分行」（digital branch / smart branch）：大都是新設立的分行，而且大部分是簡易分行，顯而易見的是實驗性質。

一開始時，我們想深入比較一些銀行的智慧分行的內容，例如：民營銀行二家比較（花旗 PK 中信），或是公營銀行二家比較（華南 VS. 第一）。作表結束後，發現內容「大同小異」，於是挑花旗跟華南銀行的作法比較。

一、花旗（臺灣）銀行

2021 年花旗銀行分行數 44 家，獲利 51.86 億元，屬中段班。

1. **挑選花旗銀行的原因**：「春江水暖鴨先知」，美國花旗銀行遭受到網路金融公司的威脅較早，體會到數位世代人士的要求較多。花旗銀行（臺灣）是美國花旗銀行的子公司，是外資銀行中，淨利最高者。
2. **董事長的策略雄心**：花旗銀行董事長表示，全球化、城市化、數位化是花旗集團三大重點策略，2016 年啟動「翻轉金融，創意科技」計畫，推動系列創新產品與服務。數位服務短時間無法衡量出獲利貢獻，希望能做到讓顧客滿意、作業效率提升的附加價值。（工商時報，2016 年 11 月 4 日，C3 版，陳碧芬）
3. **數位分行進程**
   - 自認 2010 年 10 月起「半套」數位化——花旗銀行，在 44 家分行逐漸局部數位化，2016 年普及率 60%。
   - 2016 年 5 月 20 日，第一家智慧分行——以臺北市士林區天母分行升級為智慧分行，裝潢採紐約分行風格（書櫃、沙發）。

二、華南銀行

華南銀行分行數第三，約 185 家，略遜於合作金庫銀行 269 家、第一銀行 187 家。華南銀行在泛公股銀行中推智慧分行很積極、很有創意。

1. **挑選華南銀行的原因**：在 8 家泛公股銀行中，華南銀行可說是最積極推數位銀行服務的，例如：
   - 2013 年起，陸續成立數位轉型相關小組，包含數位金融推展小組、純網銀應變小組等。
   - 2020 年 1 月因應金管會推出「金融科技發展路徑圖」，成立任務型專案小組，八大主要推動面向及參考 60 項推動措施，研擬具體因應措施及相關執行細節。
2. **以「小核心，大周邊」的資訊系統來說**
   把業務發展速度要求高的系統，轉建置於開放系統平台，把核心主機專注提供穩定、不中斷的資訊服務。從底層翻新核心系統增進系統效能，並且導入微服務技術，運用微服務架構，以及容器化技術翻新底層架構，將金融服務碎片化，讓金融服務如同樂高，運用到各場景。

花旗跟華南銀行的分行數位化範圍

階段	花旗銀行	華南銀行
一、迎賓	很強調 24 小時全年無休的顧客電話服務	・分行入口貴賓顧客人臉辨識 ・智慧語音機器人 ・大廳經理移動服務（App） ・電子櫥窗／投影觸控
二、開戶	以信用卡為例： ・老顧客：2016 年 2 月，既有卡友線上加辦信用卡，每月透過線上完成加辦的信用卡數量占所有管道近半數。 ・新顧客：2016 年 12 月，以自然人憑證線上申辦信用卡，有三步驟：「填寫資料」、「連線驗證」、「上傳文件」，能兼顧資訊安全及滿足顧客需求，最快 6 分鐘完成信用卡申辦。	・2015 年開戶預處理系統 ・2016 年 7 月數位存款帳戶（SnY）：年輕顧客的數位存款帳戶，只要使用自然人憑證或華南銀行金融卡即可輕鬆完成線上開戶。 ・手機／網路銀行業務：用手機進行轉帳、付款、繳費、繳稅等交易。
三、存款與支付	CitiDirect BE Mobile，是花旗銀行的 App，可用於轉帳	智慧迎賓叫號： ・「繳款櫃員機」（Payment Teller Machine, PTM）。 ・互動式櫃員機（Interactive Teller Machine）由遠端客服人員透過視訊跟顧客對談，協助顧客預先填寫表單、自助完成交易或提供諮詢服務。
四、提款	「快速銀行」（Citibank Express）的自動櫃員機，好像在「盒子」裡裝了銀行（Bank in a box）。	・免卡申請：顧客至數位銀行專區，透過幾個步驟，再下載華銀「行動銀行 App」，就能開通無卡提款服務。 ・自動櫃員機免卡提款：在自動櫃員機前，顧客打開行動銀行 App 產生一次性提款序號，能在自動櫃員機提領款項。

花旗銀行 (臺灣)

成立：2007 年 9 月（母公司美國花旗銀行，1812 年成立）
住址：臺灣臺北市松智路 1 號
資本額：660 億元
董事長：莫兆鴻
營收（2021）：240 億元
稅前淨利（2021）：61.31 億元
分行數：臺灣 44 家，主要是 2007 年收購華僑銀行而成立

臺灣華南銀行

成立：1919 年 1 月（母公司華南金融控股公司，2880）
住址：臺灣臺北市松仁路 123 號
資本額：799.92 億元
董事長：張雲鵬　總經理：張振芳
營收（2021）：657.75 億元，資產第八大
稅前淨利（2021）：161.6 億元
分行數：臺灣 185 家、海外 12 家

智慧分行的普及率進程

女演員任容萱（S.H.E. 中 Selina 的妹妹）擔任日本松下（Panasonic）的代言人，2016 年有一則廣告是智慧家電，例如：

- 在辦公室內，透過手機遠端遙控，洗衣機啟動洗衣。
- 開車返家途中，用手機遙控冷氣機開機、電子鍋煮飯。

2002 年起，「智慧家庭」（Smart home）的主張便有許多家電公司提出，例如：南韓三星電子在首爾市設立一個館，以實際陳設讓你可以體會智慧家庭的面貌。但迄今由於供需兩方面因素，工業國家的普及率低於 0.1%，只有科幻電影、六星級飯店或豪宅會設置。人在家中的時間很長，追求舒適，但是「足夠即好」，智慧家庭的家電顯得有些「大而無當」。大家還沒急到要搶那一點時間讓冷氣機預冷等。同樣的，把「智慧」家庭的場景移到「智慧」分行，由右表第三列可見，在三個時期，普及率約 25%。本單元說明。

一、導入期：2016 ～ 2020 年

此階段可說是「宣傳期」，每家銀行「老王賣瓜，自賣自誇」，但「雷聲大，雨點小」。

- 需求面力量小，顧客沒那麼迫切需求。
- 供給面力量大。

2017 年由於「一例一休」制度的實施，有些「血汗」銀行被卡到，只好推出一些省人工設施，以讓顧客使用。少數走在前端的銀行（玉山、中信、華南、第一和花旗等），停留在找 2 家分行「試水溫」，打宣傳戰，透過科技感以塑造差異化。

二、成長期初期：2021 ～ 2025 年

- 需求面力量：漸興起。
- 供給面力量更大：一些金融科技業務已通過驗證期，逐漸上市，有如傳染病模式般，在銀行間蔓延。
- 花旗銀行的預期：花旗銀行董事長管國霖（2018 年元旦退休）表示，預估 2025 年會有近四成的銀行業務透過數位通路進行。（經濟日報，2016 年 3 月 5 日，A8 版，楊汶均）

這 40% 的普及率看似樂觀，但他沒講明「數位通路」是什麼涵義。

三、成長期中期：2026 ～ 2038 年——英國滙豐銀行的看法

滙豐銀行全球「創新長」（主要負責投資）夏佐（Christophe Chazot）表示：

- 科技趨勢不可擋，但分行不可能被數位服務取代，永遠有人需要分行，我們在尋找的是分行和數位的最佳結合點。
- 金融業尋求與金融科技公司的策略合作，以深入銀行無法探入的族群和死角，其次才是考慮獲利。
- 2015 年成立一筆 2 億英鎊的企業創投基金，根據滙豐銀行策略所做的趨勢投資和育成。（摘自商業周刊 1467 期，2015 年 12 月，第 114 頁）

智慧分行的普及率預估

年　度	2017～2020 年	2021～2025 年	2026 年起
階　段	導入期	成長期初期	成長期中期
普及率	1%	10～15%	25%
一、需求面 　·人口結構因素 　·其他	―	X 世代人口成為年齡層主流	
二、供給面 　·競爭因素 　·科技因素	―	一些數位銀行業務因科技發達，愈來愈便利	

南韓三星電子的智慧家庭

時：2002 年
地：南韓
人：南韓三星電子
事：推出 Homerite 智慧家庭，在大邱市四棟大廈（共 480 戶）。

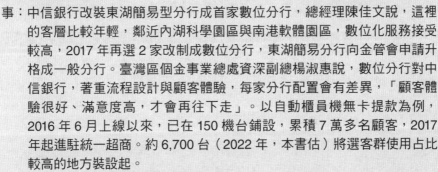

中信銀行數位分行──走一步是一步

時：2016 年 12 月 1 日
地：臺灣臺北市內湖區
人：中國信託銀行
事：中信銀行改裝東湖簡易型分行成首家數位分行，總經理陳佳文說，這裡的客層比較年輕，鄰近內湖科學園區與南港軟體園區，數位化服務接受較高，2017 年再選 2 家改制成數位分行，東湖簡易分行向金管會申請升格成一般分行。臺灣區個金事業總處資深副總楊淑惠說，數位分行對中信銀行，著重流程設計與顧客體驗，每家分行配置會有差異，「顧客體驗很好、滿意度高，才會再往下走」。以自動櫃員機無卡提款為例，2016 年 6 月上線以來，已在 150 機台鋪設，累積 7 萬多名顧客，2017 年起進駐統一超商。約 6,700 台（2022 年，本書估）將選客群使用占比較高的地方裝設起。

（摘自經濟日報，2016 年 12 月 2 日，A14 版，陳怡慈）

2031 年以後的銀行分行可能樣貌

　　1966 年的科幻電視影集「星際爭霸戰」，企業號人員間用袖口的小型通訊器通話，1973 年 10 月，美國摩托羅拉公司發明手機；2005 年起，透過藍芽連結，許多人邊開車可以免持手機通話，科幻片的場景逐漸在生活中落實。同樣的，我們在此推測 2030 年銀行分行的可能樣貌。

一、2016 年歐洲的銀行分行的樣貌

1. 歐洲銀行分行發展中，金融科技的應用在於吸引更多的顧客進入分行，面對面與行員洽談，開發「有溫度」的分行服務，類似誠品書店的溫馨。澳盛銀行消費金融部副總潘柏迪（Pradeep Pant）指出，一般收存業務可以用機器取代，財富管理、大額授信等，顧客普遍期待銀行能夠主動提供量身訂做的規劃，最好能以家庭為服務對象，這些都需要行員來提供服務。（工商時報，2016 年 3 月 28 日，A8 版，陳碧芬）

2. 全套數位化占 40%：全套數位化的分行，剩下授信、財富管理等業務須由行員來量身訂做，簡易分行的規模便可處理。

二、銀行變得數位化

　　2022 年，在數位銀行的程度依兩種分行來分。

1. 半套數位化占 60%：一般分行。

　　許多銀行業務還是必須有行員來一一辦理，但例行作業（收支、匯兌）交由數位機器代勞。這種半套數位化的分行占分行數 60%。以臺灣銀行來說稱為「e 號櫃檯」。

2. 數位帳戶普及率：以 2021 年底，個人帳戶為例。

- 全部帳戶 1,046 萬戶。
- 前三大市占率如下：台新 26.3%、國泰世華 13.9%、永豐 10.4%，合計 50.6%。大型銀行不太熱衷推此業務。

銀行特色分行概況

銀行	分行	特色	分行定位
中信	洲際簡易分行	位於臺中市北屯區洲際棒球場（註：中信兄弟職棒的主場）附近，零錢 ATM、免費 Wi-Fi 熱點、Beacon 客製化推播	棒球分行 2017 年 8 月 7 日成立
華南	新泰分行	位在新北市泰山區住宅密集處，設親子互動區，吸引鄰里顧客	親子分行
王道	信義威秀分行	位於臺北市信義區威秀影城，僅 17.5 坪，營業時間 11:00~23:00，無櫃檯、設電視牆，假日無休	數位體驗分行
遠東	敦南分行	會議室轉作俱樂部、交誼廳、烹飪教室，增設親子數位遊戲體驗區	2017 年 8 月 17 日成立

人工智慧在美國金融業的運用

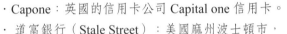

投 入	轉 換	產 出
精準行銷 Capone 以進行消費支付分析，提供客製化優惠券和簡訊通知	1. 即時風險管理：摩根大通銀行 2. 資金流向分析同上 3. 監測信用卡詐欺：貝寶、摩根大通銀行 4. 法令遵循多家銀行	1. 資產管理：道富銀行 2. 智慧投顧：摩根士丹利證券 3. 高頻交易平台：瑞士的瑞士信貸銀行、德國德意志銀行、美國高盛證券

· Capone：英國的信用卡公司 Capital one 信用卡。
· 道富銀行（Stale Street）：美國麻州波士頓市，專長在資產管理。

電視、電影星際爭霸戰（Star Trek）

時：1966 年 9 月 8 日～ 1969 年 6 月 3 日
地：美國
人：威廉 · 薛特納飾演詹姆士 · 寇克艦長
事：時間設定在 23 世紀，以星艦「企業號」航員為背景，後來衍生 5 部電視影集，12 部電影。

機器人服務餐廳（Robot Restaurant）開幕與倒閉

時：2016 年 4 月
地：中國大陸廣東省廣州市
人：機器人服務餐廳
事：2010 年全球第一家機器人餐廳在山東省濟南市出現，其後 2 家機器人餐廳倒閉，在科技面原因如下：
　　· 機器人常當機，例如：不動。
　　· 機器人服務水準不佳，例如：端湯等。

Unit 10-4 智慧顧客服務導論

　　1982 年，自動（對焦）相機推出時，廣告代言人演員李立群的廣告詞「它聰明，你傻瓜」，所以又稱為「傻瓜相機」，有自動對焦等功能。之後，數位相機、智慧型手機的相機都有此功能。這是生活中，許多人覺得「機器很聰明」，甚至「比人還聰明」。2016 年，銀行逐漸導入智慧顧客服務（smart customer service），跟自動相機的原理很近，以資訊系統協助銀行顧客服務人員（包括行員）處理例行顧客服務。本單元說明。

一、智慧顧客服務的大易分解

　　大學中的「通識」課程中，通識是「普通常識」。同樣的，智慧客服的全名是智慧顧客服務，由右圖上方說明，可了解其內涵。

二、智慧客服的源頭

　　人工智慧的「深度學習」在自然語言的突破，里程碑在 2011 年，詳見本單元右頁小檔案。

三、金融機構的智慧顧客服務

1. 2016 年 11 月，陸企螞蟻金服的狀況

　　陸企螞蟻科技技術長程立表示，日常顧客問題有較異常的，由 85 名客服人員處理，資訊系統準確率 70%。旗下支付寶的智能客服機器人稱為「小寶」。

2. 2016 年西班牙第一大銀行桑坦德

　　西班牙桑坦德（Santander）銀行推出語音助理服務 Smart App，顧客以詢問方式查找某項特定交易的處理或費用支付的訊息；智慧虛擬助理 Nina，提供模仿真實客服與顧客對話的服務體驗。

中國大陸淘寶網的智能客服服務

時間：2015 年 7 月 24 日
地：中國大陸
人：阿里巴巴集團
事：人工智能服務機器人「阿里小蜜」（Alime）推出（網路）商店版的「店小蜜」，在天貓商場的旗艦網路商店進行測試。第一天 23 點到第二天 9 點，有 1,100 位用戶上線問問題（商品諮詢，商店服務）等。
　　「阿里小蜜」的開發原理如下：

投入：大數據

阿里巴巴集團的所有公告	轉換：人工智慧		產出
	自然語音分析	機器學習	「阿里小蜜」線上語音助理
顧客的詢問（文字、電話）			

智慧顧客服務

智慧 intelligent	＋	顧客 customer	＋	服務 service

中國大陸譯為「智能」

在買方為公司時，稱為客戶（clientele）

投入	轉換	產出

大數據

一、資訊系統
- 例如：微軟公司的「Dynamics 365」
- 例如：叡揚資訊公司的雲端事業群的產品

二、硬體公司
IBM 的華生電腦等

一、網路
- 電話語音客服
- 線上文字客服

二、分行
- 客服，例如：活儲餘額查詢
- 信用卡等異常管理
- 其他

人工智慧的「深度學習」在自然語言的突破

時：2011 年
地：美國紐約州阿蒙克市
人：美國 IBM 的超級電腦華生（Watson）
事：〈人工智慧中深度學習在「自然語言」運用的突破〉

2011 年，美國知名益智節目「危險」（Jeopardy）！上演一場備受矚目的「人機大戰」，題目類型就有 2,500 種，IBM「華生」打敗連贏節目最多場冠軍的傑寧斯（Ken Jennings）與抱走最多獎金的拉特（Brad Rutter）的聯手。自然語言一直是電腦科學最大的挑戰，IBM 華生計畫主持人費魯奇（David Ferrucci）認為，華生電腦最大的成就在於能聽懂俚語、雙關詞、委婉語、譬喻等人話、還要能說人類語言，並以最快速度搶答，甚至如何選擇接下來的問題？以及何時該拒絕答題？華生電腦可以幫助人類做重大決定，為電腦發展史邁出重大的一步。華生電腦的技術逐漸成熟，加入各種「認知運算」的應用程式介面，導入智慧家電、汽車，甚至機器人（例如：Pepper），開始走進人類的日常生活中。

（摘自經濟日報，2016 年 12 月 17 日，專 7 版，曾仁凱）

智慧客服：指尖上的顧客服務

　　五年級的朋友一定有過這樣的生活體驗，跟朋友約會訂餐廳，為了工作需求詢問公司的電話，撥打 104 查號台，等很久才接到查號人員，電話那一端親切地為我們查詢所需要的電話號碼，還提供馬上為您轉接服務。雖然每通收費 3 元，當下仍然心生感激。2007 年以來，七年級的朋友對於生活中的大小事查詢，Google 一下餐廳名稱，馬上出現電話、地圖地址，還有餐廳相關的推薦訊息與照片可以即時參考。手機的出現不只是個人的時尚玩意，更為許許多多產業帶來必須面對的翻轉，其中金融產業中的顧客服務單位，變化尤其可見一斑。

一、華南銀行作法

　　叡揚資訊公司創新生產力顧問方小欣，以華南銀行的電話客服演變為例，透過 Find 及 Google 調查結果證實，民眾網路使用普及率為 84%，對智慧型手機依賴度 81%，居亞太地區第二名，顯示上網搜尋、娛樂及社交已成為大眾生活中的重要活動。在網路及手機時代，金融業紛紛建立即時、互動式溝通環境。為提升顧客服務品質暨順應金融發展潮流趨勢，於是 2015 年 10 月規劃導入「新一代客服專案」，導入網路客服（Web call）、文字客服（Web chat）與行動客服（App call）等功能，全面提升華銀顧客服務品質。

　　藉由 24 小時線上即時互動並關注顧客，全面提升顧客服務品質、進而提高客戶滿意度與忠誠度。服務無國界，旅居海外顧客如果需聯絡客服人員，只需利用本專案服務功能，即能與客服人員即時通訊，無須牢記各國撥號號碼及支付昂貴的通信費用。藉由擴大服務的深度及廣度，以強化顧客對華銀的忠誠度。

　　臺灣科技化服務協會為獎勵公私部門傑出資訊服務之實務案例及其相關解決方案，設立傑出科技化服務管理獎，主辦單位邀集國內產、官、學、各界專家組成評審小組，最終華南銀行於政府機構組別脫穎而出，以「資訊服務管理流程之強化與改造」獲得評審青睞。

二、中信銀行的智慧客服「小 c」

成立： 2017 年 1 月

溝通管道： 中信銀行的 LINE

　　　　　　公司網站

　　　　　　中信卡優惠 App

　　　　　　行動達人 App

每日使用人次： 6,000 人

滿意度： 九成以上問題有正確引導或妥適回覆

（詳見數位時代雙周刊，2021 年 5 月 31 日）

項目	2014 年以前方式	2015 年以後方式
一、溝通方式		
（一）語言	·顧客最常使用的諮詢管道是撥打客服專線02-2181010，由客服人員提供24小時線上即時服務。 ·缺點：電信費用須由顧客或銀行支付。	·網路客服（Web call） 顧客使用電腦連接網路，搭配耳機及麥克風，於銀行網站或網路銀行之網頁上點擊撥號選項，即可利用網路電話，即時與客服人員諮詢各項業務，而且免支付通信費用。 ·行動客服（App call） 顧客使用手機及平板電腦下載銀行提供的應用程式（例如：「華銀行動網」與「華南食在精彩」）後，透過其撥打網路電話，可即時聯絡客服人員詢問業務相關問題。以此方式節省銀行作業成本。
（二）文字	·顧客於銀行網站「意見信箱」留文字訊息後，由客服人員以電子郵件或電話回覆客戶。 缺點：無法即時處理。 ·使用網路銀行的顧客可透過「答客問」回撥服務，於網路銀行留文字訊息後，由電腦系統即時或依顧客指定時間自動回撥聯繫顧客。	·文字客服（Web chat） 顧客使用電腦連接網路，進入銀行網站或網路銀行，於網頁上以文字方式諮詢銀行各項業務資訊或行銷活動等問題時，由客服人員即時於該平台以文字方式回覆顧客。
二、單位名稱		
顧客服務中心	Call Center 客服中心	Contact Center 接觸中心

Unit 10-6 銀行的智慧顧客服務

　　客服專線是顧客諮詢金融服務最直接的聯繫管道，尖峰時段電話無法接通到客服人員，智慧顧客服務能為顧客提供更好的服務與體驗。其中語音型智「慧」（或能）客服又稱聊天機器人（Chatbot），是一種有學習能力的程式語言，猶如人類的大腦。當人們給它的知識多，答題的能力愈好，且愈能處理複雜的問題。下表是華南智慧電話顧客服務發展進程。

時	2015 年	2020 年 10 月 14 日
一、技術	華南銀行採用的最新語意分析 BERT 演算技術，以高精準度解析客戶日常生活使用的話語，結合文字與語音生活情境對談設計，大幅提升客戶問題辨識度與流暢度。	新光銀行「小新」採用 BERT 模型，是全球效果最佳的問答系統與閱讀理解功能，透過維基百科及 Book Corpus 訓練資料庫，搭配新光銀行專有金融領域字庫，透過科技應用技術，分析蒐集對話相關訊息、利用上下文邏輯串接提問，精準判斷顧客問題及關鍵字索引，且能夠辨識口語化用詞及同義詞。
二、功能	智能客服「小華」結合最新人工智慧語音功能，只要按下螢幕上的麥克風按鈕，並「說」出諮詢的問題，機器人客服以語音搭配圖文或影音方式回答顧客各項金融疑難雜問。智慧客服成為具備深度學習的智能引擎，透過類神經網路的機器學習機制，強化語意理解和自主學習能力，隨著資料累積更精準地滿足顧客問題，讓看似複雜的金融問題也能在智慧客服對談中，得到貼近顧客習慣的口語化回應。為了更貼近顧客對話模式，華南銀行有人工智慧訓練團隊做為後盾，每日以全語音模式和智慧客服「小華」進行問題訓練外，上線前，華銀更動員各分行同仁進行密集的測試計畫，更貼近顧客需求。華南銀行是公股銀行中，首家推出可全程以「說」的方式跟顧客互動的機器人客服「小華」。可進行語音對話服務，智慧客服擴充至臉書、LINE、谷歌語音助理，及智慧音箱等數位管道。	「小新」精通新光銀行的各項金融業務，搭配多輪式對話方式，引導顧客操作，提升問題準確性。例如：輸入「我要換 1,000 美元」，「小新」會換算出金額，成為換匯投資小幫手。例如：當你輸入「卡片掉了」，「小新」會提供「金融卡掛失方式」及「信用卡掛失方式」，讓複雜的問題簡單化，創造便利對話及良好服務體驗。當顧客不清楚信用卡要繳多少錢時，只要通過身分驗證，「小新」即可告知帳單金額、消費明細等，一站式提供多項服務。以退休規劃為例，「小新」會先問你：「請告訴小新，你現在的年齡是幾歲？」接著依序詢問：「請問預計退休的年齡是幾歲？」「請輸入預計退休每月的開銷是多少？」「請輸入預期平均每年報酬率？」「請輸入既有準備金。」假設你依序回答，50 歲、65 歲、30 年、5 萬元、1%、1,000 萬元，如此「小新」會告訴你，每個月複利計算，不考量浮動利率與物價上漲率，你每個月需存入 8 萬 4,256 元。

資料來源：整理自經濟日報，2020 年 11 月 21 日，C2 版，陳怡慈。

智能客服在銀行信用卡領域的應用

銀行	新光	國泰世華	中國信託	台北富邦	台新	玉山
申請進度查詢	V	V	--	--	--	--
開卡	V	V	V	--	--	--
首刷禮資格查詢	V	--	--	--	--	--
單筆消費分期申請	V	V	--	V	--	--
可用額度	V	V	V	V	V	V
帳單金額	V	V	V	V	V	V
最近一次繳款紀錄	V	--	V	V	V	V
消費明細	V	V	V	V	--	--
補寄電子帳單	V	V	V	V	V	--
申請電子帳單	V	V	V	V	--	--
點數查詢	V	V	V	V	--	--

資料來源：新光銀行，2020 年 10 月 13 日，本書重新整理。

智慧顧客服務的現況與未來

現　　況	未來趨勢
智慧客服大多單向、被動式地提供協助，顧客問出一個問題，智慧客服回答該問題；顧客不想繼續或中斷詢問，該次互動就會結束，但顧客的問題未必獲得解決。 智慧客服多數僅能提供文字對談，或圖像式的介面讓顧客進行選擇。一般智慧顧客服務大都等著顧客來要求服務。	一、預測顧客問題的能力。智慧客服能夠從顧客留存的資料，或已經提出的問題，做到反問或預測下一個問題並主動提問，甚至能在顧客未開口提問之前，就能預測該位顧客的意圖，推薦給他（或她）最需要的服務。 二、多樣化的服務方式。智慧客服寄送賀卡、播放影音，整合更多數位工具或服務，提供顧客更多元的服務內容與方式。 三、主動聯繫。藉由大數據及以前的「聊天經驗」，智能客服根據外在市場環境或商品供給狀況，主動跟顧客聯繫，藉由即時運算能力，把最符合顧客當下的商品或服務，提供給顧客。

在銀行電話銷售時的運用（以日本兩家銀行為例）：大數據分析加人工智慧

Unit 10-7

在大數據分析已精準鎖定在顧客（例如：由信用卡未償餘額以推論其借新還舊），再加上對電話行銷人員的電話錄音透過人工智慧系統進行電銷話術分析，進而建立電話銷售的知識管理系統，由資訊系統在螢幕上顯示針對此顧客的銷售時的建議。這種「電話銷售話術優化」，在本單元以日本兩家銀行的作法說明。

一、投入：大數據

由右圖第一欄「投入」欄可見兩家銀行的資料來源：

1. **三井住友銀行**：只針對電銷人員的電話銷售錄音作為第一手資料，經過語音轉文字方式，讓資訊系統分析。
2. **新生銀行**：新生銀行的 300 萬位自然人帳戶，匯整文字、數字（存提款）等。

二、轉換

透過下列兩種分析，以開發出智慧客服系統：

1. **大數據分析**：最簡單的大數據的統計分析便是計算百分比，例如：在汽車車險出險的理賠電話詢問時，顧客來電的內容比重如下：車禍敘述 40%、車損與修理 31%、受傷與醫療 29%。
2. **人工智慧中的深度學習**：利用人工智慧中深度學習的功能，以學習：
   - 見賢思齊：針對何種顧客及其電話中反應，所有成功電話銷售人員的應對之道。
   - 見不賢內自省：針對電話銷售失敗情況，以了解顧客與電銷人員的談話內容。

三、產出

電話銷售話術優化目的如下：

1. **菜鳥變老鳥**：有了人工智慧系統的輔助，電銷人員在跟顧客通電話時，螢幕上會依通話內容，適時出現「提醒」、「建議」。
2. **不須專人服務**：有了知識管理系統，電腦會記錄某顧客前幾日電話詢問的內容，甚至有其上本銀行網站查詢金融商品廣告的點擊紀錄。有這些電腦資料支持，再加上其他資料，作好「了解顧客」，就不用專人來服務某一位顧客。

日本兩家銀行大數據與人工智慧的運用

投入	轉換	產出
大數據	人工智慧系統	業務運用

三井住友銀行

2016 年 7~9 月行員跟顧客間的電話銷售。

→

跟 NTT 數據公司合作開發人工智慧系統

分析：
・為何成交
・為何失敗

→

2018 年人工智慧「電話行銷」人員輔助系統銀行行員打電話向顧客推銷金融商品，資訊系統會當場出主意、提供建議，行員手邊電腦畫面會顯示出「接下來的一招」，例如：「催促顧客確認發送出去的資料」和「重複加強語尾，隨聲附和顧客」等建議。

新生銀行

2016 年約 300 萬個帳戶的
・個人工作資歷等
・存提款資料

→

運用旗下資訊創投公司「Second Xight」擁有的數據分析的專業技術，計算出顧客購買保險、投資信託、房屋貸款等金融商品的「機率」，並從中篩選出潛在顧客。針對每位顧客的需求，提議打電話或寄廣告電郵等最具效果的促銷方法。視結果是否促成交易，再輸入資訊系統裡，讓資訊系統反覆學習，好提供更準確的建議。

→

2017 年 3 月起，由資訊系統提出適合顧客需求的商品，並對行員提供適當的推銷方法建議，希望提高營業效率、營收。

資料來源：整理自工商時報，2016 年 12 月 18 日，C2 版，黃菁菁。

陸企百度要靠陸奇發展人工智慧

時：2017 年 1 月 17 日
地：中國大陸北京市
人：百度與陸奇（1962～）
事：百度公司任命陸奇擔任百度集團總裁和營運長，藉由他的帶領以落實董事長的「2017～2026 年百度最重要策略方向是人工智慧目標」。陸奇在 2016 年 9 月之前擔任微軟集團全球執行副總裁，曾是微軟人工智慧產品「小冰」專案的主要負責人之一。他認為自然語言才是人機界面最有效的方式。

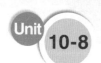
Unit 10-8　人形機器人的現場服務：以 Pepper 為例

　　2016 年 10 月，許多家銀行在幾家分行推出日本人形機器人 Pepper，擔任門口的迎賓「專」員，許多電視新聞深度報導，重點在於 Pepper 的功能。數位分行令人第一眼映入眼簾便有新鮮感的是人形機器人，等到分行由內到外都是人形機器人，就有點科幻片「似曾相識」的感覺。

一、Pepper 在日本發展進程

　　因為少子女化、高齡化，日本政府從 1990 年代在科技政策，大力鼓勵大學、公司等發展機器人，尤其是照護型機器人，日本在這方面是全球技術領先國家。以 Pepper 為例，由右表可見，第一版於 2006 年推出，2015 年 2 月在日本銷售，從研發到上市，花了 9 年。

二、在臺灣的運用

　　2015 年 7 月起，日本的銀行開始運用 Pepper。臺灣的銀行在 2016 年 10 月導入，一方面是中文介面，和專業知識的資料發展，以灌進 Pepper 身上的個人電腦，詳見右頁「小檔案」。

三、限制

　　人形機器人在銀行的運用，有兩個限制：

1. **外形限制**：1970 年，日本機器人研究人員森政弘提出「恐怖谷」理論（The Uncanny Valley），說明當機器人跟人類外表達 85% 相似度時，人類會有害怕和詭異的感覺。
2. **在銀行業的限制**：人形機器人具有理財專員的能力，但限於法令，只能擔任理財專員的助理。
3. **功能限制**：Pepper 功能來自預設的詞庫，只能簡單問答，無法處理詞庫外問題，因不好用，2018 年起，全球許多銀行淘汰 Pepper。

小 i 機器

時：2001 年
地：中國大陸上海市
人：智臻智能網路科技公司，董事長袁輝
事：例如 2016 年 3 月 7 日，玉山銀行在智慧分行推出小 i 機器人。這跟 Pepper 較像，主要來自陸企智臻智能公司。

日本 Pepper 人形機器人的演進與上市服務

時程	說　明
2006 年	法國 Aldebaran Robotics 設計出第一款「情緒型機器人 NAO」，有可愛的卡通外表，身高 58 公分，可以行走、跳舞、跟人交談，感知人類情緒，甚至可用肢體表達多種情緒反應，擁有神經網路讓它每次跟人類互動時，都能學習，變成具有不同個性的機器人。NAO 應用在教育、醫療領域。
2012 年	日本軟銀集團收購 Aldebaran Robotics，由軟銀、阿里巴巴、鴻海成立的機器人控股公司共同投資。
2014 年 6 月 5 日	在新商品上市發表會上推出。
6 月 6 日	在日本軟銀通信的手機店中展示。
12 月	在日本家電量販店利用 Pepper 宣傳商品。
2015 年 2 月	在軟銀移動商店中的基本款以 19.8 萬日圓上市。
7 月	瑞穗銀行引進 Pepper 當「店員」招待顧客、負責導覽或提供建議，頗吸引顧客。
7 月 29 日	發表月租型的商務團 Pepper，月租費 5.5 萬日圓。
2016 年 10 月	明治安田生命保險公司（壽險公司）在日本約 80 處分社引進約 100 台 Pepper，是金融業引進台數最多的。
2021 年 6 月	軟銀集團公司宣布停止生產 Pepper，因銷路太差。

資料來源：整理自全球中央雜誌，2016 年 9 月，第 18 頁。

日本 Pepper 發表會

時：2014 年 6 月 5 日
地：日本東京都
人：孫正義，日本軟體銀行公司董事長、總經理
事：過去 25 年，我曾經相信電腦有一天可以像人類的右腦（掌管表情和感知）一樣工作，我可以驕傲的引入第一個可以讀取人類感情的機器人（註：Pepper），寫在我們製作機器人的夢想中走出了蹣跚的一步。

銀行對金融科技的研發管理

臺灣的銀行在全球金融科技中的地位：微不足道

　　報刊喜歡引用銀行、學者的說法，說明臺灣的銀行在全球金融科技相關專利（例如：10 萬件）中占 1,000 件，市占率 1%，呼籲政府、銀行要重視這問題。我們先拉個廣角全景，再拉個近景（金融科技類專利），以見林見樹。

一、全景：臺灣占全球專利 1%

　　2022 年全球總產值 100 兆美元，臺灣 7.88 兆美元（228.5 兆元），占 7.88%。全球人口 79.5 億人，臺灣 0.235 億人，占全球人口 0.3%。先抓住臺灣經濟、人口的全貌，再分析特定項目（例如：專利）時，便八九不離十。

1. **在美國專利申請數**：專利跟國籍一樣，必須向各國申請。由於美國占全球總產值 24%，是全球最大市場，許多國家的公司為了保障自己產品的權利，一定會在美國申請專利。每年報刊皆會公布美國智慧財產局的專利申請數量，中國大陸興起後，2014 年陸企已超越美商。臺灣占 1%，本來就很符合比率。另外，在人工智慧方面專利也是如此。

2. **兵不在多，在精**：以專利「素質」（例如：其他論文、專利申請參考引用）來說，臺灣在美的專利申請大約只有半導體（主要是台積電，其次是聯發科）含金量高。其他的大都是「自用」，防止其他專利所有權人控告。

二、近景：臺灣金融業在專利方面的投入與績效

單位：億元

	2017 年	2018 年	2019 年	2020 年
一、生產因素市場				
・勞工：研發人員	--	--	8,824 人	--
・資金（億元）	109.86	138	165.16	188.8
・技術專利	註：2016 年 38			
二、行業分布				
・銀行業	248	367	484	672
・保險業	57	71	76	81
・證券期貨業	14	31	14	21
・周邊單位	22	32	26	
三、專利種類				
・轉換	大數據	v, 人工智慧	認識顧客	同左
・產出	資訊安全 支付	v, 雲端服務 OpenAPI	反洗錢	同左

資料來源：行政院金管會，2020 年 8 月 20 日，2018 年開張起公布。

美國的金融科技類專利分析

美國的金融科技類專利分析

時：2010 ～ 2016 年

地：美國

人：Vispro FinTech Insight 對金融科技領域美國專利進行分析，並結合 PatentCloud 系統暨其資料庫。

事：2010 ～ 2016 年間，美國金融科技專利申請數 46,026 件，其中金融機構占 15%、科技公司占 85%，科技公司平均每年美國專利申請 5,700 件，IBM、思愛普、亞馬遜、微軟、甲骨文等大型科技公司名列前茅，上述科技公司主要協助金融公司建立可提供其顧客進行財富管理、交易管理、支付服務等解決方案，或協助金融公司開發區塊鏈等技術或軟體，或提供雲端、資料庫建置服務。

2019 年全球 10 大金融科技申請公司

排名	國家	公司	家數	排名	國家	公司	家數
1	中	平安	3,008	6	美	IBM	457
2	中	阿里巴巴	2,788	7	中	中國銀行	453
3	美	萬事達	903	8	中	京東	433
4	中	騰訊	583	9	美	威士	405
5	美	沃爾瑪	463	10	日	東芝	376

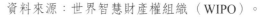

資料來源：世界智慧財產權組織（WIPO）。

Unit 11-2　銀行研發管理：目標、策略、組織設計

銀行在研發方面的組織分工如下：
- 董事會決定研發目標、研發預算。
- 總經理決定相關部門的商品／職務、製程的組織設計等。
- 相關研發部門提出研發策略、預算企劃案。

一、研發目標

銀行在市場中的角色，影響各銀行的研發目標。

1. **市場龍頭靠研發**：銀行界資產第一、二是臺灣、合作金庫銀行，主要以企金業務為主，在以消金為主的數位金融業務的研發，較少敲鑼打鼓。
2. **市場挑戰者靠「出奇」致勝**：企金為主的華南、第一銀行，消金為主的中信、台新、玉山等爭先恐後。
3. **市場跟隨者「老二主義」**：小型銀行（分行數 80 家以下）大都看龍頭已成氣候，再跟進，省得走錯路、浪費錢。

二、研發策略

套用公司「策略」中的策略定義，分成方向、方式和速度。

1. **研發方向**：在銀行業最常見的自主研發有兩項。
   - 大數據分析的運用：這本來隨時都在作業，以進行精準行銷。
   - 人工智慧的運用：例如：智慧客服，這也是買入 IBM 等人工智慧系統，加以運用。
2. **研發速度**：研發目標影響研發速度，速度是相對的，至少有兩個比較標準。
   - 消費者策略：正中其下懷。
   - 競爭者策略：跟市場龍頭、對手比，同一項新商品，領先或落後幾個月。
3. **研發方式**：銀行進行金融科技的科技管理，80：20 原則，有兩種方式。
   - 二成銀行小規模研發：淨利前十名的消金導向銀行（例如：中信、台新、玉山、花旗）或企金導向銀行（第一、華南）。
   - 八成銀行「近全部技術引進」：技術引進包括兩部分，硬體（例如：免卡提款的自動櫃員機）、資訊系統（例如：人工智慧、大數據分析等）大都是引進時。以美國花旗銀行來說，分行數夠多，自動櫃員機自行研發。

三、組織設計

1. **商品服務研發**：至少有三個部處負責商品／服務研發。
   - 新金融商品處：例如：開發指數型基金等。
   - 數位金融部：聚焦在數位金融商品，例如：手機支付等。
   - 顧客服務部：聚焦在數位服務，例如：智慧顧客服務。
2. **製程技術研發**：至少一個部負責製程技術研發。
   - 資訊部：偏重大數據分析。

表一　銀行總行在商品／服務與製程技術研發組織設計

技術種類	總行之部處
一、商品	
1. 新金融商品	金融商品開發處
2. 數位銀行類	
・商品	數位金融部
・服務	（數位）顧客服務部
二、製程	
1. 大數據分析	資訊部
2. 人工智慧	同上

表二　每年研發費用金額對研發方式的影響

每年研發費用金額	研發方式
一、高於 5 億元占銀行 20%，約 8 家	（一）八成靠技術引進，例如： ・買「免卡」自動櫃員機 ・買大數據分析資訊系統 ・買人工智慧的客戶系統 （二）二成自主研發
二、低於 5 億元占銀行 80%，約 32 家	幾乎 100% 技術引進

Unit 11-3 銀行的數位金融商品／服務研發管理

　　銀行對研發較少涉足，大部分集中在國外金融商品引進臺灣，加上一些商合法令等小修改，比較像國瑞汽車的 X 車款，是把豐田 Altis 改裝跑車的空力套件等，造成轎跑車外型，以吸引年輕人。

　　進入數位銀行時代，主要是運用金融科技，因此必須自行研發或外部技術移轉金融科技。跟工業中製造業的電子業、生技業一樣，愈來愈多銀行須增加研發管理（或是大學中課程名稱為「科技管理」）的功能。

　　基於「大隊接力賽跑」的考量，想深入了解此主題的讀者，可參考下列兩本拙著。

- 張保隆、伍忠賢著，《科技管理》，五南圖書公司，2010 年 10 月。
- 張保隆、伍忠賢著，《科技管理個案分析》，五南圖書公司，2010 年 1 月。

本章聚焦在銀行金融科技方面的研發管理。

一、行銷管理中的構想蒐集：C_0 構想階段

　　研發來自目標，引伸出「問題」、「缺口」，於是要妥籌對策，解決問題的構想（idea，或稱為點子）可來自內外部兩個來源。

1. **銀行內部**：大部分是由「上」（主要是董事長、總經理）提出三年計畫，要求研發部（尤其是數位金融部）等落實。小部分是由「中」，由數位金融部提「三年建議」案，董事會核准後，進而落實。
2. **銀行外部**：以「黑客松」（Hackathon）為例。來自銀行外部的構想主要來源有銀行少數股權投資的金融科技公司，或是對大學生、新創公司舉辦的創業比賽等。

二、銷管中的二「構想甄選」

　　此分二層級：

1. **重要的**：影響層面大的，提到總經理甚至董事會。
2. **次要的**：數位金融部小作看看。

三、銷管中的「產品的工程發展」：$C_2 \sim C_5$

　　主要是由「數位金融部」負責，資訊處加外部顧問公司配合。

四、市場測試

　　分為二步驟：網路測試；分行測試。
　　大都挑 2 ～ 5 家分行試點。

五、上市行銷

　　大都是「打廣告」（拍片）等，找代言人，敲鑼打鼓。

某銀行、某數位金融商品／服務的研發過程

年 / 月	行銷管理步驟	新產品開發 程序──C 系統	負責 單位	領銜 主管
2017	構想蒐集 （idea collection）	C_0 構想階段 （proposal phase）	董事長發想 現市場空間	董事長
2017/9	構想甄選 （idea screening）	C_1 規劃階段 （planning phase）	跨部門會議	一
2018/2	產品的工程發展 （engineering development）	C_2 設計階段 （R&D design phase）	數位金融部	副總
2018/5		C_3 樣品試作階段 （sample pilot run phase）		經理
2018/8		C_4 工程試作階段 （engineering sample pilot run phase）		經理
2018/9	市場測試 （market test）	C_5 試產階段 （product pilot run phase）	行銷企劃部	經理
2018/10	上市行銷 （marketing）	C_6 量產階段 （mass production phase） 1. 新品 2. 新品廣告	業務部	總經理

人形服務機器人的本質：以 Pepper 來說

腦袋：有固定題庫與答案的「平板電腦」，再加上類似蘋果公司數位語音助理 Siri

眼睛：感知器，可認得人臉（甚至判斷喜怒哀樂）

手：可以做些動作

腳：輪型

所以以銀行的 Pepper、小 i 來說，平板電腦「灌進」的是一些銀行相關業務的規定。

銀行黑客松：以玉山銀行為例

2015 年 12 月起，星展銀行舉辦「第一屆」星展臺灣黑客松比賽，2016 年許多銀行加入。基於資料可行性，本單元以玉山銀行 2016 年 7 月大學黑客松比賽為對象來說明。

2015 年花旗銀行首度在臺灣舉辦黑客松活動，是臺灣第一個舉辦黑客松的銀行。星展銀行也是透過黑客松，尋找應對策略的代表性銀行之一，自 2014 年 10 月開始，於新加坡、香港舉辦將近十場黑客松競賽，競賽的隊伍，除廣納具有金融創新想法的參賽者，也讓員工融入參賽者的團隊中，一同發揮創意，編寫手機應用程式的測試版本。2016 年 11 月底，星展銀行在臺灣首次舉辦黑客松競賽，主打以馬拉松式的緊密合作模式，發想金融解決方案。新加坡星展銀行創新長 Neal Cross 特別跑了趟臺灣，他強調創新的文化很重要，希望將創新基因深植在企業和員工中。

一、各取所需

黑客松的本質是大學創業比賽，對雙方好處如下：
1. **對主辦單位（玉山銀行）的好處**：尋找創意點子，這是以「群眾外包」（crowd sourcing）方式尋找人才。
2. **對參賽小組的好處**：參賽小組有許多好處，小至觀摩其他隊的點子、交友，要是雀屏中選，有工作機會（包括實習）或獎金（例如：中信銀的黑客松比賽冠亞季軍獎金有 30、20、10 萬元）。

二、投入階段

玉山銀行的黑客松比賽多項「賽前上課」步驟。
1. **2015 年前的不足**：玉山銀行發言人表示，曾在大學院校舉辦過幾次科技的競賽，比賽結束後，發現辦理傳統式黑客松，參賽隊伍往往能力不足。
2. **2016 年的作法**：玉山銀行辦三次工作營，由講師對參賽者設計思考方法，從上課到決賽須兩個月。
3. **參賽者資格**：大學的大學生、碩士生（但不含在職班），希望參賽者立足點相同，從大學中找出金融科技未來之星。
4. **提供工具**：金融科技的相關工具由協辦單位（此例是 IBM）提供。

三、轉換階段：玉山銀行的角色

1. **指定主題**：在玉山銀行的金融科技上，指定四個主題（詳見右頁圖中「投入」欄），讓參賽小組想出創新的金融解決方案。
2. **評審**：由圖第二欄可見，玉山銀行組成評審小組。

四、產出

數位生活類冠軍：臺大傑瑞小老鼠。第一名團隊的「臺大傑瑞小老鼠」，是由四名臺灣大學電機系碩士學生、廖世偉（註：金融科技暨區塊鏈中心主任）開設的「巨量資料系統之應用」課程，以大數據、區塊鏈技術，做出「GinLocal 旅遊經驗分享平台」。

外資銀行金融科技發展概況

銀行別	黑客松發想方向目標	黑客松具體實現成品
星展銀行	・讓理財顧客快速掌握銀行服務 ・協助年輕／新富族群利用數位銀行累積財富 ・提供小型企業全方位服務	新加坡區推出 CINCH（報帳上傳系統），利用 CINCH App 拍攝帳單，就可直接將帳單輸入系統，每月都能自動蒐集報帳資料，方便企業主蒐集，也協助員工作簡易請款作業流程。
花旗銀行	並未設限	臺灣入選小組為 AirSig（空中簽名驗證服務）、WageCan（比特幣金融卡）、EZTABLE（餐廳訂位服務），花旗銀行已經跟 EZTABLE 合作。

黑客松（Hackathon）

hack：駭客、程式
marathon：馬拉松
音譯為黑客松
・狹義：馬拉松式的程式開發活動。
・廣義：持續一段時間（例如：一天到五天）不中斷的科技創作。舉辦大型的黑客松活動，能更快速的以團隊方式創意激盪。在活動中，參與者聚在一起，為一個主題完成作品，進行長達數十小時的集體思考創作。

2016 年玉山銀行黑客松競賽

| 投　　入 | 轉　換 | 產　出 |

（生產因素市場）
1.自然資源活動地點：玉山人力發展中心。
2.勞力：與賽 30 隊，約 300 人。
3.資本：舉辦活動費用百萬元。
4.技術：由 IBM 提供參賽者 Bluemix 雲端開發平台，內含多樣語言環境和上百種（包括人工智慧）API 服務，有利的開發工具可以協助參賽團隊專注於創意的發想，迅速實現金融創新的好點子。
5.企業家精神四個主題：
　・開放資料
　・數位生活
　・手機支付
　・社群金融

（玉山銀行）
評審
1.玉山銀行：
　・數位金融處
　・資訊處
2.IBM 軟體：事業群總經理賈景光
3.中研院：陳昇瑋

得「獎」的小組可到玉山銀行實習。
註：應用程式介面（Application Programming Interface，簡稱 API）。

Unit 11-5 數位銀行商品研發的「產品的工程發展」：設計階段

研發 C 系中的 $C_2 \sim C_5$ 階段是狹義的「研發管理」，又稱為設計階段。由於 Unit 11-3 篇幅限制，「研發預算」課題在本單元說明。

一、研發密度

1. **研發費用門檻**：以電子業為例。電子業公司的研發「最低消費額」5 億元，所以臺灣 99.8% 公司不作研發，有些設「設計中心」，偏重專利中的設計專利（詳見 Unit 11-2），以汽車中每年銷售最大車款 Altis 來說，便是「2 年小改款，4 年大改款」，換湯不換藥。

2. **臺灣的銀行業力有未逮**：臺灣最大銀行臺灣銀行在歐美是中型銀行規模，限於規模，很難一年花 20、30 億元作研發，所以在金融科技的專利在全球微不足道，很難迎頭趕上。少部分大型銀行（例如：中信銀行）、中型銀行（例如：玉山銀行），會在數位銀行業務中較簡單易突破的部分，進行研發。

二、研發規劃

1. **專利工程師負責專利檢索**：由智財組的專利工程師負責專利檢索，其一這是基於專利分工的考量。其二，在預防法學方面，可先找出外界的專利地雷區地圖，以便研發部在研發決策時採取「迴避設計」。

2. **研發部負責專利布局**：如同下圍棋（2 家公司在玩）、跳棋（3 家公司在玩）般，每家銀行的研發部皆須決定「專利」布局，簡單的說，包括兩項：
   - 哪些業務中的產品／服務：例如：支付、匯款、貸款等。
   - 採取何種技術專利：外購的或自行研發的技術。

三、研發執行

1. **專利工程師負責專利申請**：專利工程師向經濟部智財局申請專利時，如同女人穿裙子，裙子過短怕走光，裙子太長不便行走。前者在專利申請時，較容易過關，但保護範圍太窄；專利範圍寫太少（即範圍很廣），智財局往往會打回票。

2. **研發部的專利「組合」**：公司可以拿著專利組合，跟其他公司洽談專利「交互授權」（cross-licensing），或對外銷售專利，俗稱技術授權（licensing-out）。

四、研發控制

智財組獨立於研發處，在智財權常見的控制活動有二：

1. **專利的效益成本分析**：為了維持專利，公司每年須支付專利年費給經濟部智慧財產局。智財組每年須提報專利的投資報酬率報告給總經理，以作為後續研發等策略修正。

2. **專利的維護**：智財權「守土有責」，對智財權維護的基本工作主要是了解外界有沒有冒用本銀行的智財權，並且要求其更正。

銀行的智慧財產權管理

規　　劃	執行（研發）	考　核

一、成立智慧財產權處

在銀行總行設研發處，旗下有智慧財產權組。

一、專利申請

一般來說，一項發明在進行申請時，要避免僅包含一個實施態樣的專利範圍，例如：信用卡綁定專利對銀行業的影響在於可能影響到哪些業務的運作。

一、專利維護

· 對國內外經濟部智慧財產局。
· 對外界，防止專利侵權。

二、專利檢索

· 藉由魚骨圖、技術功效圖來了解相關領域發展及分布、專利申請量／時間、專利案件數量變化、專利質量評估。
· 避免侵權風險
防禦／迴避設計因應與專利舉發從防禦角度，檢索相關以前法院案例與他人所擁有之專利，才能了解我方是否已落入地雷區，對應以迴避設計（design around）方式解套。要是無法避開，而其又是對手兵家必爭者，即有賴提專利舉發等方式來反制。

二、建構專利組合與布局

盤點公司的智財，以了解手上有多少競爭武器。

二、專利出售

· 對外銷售即專利授權（licensing-out）。
· 其他。

三、專利「組合」決策

分析技術發展趨勢、相關技術專利布局，以決定本公司專利組合方向。

資料來源：部分整理自經濟日報，2016 年 10 月 15 日，A17 版。

Unit 11-6　銀行組成研發聯盟

　　電子業的品牌公司蘋果公司、三星電子做商品（智慧型手機），都是賣商品給消費者，蘋果公司跟三星電子的手機不須互通。銀行彼此間競爭，但銀行業業務須互通，例如：自動櫃員機的金融卡，外型的大小規格一致（像張卡片），只有上面圖案差異。背後有信用卡聯合作業中心扮演「車同軌，書同文」角色。銀行針對有跨行的數位銀行業務，大都會組成研發聯盟，以共同研發方式，藉以推出「產業規格」。至於僅供單一銀行內部專屬使用的，就自行研發，大部分是資訊系統類的運用。

一、共同研發的必要

　　中國信託銀行個金事業總處電子銀行部協理蘇美勳（2017 年 6 月出任中信金控數位金融處處長）表示，區塊鏈是分散式架構，必須有許多合作夥伴在同一個「鏈」中，大家才能共享資源、實作應用。（取材自工商時報，2016 年 12 月 12 日，A8 版，金融理財中心）

二、共同研發的地理範圍

　　依地理範圍，把銀行的共同研發至少分成二個級距，詳見右表。

1. **國際級：** 以報刊稱為「R3 聯盟」的美國金融科技公司 R3 CEV，本質上是以區塊鏈開發帳聯網，以供銀行和證券業使用，所以需要各國各大銀行加入，等於是這 70 家銀行出點年費，委外研發出產業規格。
2. **單一國家：** 每個國家法令、語文不同，往往需要本土的金融科技產品，因此往往由銀行公會、共同作業公司（例如：臺灣的財金公司）出面，邀集銀行們出資，找研發機構開發帳聯網等系統。

三、國際級 R3 CEV 公司的研發聯盟

　　以中信銀行加入 R3 聯盟來說，以效益成本分析來看，似乎本小利大。

1. **預期效益：** 中信銀行總經理陳佳文指出，R3 公司有很多國際資源可以使用，當會員遇到困難時，會派員指導。金融業是國際性產業，開立信用狀、跨國匯款等，必須其他的外國銀行也能接受，得有國際一致的標準。（工商時報，2016 年 10 月 24 日，A11 版）
2. **成本：** 每年花 25 萬美元年費。

地理範圍	說　明
一、全球 （一）全球金融科技公司 　・金融科技 　・基金會 （二）資訊公司	R3 CEV 公司、以太坊（Ethereum）。 2015 年 Linux 基金會的超級帳本（hyper ledger）計畫，聚焦開發公有鏈，提供政府改善效率，打造即時機器數據轉移和交易的物聯網基礎。
二、單一國家 （一）中國大陸 （二）日本	北京市有 China Ledger 聯盟；深圳市金融區塊鏈合作聯盟。 日本 JADA 聯盟。
（三）臺灣 　・協調組織 　・帳聯網	財金公司，詳見下方小檔案。 詳見 Unit 12-2。富邦金控則透過子公司富邦創投投資的帳聯網路科技公司，是在地研發聯盟。

資料來源：部分來自商業周刊，第 1515 期，2016 年 11 月，第 65 頁。

R3 CEV 公司

時：2015 年 9 月成立
地：美國紐約州紐約市
人：執行長陸特（David Rutter）
事：CEV 代表
　・C（CRYPTO 2.0）：運用加密技術
　・E（E-platform）：建構交易平台
　・V（venture capital）：開發創投機會
會員：全球 70 幾家銀行等
英國：巴克萊銀行
臺灣：中信、華南
美國：摩根大通、花旗，2016 年 11 月高盛退出
中國大陸：平安保險公司
地位：號稱全球最大區塊鏈聯盟，偏重帳聯網，跨境匯款只須 5 秒

Unit 11-7 銀行的智慧財產權管理

研發到了「瓜熟蒂落」階段，此時進入智慧財產權管理。

一、智慧財產權範圍

一般把智慧財產權分成三類：專利、營業祕密和著作權，由右圖可見。

1. X 軸：公開 vs. 不公開

向經濟部智慧財產局申請商品專利，一定須說明商品如何製成。

- 專利的條件較嚴格：只要符合新穎性與非顯而易知性。
- 專利保障商品：許多對手透過逆向工程，破解本公司花錢研發的商品，所以本公司只好尋求公權力保障。

2. Y 軸：保護期間

由 Y 軸可見三種專利的保護期間。至於全球的重要營業祕密，例如：可口可樂公司的可樂配方。

二、銀行的智財權分布

數位銀行業務跟電子業不同。

1. 少數申請專利：電子業的電子商品以手機來說，約須 11,000 個專利，遍及各零組件、作業系統。銀行的金融科技大都自用，比較少需要申請專利。

2. 大部分是營業祕密：銀行的「專門知識」（Know-how），例如：玉山銀行的授信徵審制度，都屬於營業祕密類。

三、智財權管理的組織設計

銀行的智慧財產權管理，由智財組負責。

喬美國際公司

成立：2000 年
住址：臺灣臺北市
董事長：簡永松
產品：2007 年跟永豐銀行推出「標會網」
　　　2008 年推出「喬安互助網」，等於是保險公司拒保的老人「死亡」互助會
會員：12,000 人
號稱 47 項金融科技專利，臺灣第一，卻很少帶來授權收入。

（詳見商業周刊，第 1478 期，2016 年 3 月，第 58～60 頁）

營業祕密與專利差異圖

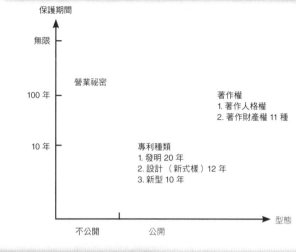

保護期間

無限

營業祕密

100 年

著作權
1. 著作人格權
2. 著作財產權 11 種

10 年

專利種類
1. 發明 20 年
2. 設計（新式樣）12 年
3. 新型 10 年

型態

不公開　　　　公開

美國金融科技核准的分析

時：2016 年
地：美國
人：Envision IP 法律事務所（公司），專攻專利研究
事：美國金融科技的核發對象

期間	1996 ～ 2009 年	2010 年後
主要公司	科技公司	銀行
項目	金融	網路
	付款	移動裝置平台，金融交易安全、雲端計算、電子商務

人工智慧在銀行智慧客服的運用

投 入

一、自然語言處理
1. 西班牙的國際銀行
   對客服中心的電話錄音進行情感分析
2. 新加坡的星展銀行
   審查顧客聊天日誌，以提高流通品質
二、其他

轉 換

對帳
1. 美國
   ・房貸對帳
   　富國銀行
   ・交易對帳
   　高盛證券、摩根大通銀行
2. 丹麥的丹麥銀行
3. 印度的 ICIC 銀行
   對自動提款機的可疑或爭議交易，進行自動對帳

產 出

一、投資顧問
1. 金融預測
   例如：德意志銀行利用新聞以提供匯率預測
2. 即時資料
   以虛擬助理執行
3. 理財資訊
   印度 ICIC 銀行等
二、顧客服務
1. 虛擬客服人員
   例如：E*trado
2. 其他

第 12 章

區塊鏈技術在數位金融的運用

區塊鏈技術

區塊鏈技術（block chain technology）有「金融科技中的基礎建設」之稱。簡單的說，像「舞龍」中的龍身一節一節般，一「節」便代表一筆交易的「資料檔」（稱為區塊，block），把一連串循序交易的資料檔連結起來，像鐵鏈般，稱為「區塊鏈」（block chain）。在本章中，開宗明義的說明區塊鏈技術，它主要用於銀行間轉帳、匯款，但它不是「萬靈藥」。

一、區塊鏈大易分解法

大部分「創新」都是像樂高玩具般，把一些拼圖塊堆積起來，把一些「模組」組裝成「產品」。同樣，大部分觀念（包括技術）都是「模組式創新」，所以可以像化學中把「H_2O」電解成氫和氧。由右圖可見區塊鏈的兩種表現方式。

- **文字分解：**區塊鏈是兩個名詞「區塊」和「鏈」組合的複合名詞。
- **圖形呈現：**圖形可加強我們的記憶，把一塊塊「區塊」劃出，成「鏈」條形。

二、發展歷程

由下表可見，區塊鏈的萌芽過程，從 1998 年商品「概念」提出到第一個商品（2009 年 1 月比特幣），花了 11 年。

區塊鏈的萌芽期進程

年	人的主張
1981 年	美國人 David Chaum（1955~）提出不可追蹤的密碼學網路支付系統，是區塊鏈技術的雛形，稱為「ecash」或 DigiCash（即 digital cash）。
1998 年	美國人（Wei Dai，音譯）發表文章說明了一種匿名的、分布式的電子現金系統，其稱為「b-money」。
2008 年	中本聰在一個密碼學網站的郵件組列表中發表了一篇論文（俗稱白皮書），描述了比特幣的電子現金系統。提出區塊鏈是一串使用「密碼學方法相關聯產生的資料塊」，每次「交易」須「確認」資料的有效性（防偽）與生成下一個區塊資料。
2009 年 1 月 3 日	中本聰開創比特幣「端點到端點」開源使用者群之節點和雜湊函式系統，其對等網路和第一個區塊鏈開始執行，發行史上最早的 50 個比特幣。
2010 年 10 月	BitPay 發行報告說，1,000 家以上商戶透過他們的支付系統來接收比特幣的付款。比特幣可以說是區塊鏈技術在日常生活最早的實際應用。

區塊 ＋	鏈	＝ 區塊鏈
block	chain	block chain
是記錄一段時間內所有交易的數據包，交易的範圍廣泛，從交換商品、資產、意願，到交付結果、進度都是。	過程中產生的所有紀錄就會被打包封存，所有區塊都依時間序串接起來，無止境延伸。	中國大陸用詞。 區塊鏈名稱是「分散式帳本技術」（distributed ledger technology）。
第一筆交易　　第二筆交易　　第三筆交易 區塊資料： 30 個由英文字母、數字組成　　同左　　同左		區塊鏈是一串使用密碼技術產生的資料塊鏈結所形成稱為「分散式帳本」（distributed ledgers）。
1. 交易資料：你提出交易通知時，隨機發送一組英文字母、數字夾雜的三十幾位亂數當作交易代號。		區塊鏈後新增任何一項交易資料，每位用戶會立即收到訊息，讓所有用戶能隨時掌握經過驗證且受保護區塊鏈版本。
2. 記錄每一次交易，把每一道經手交易的帳本，都攤開來給大家看。交易的認證是以數學當基礎、搭配密碼學、經濟模型與算法算力等加密演算機制，讓各個參與的「節點」能夠達成共識，認可交易。		區塊鏈是一種特定類別的資料庫，專門用來儲存交易資料。一個「節點」指的是一個人、一家公司（例如：銀行）。
3. 雜湊指標（hash pointer）：在固定時段中的交易內容和時序，封存在區塊鏈中。		「封存」的意思就是無法再修改了，特別是針對過去已經發生的交易。

Hash：雜湊、切細。

Hash function：雜湊正數，是一種從任何一種資料中建立小的數字「指紋」。

Hash point：一個指向某個被雜湊正數保護的資料結構的「指標」，另外也可驗證資料是否更改。

第 12 章　區塊鏈技術在數位金融的運用

Unit 12-2 以一筆交易來說明區塊鏈的四個特色

有首歌「龍」的傳人，東漢學者王符的文字描寫：

- 角：鹿角　　・頭：駱駝頭　　・眼：複眼　　・嘴：牛
- 身體：蛇　　・腹部：蜃　　・掌：虎　　　・爪：鷹

集合九種動物於一身。等到把「龍」畫出來，便非常具象了，看到舞龍舞獅就很習慣了。區塊鏈技術是筆者看到最多人用文字來描寫的觀念，愈描愈多。於是我們想到用一筆付款交易來說明。

一、表第一欄：以一筆交易來說明

以「例子」來作為切入點，銀行扮演的角色之一是「支付」的媒人，最常見的是「自動櫃員機轉帳」或銀行臨櫃交易中的「電匯」。

二、表第二欄：區塊鏈四個特色

在交易的 5 步驟中第 2 ～ 5 步驟，區塊鏈「步步為營」，各有一個特色。坊間文章有五個，詳細看其性質後，本書將其歸類為四個。

三、表第三欄：區塊鏈的缺點

「以子之矛攻子之盾」這句俚語貼切說明任何一個人的優點常是其缺點，例如：一個人「八面玲瓏」，其缺點是「缺乏堅持」。同樣的，區塊鏈愈強調其「特色」，反面來推理，便可舉出其缺點。

帳聯網路公司（AMIS）

- 全文：amity in sharing
- 縮寫：AMIS，有三個意思，法文（ami），朋友；臺灣原住民「阿美族」；職棒富邦悍將隊啦啦隊員之一「艾蜜斯」。
- 本意：帳聯網路科技公司，2016 年 9 月成立，在臺灣臺北市，資本額 2,013 萬元，董事長劉世偉，英屬維京群島註冊。

區塊鏈如何運作

以一筆付款交易為例 *	區塊鏈的四個特色 **	缺　點 ***
Step 1 A 方想要把錢轉給 B 方 **Step 2** 此交易在網路以「區塊」代表 **Step 3** 接著被廣播到整個網路，讓所有參與者同意交易有效 **Step 4** 此區塊能加入到區塊鏈中，交易過程在公開分類帳中被記錄，且無法修改 **Step 5** B 方接收到 A 方的資金	**一、沒有中心：高效率** 1. 在支付來說，「中心」指的是銀行、財金公司，銀行間（簡稱 dapp）主要是指中央銀行。 2. 區塊鏈沒有中間商的角色，因此能加快交易速度，並藉此提升資金流動的效率。 **二、共同參與、交叉認證** 1. 各「節點」是指整個體系中的參與者（例如：電腦）。 2. 這些交易區塊破解與認證的過程就是「挖礦」。 3. 參與挖礦的「節點」稱為「礦工」。以帳聯網來說，節點可以是電信公司、銀行、公司等。 4. 各節點接收之後，開始破解一道由密碼學組成的數學題，誰先破解，誰就優先得到記帳權。 5. 這個答案又通過多個節點的集體認證、形成共識之後，就能把這筆交易區塊按照時間序列鏈結到之前的區塊上。你發出交易通知時，資訊系統會公告鄰近的在線用戶，徵求主動的「查票員」，驗證交易雙方合法性、歷史交易紀錄、資產價值等。最快完成驗證的成員就會回覆資訊系統，拍板交易成立與否。資訊系統為了回饋他的貢獻，會從交易費用中撥出固定比率獎賞他。 **三、不可竄改、不易造假：低成本** 具有分布式資料庫，看來就像是一本攤開來的巨大「共享帳簿」（Shared Ledger）。區塊鏈的分散式帳本架構，新舊資料都難竄改，可從外部確認資料是否被竄改，因此在資訊安全防護上較為穩固，不需高額投資。只要有一台電腦正常運作，整體系統就會動作，沒有停機時間，可在相對低成本狀況下，實現 365 天、24 小時連續營運。比特幣的區塊鏈自 2009 年以後即持續維持 365 天、24 小時連續運作至今。 **四、紀錄透明可追蹤** 區塊鏈 DLT 以開放原始碼、「端點對端點」及私密與公開金鑰加密技術、所有參與者共同記錄所有交易於可認證確實性之分散式帳本，又有時間戳證明時間。帳戶有由密碼組成的公、私鑰匙來把關，兩把鑰匙都對了，才能動用資產。監管單位可以「實名制」的身分認證來防洗錢。	運用區塊鏈的虛擬貨幣愈來愈多，一旦各家應用一湧而出，互通機制可能成為一大問題，像是區塊鏈社群互相交換資料時，如何證明彼此的資料可信度？ 1. 技術整合與測試驗證相當費時，加上金融法令規範嚴苛，商用化的普及恐仍需一段時日。 2. 區塊鏈的主要功能為認證相關資訊，但缺乏一個證明區塊鏈本身真實性的機制。區塊鏈的加密技術安全性，在理論上滿足安全要件，並無形式化的安全性定義，且欠缺外部專家的驗證。 3. 由於每一個區塊都會包含前面所有區塊的交易資訊，以比特幣為例，至今已經封存四十多萬個資訊區塊，因此比特幣此數據量 90G，加上社群愈來愈龐大，系統每秒鐘只能處理七筆交易，以至於交易時間拉長，成為安全漏洞。 2016 年 3 月，德國區塊鏈技術的投資基金平台「The DAO（The Decentralized Autonomous Organization）公司 Slock it」遭駭被盜走約 370 萬個以太幣（ether）事件發生後，更使其安全性出現破口，遭到質疑，成為區塊鏈技術問世以來第一樁竊幣案，專家拆解駭客的手法就是「時間差」攻擊。 「查票員」確定交易成立，買家進行匯款、賣家準備轉出「以太幣」。這時，駭客佯裝的買家在幾毫秒內先後按下匯款與取消鍵，兩則訊息幾乎同步發出，「查票員」卻先收到取消要求、後收到匯款通知，於是認定取消合法、匯款違法，駁回交易，與此同時，駭客已經收到「以太幣」了。 假設買方自己在輸入交易金額時不小心多打了一個零，等到交易完成後才發現，只有賣方秉持誠信，願意歸還溢付金額，否則買方必須循法院程序求償。

* 資料來源：高盛全球投資研究，2016 年 3 月 4 日。

** 資料來源：整理自遠見雜誌，2016 年 5 月，第 56 ~ 59 頁。

*** 資料來源：整理自商業周刊第 1515 期，2016 年 11 月，第 62 頁。

　　日本索尼互動娛樂公司以電視遊戲機「遊戲站」（Play Station, PS）聞名，每 4 年出改款，型號依序稱為 PS1 ～ PS4。同樣的，許多觀念隨著時間經過而演化，區塊鏈技術發展可分三個階段，詳見右表。

一、第一階段：數位貨幣，以比特幣為例

　　2009 年起，區塊鏈技術第一階段應用，主要用於「數位貨幣」，「貨幣」四個功能之一是支付的工具。

1. **投資銀行業者的看法**：美國紐約市的數位資產控股公司總裁梅斯特（Blythe Masters）稱區塊鏈為「貨幣的電子郵件」。（詳見商業周刊，第 1469 期，2016 年 1 月，第 26 頁）簡單說，可以把「比特幣」、「以太幣」等視為以「電子郵件」寄來寄去的「現金」。
2. **2017 年起，愈來愈可上路**：2017 年 2 月 28 日起，加拿大一家咖啡館設立比特幣自動櫃員機。從此，愈來愈多國家的少數商店願意接受顧客以比特幣付款。

二、第二階段：俗稱區塊鏈 2.0

　　區塊鏈技術第二階段運用延伸到金融業其他領域，主要有二：智慧合約、智慧資產。

三、第三階段：俗稱區塊鏈 3.0

　　區塊鏈技術第三階段發展為「撈過界」的運用到「金融業以外」。

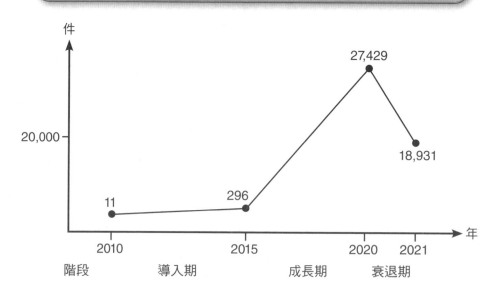

全球區塊鏈行業專利申請數

件

27,429

20,000

18,931

11

296

2010　　　　2015　　　　2020　　2021　年

階段　　　導入期　　　　　成長期　　衰退期

區塊鏈技術發展的三階段

	區塊鏈 1.0	區塊鏈 2.0	區塊鏈 3.0
一、時間	2009 年起	2012 年起	2015 年起
二、技術	1.資訊交換 2.進階：轉帳／分帳自動結算	1.智慧契約 2.智慧資產（以區塊鏈為基礎的可交易資產）	數位認證，身分識別、生產履歷、票務交換系統，再生能源發展
三、主要運用	（一）金融		（二）金融以外
	1.虛擬／數位貨幣 ・比特幣（Bitcoin） 2.以數位支付 ・以太坊（Ethereum）的國際公共區塊鏈平台 ・帳聯網公司：R3 CEV ・富邦、帳連網路公司（AMIS，詳見 Unit 12-5）和微軟切入物聯網和金融創新支付 ・中國銀聯與阿里巴巴用在眾籌、網路放款仲介、證券結算 ・陸金所和微軟開群募平台	1.智慧契約資產有關的註冊、交易活動，例如：股、債、產權的登記及轉讓，證券與其他金融商品合約的交易與執行等。自動合約條款的電腦程式。 2.智慧資產缺點：需要太高的計算資源，網路傳輸量大。	1.主要應用在社會治理領域，如身分認證、公證、仲裁、審計、物流、簽證、投票或網路架構、網域名稱使用、數位著作影音授權、醫療／電子病歷、食安和生技醫藥品。 2.在愛沙尼亞，區塊鏈技術運用在身分證件以及醫療等領域。 3.在民宿租賃平台 Airbnb 研究如何透過區塊鏈技術驗證房東、用戶身分以及信譽。 4.美國納斯達克交易所使用區塊鏈技術處理代理投票。 ・網絡基建暨應用程式介面：以太坊 ・高階人力仲介：TRST.im ・房地產：factom ・鑽石黃金：Everledger、BitShares ・運動賽事：BraveLog

區塊鏈技術「商品化」的三階段

　　汽車涉及許多人的生命財產安全，所以各國政府對新車安全（俗稱防撞測試）有許多嚴格的認證。藥品牽涉大部分人的健康生命，所以各國衛生福利部食品藥物署對新藥的上市審核程序非常嚴謹。區塊鏈涉及人、公司跟銀行間的財產交易安全，許多人的錢都是流血流汗賺來的。所以法律對「詐騙」犯、「強盜」犯的刑罰很重，因為「錢」是許多人生存的基本條件。

　　由汽車、藥品來看，那麼來推論區塊鏈技術運用的「商品化」（或「服務化」）就同理可通了。簡單的說，金融科技（以區塊鏈為例），是個漫長的各國採用過程，至少須耗時 10 年以上，跟自動駕駛汽車最快 2025 年在「美國」部分州上路一樣。

一、概念期：1982 ～ 2014 年

　　在 1982 ～ 2014 年區塊鏈屬於概念期，先有個商品概念，再開發出雛形。

1. **太極生兩儀**：區塊鏈是把數個人間「文字」接龍遊戲，透過網路「數據包」的方式傳遞，傳遞的內容如果是「貨幣」，那就變成「數位貨幣」。兩個例子，2009 年的比特幣、2015 年的以太幣，小試身手。

2. **區塊鏈概念的三階段發展**：傳遞內容由「數位貨幣」，進一步到數字、文字，只要人跟人、公司跟公司間的資料傳遞，便可衍生出來。詳見 Unit 12-1。

　　區塊鏈技術處於過度期望的高峰期（Peak of Inflated Expectations），要進入主流市場並帶來真正顛覆性的影響，至少還要 5 到 10 年。在這階段裡，失敗情況會遠多於成功案例。因此，勇於嘗試並懷抱耐心給這個新技術多一點時間，會是每家公司必須具備的心態。

二、驗證期：2015 ～ 2020 年

　　資訊技術等大眾運用，皆必須經過試驗期，以證明其功能範圍等，區塊鏈情況如下。

1. **新藥的本夢比**：2015 年 7 月，臺灣生技公司浩鼎，因一個新藥的人體實驗，股價從 200 元飆升到 2016 年 3 月 700 元。因人體實驗結果公布（俗稱解盲）「沒過」，股價一洩千里。浩鼎是生技股「本夢比」大夢初醒的里程碑。

2. **金融科技的本夢比**：2013 年起，因著比特幣的爆紅，許多人吹捧背後的區塊鏈技術。誇到只剩下「生小孩」不會以外，幾乎無所不能，可說是金融科技中的本夢比技術。

三、區塊鏈技術商品化第三階段：2021 年後

　　以 1950 年代，美國推出信用卡來比喻，歷經 70 年努力，有些商店仍不接受信用卡。區塊鏈的數位支付等須歷經以下商品化過程兩階段。

1. **兩家以上大型銀行先跑**：銀行運用區塊鏈會分兩階段：（1）銀行內各分行跟總行間的支付轉帳；（2）再到兩家銀行間支付轉帳清算。第三步才開放給顧客。「支付區塊鏈業務」沒問題後，國際匯款是更久以後的事。以玉山銀行為例，玉山銀行數位金融事業處協理劉美玲表示，玉山銀行希望先從小規模、銀行內試營運，試行成功後，延伸至外部應用。（經濟日報，2016 年 9 月 9 日，A5 版，韓化宇）

2. **中央銀行數位貨幣應該是 2030 年以後的事**：當許多銀行運用區塊鏈於支付、轉帳、結算等安全無虞後，一些國家的中央銀行才會考慮發行「數位貨幣」，可能分三階段：在「同資系統」中扮演結算（或取代同資系統）、央行跟銀行間結算，央行對大眾發行數位貨幣。

以新商品開發過程說明區塊鏈技術

商品	雛型發展期	驗證期（proof of concept）	商品化階段
新藥	公司研究室 1. 藥理實驗 2. 動物實驗	向衛生福利部食品藥物管理署申請人體實驗、取得藥證	在各國取得藥證後上市
區塊鏈技術商品化	2008 年的中本聰的加密貨幣主張	・2009 年 1 月 3 日的比特幣 ・2014 年 1 月的以太幣	最快 2021 年才會進入產品生命期的導入期認證流程

區塊鏈在銀行業運用的導論

2017 年 7 月 20 日，財金公司推動「公益區塊鏈」，先運用於聯合勸募基金會，以進行一個專案募款案例，該專案目標是募款 1,000 萬元，運用區塊鏈後，可以即時知道還差多少就達成目標，例如：收到 800 萬元，還剩下 200 萬元的額度，該機構能馬上掌握，不會「溢收」，對捐款的對象，也會運用區塊鏈技術追蹤撥款紀錄，絕不會有流向不明的問題。

在公益捐款區塊鏈平台成立後，成員包括慈善機構、代管善款的銀行、主管機關（主要是衛生福利部社會救助及社工司）。屆時包括民眾的捐款紀錄、慈善機構撥付捐款、以及主管機關的查詢，都會在區塊鏈平台上留下紀錄。

區塊鏈技術運用於供應鏈融資

時：2016 年
地：臺灣臺北市
人：第一銀行成立專案小組與「數位金融區塊鏈應用實驗室」
事：第一銀行承辦客戶供應鏈融資、銷售鏈融資、價值鏈融資，協助供貨公司與零售公司最直接的資金挹注。一銀從上百家客戶選出一家中心公司後，展開平行導入與測試，透過平行導入策略加以驗證區塊鏈成效與提升客戶滿意程度。（工商時報，2016 年 11 月 16 日，A16 版，孫彬訓）

區塊鏈技術運用於貿易融資

時：2016 年 9 月 8 日
地：英國倫敦市
人：英國巴克萊銀行（Barclays）
事：信用狀交易下列 2 家公司
  ・出口公司：愛爾蘭農產合作社 Ornua（前身為愛爾蘭乳品局）價值近 10 萬美元的乳酪與奶油出口。
  ・進口公司：Seychelles 貿易公司。
  數位信用狀技術：以色列的公司 Wave。
  信用狀運用 Wave 的技術完成貨運單據、保險等文件的數位加密簽章，4 小時內完成開狀、交付。（經濟日報，2016 年 9 月 9 日，A5 版，湯淑君）

組織層級	區塊鏈技術	舉例：臺灣財金公司的順序
一、中央銀行		
1. 數位貨幣	─	
2. 清算系統		
二、銀行		
（一）支付		
1. 銀行間	數位化貨幣 · 帳聯網 　例如：帳聯網路公司	2016 年 8 月 24 日美國紐約市梅隆銀行等發展區塊鏈結算數位貨幣，提升結算效率。
2. 手機支付	同上	臺灣遠東銀行發展 QR Code 多元支付整合服務平台，做為提供商店行動支付的後援平台，更進一步做到可從系統端修改程式，讓各商店機動擴充可接收各種新興支付工具。
3. 匯款		美國摩根大通（JP Morgan Chase）測試某種區塊鏈技術，2016 年為大約 2,200 個客戶在倫敦、東京兩大金融中心之間轉移美元資金。2016 年 8 月 20 日 15 家日本銀行透過 Ripple 區塊鏈實驗小額即時匯款。2016 年 9 月 2 日威士公司等宣布測試小額支付與跨境匯款的區塊鏈應用。
（二）貸款		
1. 企業金融 　資金調度管理		透過區塊鏈讓企業快速掌握金流概況。
· 貿易融資	付款人錢一匯出，出貨人第一時間馬上就能知道，未來出貨將加速	2016 年 8 月 14 日美國的美國銀行跟微軟研發進出口公司間的信用狀技術。許多國家銀行研究，如 2016 年 9 月 8 日，英國巴克萊銀行（詳見左頁）。
· 供應鏈融資	把供應鏈每層的收付往來，一層層的串連起來	透過供應鏈更透明的傳遞資訊給所有參貸銀行。
· 聯貸		
2. 消費金融 　帳戶及交易資料查詢	銀行或消費者直接運用區塊鏈就可以比對與查詢第一手的交易資訊及帳目	
（三）行銷		
1. 公益捐款		把捐款人、捐款機構及受助對象，透過區塊鏈快速完成捐款及統計。
2. 了解顧客的資料分享	· 可信任守門人 　（Trusted gate keepers） · 建立「了解顧客鏈」（KYC chain）	身分驗證。 銀行之間透過區塊鏈，進行顧客資料分享。
3. 信用卡紅利點數	跨行紅利集合兌換，持卡人想兌換某一商品時，對於各銀行的信用卡紅利積點可共同累積兌換 各持卡人間紅利積點的移轉，讓某些人可蒐集更多紅利積點	讓信用卡持卡人把紅利跨銀行累積兌換商品。
4. 其他		

* 資料來源：工商時報，2017 年 1 月 25 日，A15 版，朱漢崙。

Unit 12-6 智慧契約

下列兩位美國第 44、45 任總統的中文譯名，兩岸小不同。

- Barack Obama，臺灣譯為「巴拉克 · 歐巴馬」，中國大陸譯為「貝拉克 · 奧巴馬」。
- Donald Trump，臺灣翻譯「唐納 · 川普」，中國大陸稱為「唐納德 · 特朗普」。

在臺灣，你看亞洲週刊或看鳳凰衛視等中國大陸電視台，只看「唐納德 · 特朗普」，許多臺灣人不曉得是誰。語言是流通的，臺灣人口中的韓語「歐巴」，指的是「帥哥」，年輕俊男在中國大陸稱「小鮮肉」。先有這兩個語言的常識，再來說「智慧契約」。你就能理解，不同語譯之妙。

一、智慧契約：以旅行綜合保險為例

2017 年 7 月兆豐保險、國泰產險攜手安侯企業管理股份有限公司，在個人旅行綜合保險承保範圍中之班機延誤部分，導入區塊鏈的智慧契約（Smart Contract，陸稱智能契約）技術，針對航班預定抵達與實際抵達目的地之時間資訊予以比對，於確認符合班機延誤理賠條件時，主動理賠，投保戶只需提供相關理賠文件，兆豐銀行、國泰產險即可依約給付賠款，大幅提升理賠處理效率與強化對保戶之服務。這是金融科技中的「保險科技」。

二、以太坊

在數位貨幣、智慧契約的領域中，較出名的是以太坊，詳見兩個小檔案。許多資訊名詞，例如：「路由」、「以太」等音譯，令人不知所云，義譯較傳神。

以太坊（Ethereum）

成立：2016 年 1 月，透過群眾募資取得資金來發展
住址：瑞士，以太坊基金會（Ethereum Foundation）
創辦人：布特林（Vitalik Buterin），另加上 Gavin Wood 等
性質：智慧契約（smart contract），以「以太虛擬機」來處理點對點間的合約
產品：以太幣（Ether, ETH），以作為執行「以太坊」智慧合約的應用
編輯語言：ctt、Go、Java、Python 等
ether：以太，這是音譯，意譯是「大氣層」

智 慧 契 約

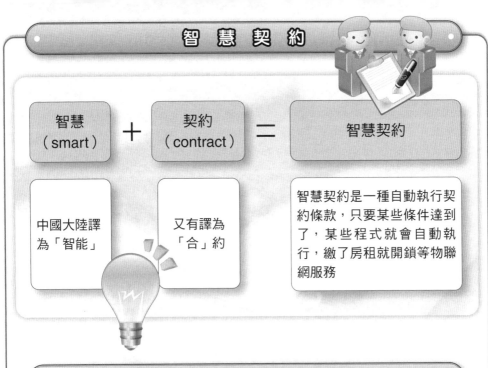

| 智慧
（smart） | ＋ | 契約
（contract） | ＝ | 智慧契約 |

| 中國大陸譯為「智能」 | 又有譯為「合」約 | 智慧契約是一種自動執行契約條款，只要某些條件達到了，某些程式就會自動執行，繳了房租就開鎖等物聯網服務 |

智慧契約技術在金融業的運用

行業	說　明
一、銀行	・銀行間資金清算等 ・跨境支付、電匯
二、保險	例如：「旅行不便險」中的航班延誤險，簽的是「智慧契約」，契約系統會自行去抓全球航班延誤的資訊，一旦發生了航班延誤的事實，契約就生效，就會直接理賠到投保人的帳戶。
三、證券	・限價單 ・程式交易（Program trading）

維塔利克・布特林（Vitalik Buterin）

出生：1994 年
現職：區塊鏈平台「以太坊」創辦人兼研發主管
學歷：加拿大滑鐵盧大學肄業
獲獎：奧林匹亞資訊獎銅牌、提爾獎學金、2014 年世界科技獎

第 13 章

銀行分行綜合業務的數位化

Unit 13-1　網路身分識別的認證

在臺灣去銀行、證券公司申請開戶，要帶雙證件（身分證、健保卡或駕照等），很多事皆須用到身分證。在美國，你看美國電影，經常談到的 ID 指的是「社會安全卡」上的號碼，一如臺灣身分證上「一個英文字母加 9 個數字」。時序進入 2016 年的數位銀行時代，其中 2015 年 3 月手機支付先開跑，對於身分認證須於手機連網處理。

一、大分類：政府 vs. 民間

在網路認證方面，依公務與民間用途，分成兩大類：

1. **政府：內政部**
   - 用途：人民跟政府間的網路服務。個人取得「網路身分證」，便可上網跟政府洽辦各項臨櫃交易，例如：內政部的「戶政、地政」、衛福部的「健保」、勞動部的「勞保」、財政部的「稅」。
   - 網路身分證的兩種型式：有 IC 卡版（申請工本費 250 元），用在電腦旁的讀卡機；有手機 App 版。
2. **民間：臺灣網路認證公司，詳見下方小檔案。**

二、中分類

由右表第二欄可見，為了因應銀行的手機支付業務，臺灣網路認證公司成立「身分識別中心」。如此消費者透過手機付款（綁金融卡、信用卡、甚至各類帳戶）、免卡提款等，在單一銀行辦理存款，以後在手機付款等時，透過線上快速身分辨識（fast identity online, FIDO）便可跨銀行、跨平台認證。

臺灣網路認證公司

成立：1999 年
住址：臺灣臺北市
資本額：2 億元
大股東：證券交易所、證券集中保管公司、財金資訊公司、關貿網路公司，各 20%，其餘是民股。
董事長：張殿冬
產品／服務：金融憑證的民間公司，主要業務如下：
1. 電子認證：電子認證簽發、註銷、展期、公布，完整的身分識別信物管理，並區分其信賴等級。
2. 數位簽章公司鑰之製作。
3. 電子憑證目錄服務。
4. 電子文件時戳服務、電子文件「存」證與公證。

大分類	中分類
一、政府 　內政部憑證管理中心 　例如：「實務作業基準」 　1.4 版是 2010 年 11 月訂定	補充說明 給予自然人憑證號碼（personal identification number, PIN）作為「網路身分證」。
二、民間 　1994 年起 　臺灣網路認證公司， 　用於網路交易	（一）手機支付 2016 年 11 月，臺灣網路認證公司成立「身分識別中心」，認證標準由銀行公會規定，2017 年起對外營業。 （二）其他

顧客遊程地圖（customer journey map）

又稱顧客（或使用者）體驗旅程地圖：
1. customer journey map tool
   這是形容顧客在公司的各種「接觸點」（touch points），如何跟公司各方面互動。
2. customer journey mappins
   例如：運用 usx Mastery 等資訊系統，把顧客的旅程化成圖像，以便視覺上了解。
3. user journey map template
   運用顧客旅程地圖「範例」，或「公版」（template），以改善公司行銷策略。

TWID 身分識別中心

· 2016 年 11 月因金管會「金融科技發展策略白皮書」政策而成立的 TWID 身分識別中心，2017 年 3 月 29 日宣布，可直接連接使用自然人憑證用戶身分確認服務。
· 未來金融單位若是有身分識別上的需求，不需要各自介接不同身分驗證單位，只要單一介接 TWID 身分識別中心，即可讓客戶經由使用金融憑證、晶片金融卡、自然人憑證等不同機制來完成身分識別。

金融業的網路申請開戶

2015 年起，金融業各公司紛紛宣布開放網路申請開戶，發布新聞公告周知，詳見右表。

一、用膝蓋便可得到結論

有幾家銀行針對活儲戶、信用卡申請開戶進行顧客調查，發現「很花時間」、「很麻煩」（例如：要帶齊雙證件、簽一堆表單）等，套用行銷管理中的名詞「顧客痛點」（customer pain points）。這個調查是「白花錢」的，因為只要自己以顧客身分去辦一次，便會針對痛點「有感」。

二、2016 年 7 月，8 家公股銀行全員到齊

針對新業務在一個行業中，有「先知先覺」的早期提出公司、中間的大部分公司，到「後知後覺」的晚期公司，甚至還有「不知不覺」公司。以 8 家公股銀行來說，大抵可說處於「中期」、「晚期」公司。2016 年 7 月，全員到齊。網路申請開戶再也不是新聞。

台新銀行「24H 線上櫃台」

時：2015 年 9 月 15 日
地：臺灣
人：台新銀行客群經營處副總經理劉樹芬
事：2005 年台新銀行為了解顧客行為的轉變，舉辦「新生活運動」網路活動調查，結果發現，6,000 位參與調查的網友到分行申辦金融服務申請或交易時，包括等待的時間，平均完成時間 60 分鐘。因此，台新銀行透過網路服務平台提供信用卡、信用貸款等線上申請服務。（經濟日報，2015 年 9 月 14 日，A3 版，陳怡慈）

顧客痛點（customer pain points）

· 痛（苦）點：是顧客使用某一產品／服務中「不滿足」的落差，以致顧客心中覺得「痛」。
· 緣起：此源自於人身體中的疼痛，例如：「疼痛點」治療。
· 在中國大陸，2015 年起流行品牌行銷的三個點：
「痛點」比較是行銷研究中的了解消費者的「需求分析」。
「癢點」是指「AIDA」消費者決策程序中的「欲求」（心動）。
「賣點」在公司的角度，如何使廣告等讓顧客「心癢癢」。

金融業網路申請開戶

金融業	網路數位帳戶	說明
一、銀行		
（一）本行顧客	・舊顧客只要年滿 20 歲的本國自然人，且是第一銀行既有存款顧客，都可在網路上開立數位存款帳戶，完成「身分驗證」、「上傳證件」、「檢視基本資料」及「輸入安控驗證密碼」等四步驟後，就可迅速完成新存款帳戶申請開立作業。 ・新顧客上網填寫開戶基本資料、上傳雙證件拍照，透過電腦視訊輔助完成身分證明等步驟，就能完成開戶。	・每筆上限 5 萬元、每日總額度 10 萬元、每月 20 萬元為限。 ・可投資基金理財、轉帳與繳費，基於風險管理，因此存戶能進行低風險交易。
（二）其他銀行顧客	提供他行實體銀行帳戶資料，例如：信用卡卡號或他行帳戶資料。	
二、證券公司		
（一）開戶	自 2015 年 6 月開放以來，富邦、永豐金、兆豐、日盛、合庫等五家證券公司可以進行線上開戶。證交所 2016 年 11 月開放證券公司可以用平板等電子載具來簽署契約，永豐金證券於 16 日啟用 QR-code 文件快驗通辦理投資人財富管理開戶契約書及風險預告書的簽署。	QR-code 文件快驗通，是一項結合電子憑證與 QR-code 的技術運用，經過電子簽章 Signed 之 QR-code 具有可驗證、可信賴及可防止文本遭竄改的特性，藉由 QR-code 把電子簽章隨文件傳遞之運作方式，證券公司可提供投資人開戶契約書及風險預告書之電子認證文件。
三、保險公司	自 2010 年起可用電子載具與顧客簽契約。	—

線上申請信用卡：以永豐銀行為例

Unit 13-3

線上申請信用卡，普通級信用卡刷卡額度 12 萬元，這是銀行對持卡人的授信（信用貸款），所以徵信審查比開立活期儲蓄存款（即提款卡）多一些文件、程序。本單元以永豐銀行的作法為例說明。

一、老詞：痛點

以「顧客旅程」（customer journey，詳見 Unit 13-2 小檔案中痛點）的方式，描繪出顧客開戶過程的情境與步驟，以顧客角度思考，哪些過程過於麻煩、需要改造，再經過多次的使用者測試與修正，最後推出「雲端開戶」的線上開戶功能。打造更好的「使用者體驗」（User Experience, UX）。

二、永豐銀行的網路申請信用卡

網路申請信用卡專案，由嚴國瑞與跨部門的同事攜手完成。嚴國瑞強調，銀行進行流程改造，必須遵循金融法規，因此需要資訊、平台與金融專業的各部一起討論。跟不同部同仁有很多辯論，也感受到同事的抗拒，「因為我們把很多舊有流程改掉了，但銀行害怕出錯。」他說。因此，嚴國瑞化身成「傳教士」的角色，不斷地跟同事溝通，成功說服自己人的關鍵，從客戶的角度來思考。

永豐銀行線上申請信用卡專案

時：2015 年 5 月
地：臺灣
人：嚴國瑞，永豐銀行電子金融處資深協理
事：利用「雲端開戶」，顧客可以 24 小時在網路上預約開卡，只要把身分證拍照上傳，後續會有專人電話聯繫，確認身分資料及領卡方式，15 分鐘之內可以跑完所有流程。最快在 1 天之內，就可以領到信用卡，還可以選擇專員送卡到府。2016 年 10 月出爐的滿意度調查，有 98% 的使用者滿意，92% 願意把雲端開戶推薦給親友。（天下雜誌，2016 年 11 月 19 日，第 219 頁）

美國電影「雲端情人」（Her）

時：2013 年 12 月 18 日，臺灣 2014 年 1 月 17 日上映
地：美國
人：男主角由瓦昆・費尼克斯飾演，即 2000 年電影「神鬼戰士」中，飾演羅馬皇帝的男配角。
事：科幻愛情片，一位男人跟人工智慧開發出的女性聲音（由史嘉蕾・喬韓森配音）化身談戀愛，本片獲 86 屆奧斯卡金像獎的最佳原創劇本獎。

聯合信用卡中心對線上申請信用卡的歷程

時間	2016 年 1 月	2016 年 7 月 6 日	2017 年 5 月 16 日
一、規定	開通「自然人憑證」信用卡、開戶功能。	推出「信用卡輔助持卡人身分驗證」平台，提供電子支付機構身分驗證服務。	銀行提供「以卡辦卡」服務，即已有信用卡的民眾，可以利用這張信用卡驗證身分，此屬於左述平台的第二階段。
二、銀行作法	花旗（臺灣）銀行號稱是第一家，另有中國信託、玉山銀行。新戶只須「填寫資料」、「連線認證」與「上傳文件」等三步驟，在 6～10 分鐘內，就能完成所有流程。	下列二類公司加入：1.4 家支付公司，國際連、支付寶、智能寶、臺灣電子支付。2.29 家銀行。	2017 年 7 月底，玉山銀行搶先推出信用卡驗證辦卡，遠東銀行立刻跟進，宣布成為首家提供存款帳戶和信用卡雙軌身分證申辦信用卡的銀行。為鼓勵線上以卡辦卡，玉山銀行祭出核卡後 45 天內首刷單筆 888 元，新戶加碼贈統一超商現金抵用券 200 元。
三、說明	自然人憑證是一張 IC 晶片卡，申辦較麻煩，需到戶政事務所，不限戶籍地，帶身分證正本、準備一個電子郵件信箱及 IC 卡工本費 250 元。使用自然人憑證能「免費」快速查閱個人信用報告，只要年滿 20 歲，進入聯徵中心網站後，輸入身分證字號與憑證密碼登入，即可線上查閱信用報告。	申辦流程是：只要持有自家或其他銀行的信用卡，在特定網頁輸入信用卡卡號、有效日期，並上傳身分證及財力證明資料，新戶能在網路上申辦信用卡。	民眾可以有效期在半年以上的「既有信用卡」，線上直接申辦其他銀行金融帳戶或再辦一張卡。遠東銀行結合財金資訊公司「跨行金融帳戶資訊核驗系統」，同時提供「存款戶與信用卡戶」雙軌線上身分認證，適用 20 家銀行存戶與卡友。只要輸入他行銀行名稱帳戶等，就會透過財金資訊公司進行身分驗證並提供財力證明，完成開戶辦卡。

資料來源：整理自經濟日報，2017 年 8 月 11 日，B4 版，葉憶如。

Unit 13-4 線上存款

市場上各家「數位金融帳戶」（digital account）祭出高利、便利及起息金額超低三大好康，吸引顧客開立數位帳戶。數位銀行的業務許多是網路銀行業務的「手機版」，其中線上存款便是其中一例。

一、從美國電影「雲端情人」談起

你有沒有看過電影「雲端情人」？一部看似在 2025 年人工智慧的水準便可在現實生活中發生的電影，人跟資訊系統的「擬真」聲音化身談戀愛。重點是片中「女人」看不到、摸不著，我們藉由此點說明銀行的數位存款。

二、線上存款：看不到、摸不到

由表可見，銀行的數位帳戶都是「看不到、摸不著」。

1. **看不到**：沒有存摺。
2. **摸不著**：不能領出存款。

   數位帳戶上的錢只能用於「數位交易」，例如：付信用卡卡費、手機轉帳，甚至金融投資。銀行可以省掉分行櫃檯的行員收存款，所以提出一些優惠措施，鼓勵顧客「多」開數位帳戶，像華南銀行一個月約 5,000 個人。

3. **渣打銀行活儲利率很高**

   渣打銀行心幸福數位帳戶，活儲鎖定新顧客新資金，存入新資金累計達 1.5 萬元以上、10 萬元以內可享 1.8% 利率，10 萬元以上部分以 1.2% 利率優惠，目的希望培養潛在財富管理顧客。

三、結果

期間：2016 年 1 月～ 2017 年 6 月

銀行：21 家

開立帳戶：20.4 萬個

帳戶種類	身分驗證強度	戶數（萬）
第一類	最強，自然人憑證、視訊	10.07
第二類	較弱	9.66
第三類	最弱	0.74

四家銀行數位帳戶情況

項目	台新	國泰世華	中國信託	華南
一、時間	2016 年	2016 年	2016 年	2016 年 7 月
二、數位帳戶名稱	Richart	KOKO	Home Bank 方便家	SnY
三、活儲利率	存款金額只要 100 萬元內，存款利率 1%	一般（0.01%）短期活動餘額達 50 萬元內 1%	同左	10 萬元內 1.1%
四、其他（一）支付	1. 信用卡折扣部分，刷 @GoGo 悠遊御璽卡，一般通路 0.5% 2. 每月五次免費跨行轉帳	1. 一年 50 次跨行轉帳免手續費 2. 信用卡優惠部分，刷 KOKO 信用卡，包括網路購物、悠遊卡自動加值都可享有 3% 現金回饋	社群收款詳見右述	1. 手機進行轉帳、付款、信用卡現金回饋最高 3.5% 2.「揪團搖紅包」首創「一對多手搖轉帳服務」，開啟華銀 App 透過近距離定位，讓朋友吃飯直接用手機分帳
（二）投資	可 註：臺灣票據交換所 ACH 代收代付機制，每月自動存入 2 萬元	銀行各種商品的交易與查詢服務，在基金投資部分，有理財專員協助過濾篩選基金，最低投資門檻 1,000 元	可	可 最低理財手續費 0 元起

資料來源：整理自經濟日報，2016 年 9 月 9 日，B3 版，夏淑賢；2017 年 1 月 5 日，B4 版，郭幸宜。華南銀行資料來自工商時報，2017 年 1 月 12 日，A23 版，張長根。

ACH：臺灣票據交換所的代收代付業務（Automated Clearing House, ACH），俗稱媒體交換業務。

Unit 13-5　自動櫃員機免卡提款

賓士等高檔汽車為了防竊，駕駛座把手採取數碼鎖，發動引擎方式改用車主指紋按壓。同樣道理，各國銀行（有些還包括郵局等）的自動櫃員機，成為犯罪人士的「狩獵場」。例如：

- 夜間時，歹徒強搶落單的提款人士。
- 以盜領方式偷錢。

一、全球自動櫃員機數目

1. 2017 年 350 萬台：如右圖之走勢，全球自動櫃員機一年約增加 14 萬台。
2. 新興國家增加，工業國家停滯或減少。

   全球自動櫃員機數目逐年增加，這跟全球人口數目類似，新興國家人口增加，工業國家人口停滯或減少，至於美國人口增加一年有百萬移民。新興國家的經濟一旦人均總產值到 1,000 美元，借款、支付需求大增，銀行需求大增，自動櫃員機隨之增加。美國的自動櫃員機逐年增加，1997 年 10 萬台，2017 年 42.5 萬台。

二、銀行使用生物辨識

中信銀行分析，設定指靜脈無卡服務的 100 萬名用戶，男性約占 65%，用戶約有四成分布於 20 ～ 29 歲。

三、擔心提款卡被盜領是杞人憂天

2016 年，臺灣汽車失竊數量有多少？答案是「6,300 輛」（套用 2014 年內政部警政署失竊率數字推估），這很多嗎？有兩個比較標準：

- 跟 2016 年新車銷量 44 萬輛比較，占 1.4%。被偷汽車大都以新車為主，以此來說，占 1.4%，看似有些高。
- 跟汽車存量 780 萬輛中 78% 為乘用汽車 608 萬比，占 0.01%。
  2017 年 7 月 31 日，財團法人保險發展中心公布，2016 年有投保竊盜險汽車 178.58 萬輛，失竊理賠 588 件，失竊率 0.03%。

這二個比率皆極小且破獲率八成，因此汽車失竊率大為降低，所以車主不用憂心忡忡的怕車被偷。同樣的，金融卡盜領案一年應該不到 365 件，比率 0.001%，不用杞人憂天。

全球自動櫃員機數目

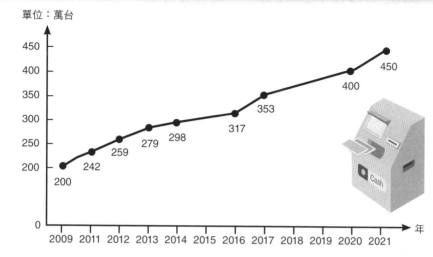

單位：萬台

年	數目
2009	200
2011	242
2012	259
2013	279
2014	298
2016	317
2017	353
2020	400
2021	450

資料來源：零售銀行業務研院公司（Retail Banking Research, RBR）。
其中：陸 2013 年 48 萬台，2014 年 59 萬台，2015 年 82 萬台。

全球自動櫃員機產業報告

時：每年 5 月，1998 年起
地：英國倫敦市
人：Retail Banking Research Company，1992 年成立
事：出版〈Global ATM Market and Forecasts〉（到未來 5 年）
　　員工人數 11 ～ 50 人。

銀行業生物辨識應用比較

生物辨識	臉部辨識	聲紋辨識	指靜脈	掌靜脈
精準度	一般	一般	高	非常高
銀行	永豐、中信、玉山、台新、北富銀、第一	花旗	中信	永豐
應用用途	迎賓、ATM、員工打卡	電話核對身分	ATM	ATM、臨櫃核對身分
應用據點	--	客服	各分行、便利商店 ATM	九家分行

Unit 13-6　銀行自動櫃員機 免卡提款的生物辨識

2005 ～ 2007 年 8 月 27 日，澳門的威尼斯人酒店在興建時，為了管理數萬名工人，在入口處採取指紋辨識。這個全球第二大的人造建築物，探索頻道曾介紹其興建過程。

一、生物辨識導論

人透過認別人的臉、聲音（例如：打電話時）來辨識彼此，繼續延伸，在警察辦案時，採取指紋來判定當事人身分。2005 年起，生物辨識（biometric）技術導入使用。

二、2013 年起，手機先採用

2013 年蘋果公司 iPhone 5s 的指紋辨識系統，知名科技專欄作家華特 · 莫斯伯格（Walt Mossberg, 1947 ～）使用過後，表示 iPhone 5s 的指紋辨識功能成為改變局勢的關鍵（game changer）。指紋辨識只需要使用者把手指頭往手機下方的指紋部位感應器輕輕一壓，就可以對手機快速解鎖。在安卓作業系統陣營的手機上，可以幫不同的手指設定不同的快捷功能，「一指就搞定」的時代來臨。

三、銀行的免卡自動櫃員機提款

2015 年起，各國銀行開始把生物辨識技術運用於自動櫃員機的免持金融卡提款。右表中第一欄是依人的身體部位由上到下排列，把生物辨識技術在銀行的運用分類。第二欄美中臺的銀行所採取的生物辨識方法運用於自動櫃員機免卡領款。

產業競賽的改變者（game changer）

是指一個人，一家公司推出產品／服務巨大改變行業的營運狀況等。
在零售業：1994 年，傑夫 · 貝佐斯（Jeff Bezos）創立亞馬遜公司，改變美國零售業的樣貌。
在汽車業：2003 年，伊隆 · 馬斯克（Elon Musk）推出高效能且價格低的電動汽車。

刷臉支付系統（facial-recognition payment）

時：2017 年 5 月 19 日
地：中國大陸
人：支付寶
事：刷臉支付在 2013 年 7 月由芬蘭的 Uniqul 公司全球首次推出。
　　在 2017 年 5 月 19 日，支付寶的刷臉支付的短片在網路上播出。
　　7 月 10 日，阿里巴巴集團推出無人商店。

生物辨識部位		銀　行	說　明
一、臉／眼	（一）臉部	2015 年 10 月 28 日起，中國大陸招商銀行推出顧客要先在分行的照相機，依規定方式拍照。	·顧客先在自動櫃員機前拍下照片。 ·通過身分驗證。 ·單日領款上限人民幣 3,000 元。
	（二）眼睛「虹膜」（俗稱黃仁）	2015 年 10 月 27 日（華爾街日報）報導，美國花旗銀行跟美國自動櫃員機公司迪堡太平洋（Diebold）研發眼睛虹膜辨識自動櫃員機。	2016 年 8 月 3 日，南韓三星電子的 Note 7 手機有此功能。2015 年 5 月 14 日，日本富士通開發出第一支採用此方式的手機。
二、嘴巴		聲紋辨識透過波長、頻率以及強度等 130 種特徵值組成	·2016 年 5 月 17 日花旗銀行完成聲紋註冊後，顧客若打電話至花旗電話理財中心，資訊系統會自動辨識聲紋，15 秒完成身分認證；首波 290 萬名信用卡顧客。第二波推展至財富管理客群。集團在 2017 年，把聲紋辨識系統推展到亞太區域十二個國家。 ·南韓 BC card，線上刷卡。	全球聲紋辨識使用人數 6,000 萬人，每月持續新增 120 萬名，有 19 個國家推動聲紋辨識，包括美、英、德、義大利、以色列，包括金融業、電信通訊產業、政府機構等產業。
三、手指	（一）指紋	至少有二種「接觸式身分證」（touch ID）。 2016 年 9 月 20 日花旗銀行：「花旗行動生活家」，指紋登入可在 iPhone 5s 以上手機，或安卓系統下載指紋 App 銀行首創的「帳戶預覽」、「指紋登入」及「行動密碼」，30 秒內就可預覽帳戶、登入網銀、到轉帳交易。僅會顯示帳戶餘額及最近 5 筆交易，可大量節省下載資料的通訊時間和費用，可維持顧客資料安全。	花旗銀行副總經理消費金融總事業群李芸指出，數位金融策略為運用最新的科技，以簡單及快速為提供顧客更超群卓越的金融體驗，滿足顧客使用經驗。（工商時報，2016 年 9 月 20 日，C3 版，陳碧芬）
	（二）指靜脈	2016 年 5 月 31 日，中國信託銀行「指靜脈自動櫃員機提款」： 1.持晶片提款卡至自動櫃員機申請手指靜脈提款。 2.選任一隻手指進行指靜脈手指錄製並自設一組指靜脈提款密碼後，即申請完成。 3.把手指放在指靜脈設備裝置上，輸入身分證字號及密碼，驗證通過後即可進行提款交易。	·當指靜脈辨識失敗，仍可用金融卡提款。 ·這技術是跟日本日立公司合作。

左側豎排標題：圖解數位科技：金融科技與數位銀行

Unit 13-7　美臺自動櫃員機免卡操作的發展

美臺在自動櫃員機免卡操作的進程相近。

一、免卡提款的運作

在表一可見，顧客想在郵局、銀行免卡提款，必須「過兩關」。

1. **申請免卡**：詳見 Unit 13-2。
2. **到自動櫃員機領款**：手機綁金融卡到自動櫃員機免卡提款的程序，比手機「嗶」付款多一道程序，即登上「手機銀行 App」，用手機對著條碼掃碼器，讓其辨識手機，才會吐鈔。

二、2015 年起，加美情況

2015 年，加拿大的一些銀行推出「免用金融卡在自動櫃員機領款」（簡稱免卡提款）。美國在銀行自動櫃員機免卡提款進程跟臺灣同步，詳見表二。

1. **2015 年導入期**：由表可見，加拿大、美國一些銀行（例如：美國、富國）先試水溫。
2. **2016 年成長初期**：試驗期結束，2016 年有許多大型銀行加入戰局。

三、臺灣的情況：中華郵政的例子

2016 年，各銀行、中華郵政公司（俗稱郵局）大幅打電視廣告宣傳自動櫃員機「免卡」提款。

美國摩根大通銀行 ATM 免卡提款

時：2017 年 1 月 26 日起
地：美國
人：美國摩根大通銀行
事：自動櫃員機「免卡」提款
　　每日提款上限：3,000 美元，這是統計數字，能滿足 95% 以上的顧客需求。
　　紙鈔面額：1、5、20、100 美元。
　　辦理階段：以紐約市 2,100 台自動櫃員機為例，2015 年第一階段 156 個
　　　　　　　分行的自動櫃員機優先，2016 年進入第二階段。

表一 郵局和銀行的自動櫃員機免卡提款

項目	郵　　局	銀　　行
時間	2016 年 12 月 19 日起	2016 年 9 月起
1. 網路帳號	持有郵政晶片金融卡或 VISA 金融卡的儲戶，且已申請網路郵局帳號，以及安裝「e 動郵局」網路憑證。可臨櫃或利用金融卡登入「網路自動櫃員機」網站申請「自動櫃員機無卡提款服務」，並設定「自動櫃員機無卡提款密碼」。	以蘋果支付為例。以「近場通訊」（NFC）為主，顧客拿手機靠近自動櫃員機的近場通訊感應區，手機會顯示輸入密碼或壓指紋。
2. 自動櫃員機提款	顧客到自動櫃員機提款前，先登入「e 動郵局」App 點選「預約無卡提款序號」，設定提款金額（一次可提領最高 3 萬元），並取得序號後，15 分鐘內於自動櫃員機輸入序號、金額及無卡提款密碼，即可提領現金。無卡提款序號以手機簡訊通知，逾時失效，強化使用安全性。	顧客手機上登入手機銀行 App，輸入提領金額，走至自動櫃員機後按下行動現金按鈕。當顧客以手機對著條碼掃碼器鎖定行動條碼後，機櫃吐出要提領的現鈔。手機與無卡自動櫃員機之間的資料交流會被編成密碼，只要吐鈔完成，有關交易的資料即會消失，不可能再使用。手機使用密碼或指紋辨識的顧客，更可增加一層安全性。手機上不會儲存金融卡的資料，一旦顧客遺失手機，銀行能透過網路刪除手機的 App。

表二 2016 年美國用手機 App 免卡提款

時間	說　　明
2014 年 9 月	英國艾塞克斯郡市調機構英敏特諮詢（Mintel）調查，72% 的受訪者表示願意使用可提供高級交易功能的自動櫃員機，例如：兌換支票、把一筆存款分拆存入多個帳戶並繳納信用卡或貸款。（經濟日報，2016 年 3 月 5 日，專 7 版，葉亭均）
2015 年	在自動櫃員機插入金融卡時，個人與帳戶資料被盜取的問題。專家估計全球銀行業損失約 20 億美元。
2015 年 3 月 14 日	加拿大滿地可銀行（BMO）旗下在美國的滿地可哈理斯銀行（BMO Harris Bank）推出免卡式自動櫃員機，讓顧客透過手機來提領現金，操作時間 10 ～ 15 秒。
2015 年 3 月 15 日～ 2016 年 2 月	自動櫃員機軟體與技術供貨公司美國佛羅里達州 FIS Global 公司總裁布朗（Dough Brown），免卡自動櫃員機有 28 家銀行使用，約 2,000 部自動櫃員機。對許多人來說，在街上操作自動櫃員機提領現鈔的時間愈短，就愈安全。（工商時報，2016 年 2 月 12 日，A8 版，鍾志恆） FIS 是 Fidelity National Information Services 簡寫。
2016 年 12 月	摩根大通銀行利用手機的近場無線通訊（NFC）功能，透過自動櫃員機連接至個人帳戶，使用類似蘋果支付、三星支付的結帳服務。顧客在操作無卡式自動櫃員機時，可將手機置於自動櫃員機上，按壓指紋、輸入 PIN 碼（註：限單次使用），或透過銀行手機 App 取得密碼，輸入密碼、再輸入個人身分認證（PIN）後，就能進行交易。提領金額上限 3,000 美元，提供面額包含 100、20、5 與 1 美元。

金融科技的綜合運用：陸企百度的作法

生物辨識中的人臉辨識主要是以下列兩項技術為基礎：

1. **大數據**：同一個人在不同時間、環境的穿著和身材，尤其當從監視器、臉書團體照等照片極多。
2. **人工智慧的計算**：人工智慧在人臉辨識的運用至少包括三個方面：圖像、語音、行為（例如：走路姿勢）。

本單元以中國大陸企業百度 2014 年 4 月推出的百度錢包「刷臉付」為例。

一、人工智慧的運用

由右表可見，百度運用人工智慧技術在兩方面：

1. **人臉辨識**：人工智慧中的圖像（人臉照片）、語音（人的語音）技術，建構出人臉辨識功能。
2. **行為**：由表第三欄可見，百度在人工智慧的運用還針對「人」（主要是顧客）和機器（例如：電腦）。

二、辨識準確率

2015 年 3 月，中國大陸資訊主管高峰會時，百度研發主管表示，百度在圖像識別等方面：人臉識別錯誤率 0.16%，谷歌的 0.37%，人工辨識的錯誤率 0.8%。

三、2014 年 4 月，百度錢包「免卡提款」

百度錢包「刷臉付」只要臉部拍照＋語音口令，即可做到支付驗證的功能，極為快速精準。

中國大陸百度（Baidu）公司

成立：2001 年 10 月 22 日
住址：中國大陸北京市
資本額：人民幣 663.82 億元（2015 年）
董事長：李彥宏　　總裁：張亞勤（2014 年 9 月起）
營收（2016）：人民幣 705 億元（+11.9%，或 101.69 億美元）
淨利（2016）：人民幣 100.49 億元（-13.9%，或 14.48 億美元）
主要產品：簡單的說，中國大陸版的「雅虎」加「谷歌」，以 Alexa 排名為例，占全球搜尋引擎市占率 12.3%，全球第二大。
　　　　　其下的「百度錢包」，起自 2008 年 10 月 28 日，2013 年 10 月更改此名。在中國大陸，跟銀聯支付公司、大型銀行皆連線，2017 年 7 月，跟美國貝寶合作，貝寶的海外商店可用百度錢包。

陸企百度在人工智慧研發布局

在生產因素方面強化

1. 收購
   2017 年 7 月收購美國西雅圖市 Kitt ai，創辦人姚旭晨，偏重自然語言處理。
2. 人才
   2017 年 7 月 12 日，科技媒體 TOPBOTS 公布「20 位驅動中國大陸人工智慧」的人才，百度占 7 位，例如：總裁陸奇、研究院院長林元慶。

運用（商品市場）

1. 百度自動駕駛汽車。
2. DuerOs
   2015 年推出，7 項功能：語音喚醒、語音播報、應用控制、感情陪伴等。對手是亞馬遜的 Echo（搭配 Alexa 人工智慧）。
3. 百度輸入法。
4. 小度機器人。
5. 醫療大腦等。

百度的人工智慧運用

圖 像	語 音	行 為
透過「深度學習」工具，讓電腦學習更多人類的神經元系統，深入了解人腦的運作，包括在圖形識別上的工作過程等，再使用這些計算的結果，來提供電腦數據，以獲得更好的電腦視覺，做更好的辨識。	百度的深度語音識別使用神經元系統和數據資料，以提高語音識別的準確性。這種聲紋識別率接近 97%，能識別不同的聲源，還具有高效過濾背景雜音，保留原聲的能力。顧客唸出短訊驗證碼中的數字，資訊系統就能自動做身分驗證，簡單，也能提高支付和資金的安全性，降低隱私權的侵犯。	1. 人的行為 以大數據來了解人們在網際網路的環境中會做什麼行為，百度的廣告是以很多數據蒐集來研究人的行為。 2. 對電腦等的管理 透過電腦數據分析機器人行為，使我們可以了解機器在做什麼，更有利於管理數據中心。

資料來源：整理自經濟日報，2016 年 7 月 23 日，A13 版。

信用卡市場分析

　　信用卡是消費金融導向銀行的「核心業務」，主要收入有二，2022 年預估最高約 500 億元，詳見 Unit 14-2。

　　本單元先拉個全景，看 SWOT 分析中的「商機」與市場結構（偏重優劣勢分析）。

一、市場商機

1. **刷卡金額**：刷卡金額每年平均成長 2%，略比經濟成長率低。
2. **未償餘額**：由於小額信貸利率約 3%，且申貸手續簡化，許多人借此以償抵信用卡未償利率（由表一第二欄可見，平均利率 8.83%，一般最低 5.5%）。

二、市場結構

　　由 Unit 14-2 可見，信用卡雙雄的卡數占市場 31%，前四大發卡銀行市占率破 56%，屬寡占市場。

三、兩雄相爭

　　由 Unit 14-2 可見，國泰世華、中信銀行跟壽險、百貨公司、量販店發行聯名卡，最久綁十年約。兩家銀行卡數相近、刷卡金額差不多。

奧斯瓦爾德對「痛點」、「創新」的主張

時：2016 年 12 月 26 日

地：臺灣臺北市

人：亞歷山大・奧斯瓦爾德（Alexander Osterwalder, 1974 ～），瑞士籍知名的新世代創業人士，是「經營方式圖」（Business Model Canvas, 2008）及「價值主張圖」（Value Proposition Canvas, 2005）的發明者，2015 年入選為全球最具影響力的「50 大商業思想家」（Thinkers 50），這項全球排名素有「管理學界的奧斯卡」美名。

事：要加速創新，重點是要「先承認你不知道」，「行動」是創新的關鍵，第一優先是找出消費者的痛點，接著就是不斷實驗，反覆嘗試、勇於失敗，從失敗中傾聽消費者回饋、再回頭修正，反而最能系統降低經營風險與成本，所以成功通常是「好的價值主張加上好的商業模式，再搭配好的執行」。（摘自經濟日報，2016 年 12 月 21 日，A12 版，周美合、莊靜怡）

表一　信用卡商機分析

項目	銀　行	顧　客
1. 對象	36 家發卡銀行	20 歲以上本國國民可申請
2. 數量	有效卡數 3,320 萬張（2017 年 2,700 萬張）	
3. 金額	第一名：2015 年 3 月起，國泰世華銀行	2022 年預估刷卡金額 3.2 兆元
4. 地點	花旗銀行委託尼爾森行銷研究公司針對全臺灣 25 到 55 歲，年收入 40 萬元以上及每月刷卡金額 8,000 元以上的持卡人調查，結果顯示百貨公司為卡友最常刷卡消費的地點。	三大刷卡地點： ·百貨公司 ·加油站 ·量販店
5. 循環利率	·依法令上限 15%，不同顧客區隔適用的加碼利率計算，幾乎都是每三個月（2、5、8、11 月）重新檢視利率。 平均數：8.83% 中位數：7.35% 眾數：7.35% ·以固定利率計算者多，例如：國泰世華、玉山銀行；浮動計算者少，如中國信託、台北富邦、第一銀行等，主要是以自行某一定存或放款利率再加上加碼。	信用卡未償餘額約 980 億元，以左述利率平均數 8.83% 來說： 980 億元 x 8.83% = 86.5 億元 

表二　臺灣的銀行信用卡相關業績

單位：兆元

年	2000	2010	2020	2022（F）*
（1）卡數（萬）	1,827.6	3,070.6	5,187	5,300
（2）簽帳	0.702	1.54	3.02	3.2
（3）循環信用餘額	0.2056	0.181	0.105	0.098

* 本書預估

銀行在信用卡的展業

銀行發行信用卡的收入主要有三，詳見右表。

- 刷卡手續費：一般來說，銀行從 2012 年 1.4%，競爭激烈，2018 年 1.264%，每年約下降 0.0016 個百分點，2021 年 1.25%。
- 信用卡未償餘額利息收入。

一、2022 年，預估刷卡 3.2 兆元

2022 年由於新冠肺炎災情，許多人上網購物，在支付時，採取電子支付（尤其是信用卡），以免付款找零時碰到肺炎細菌，刷卡金額 3.2 兆元，成長率高。

二、銀行信用卡業務趨勢分析

詳見右下表。

三、市占率前五大

詳見下表。

2022 年預估臺灣信用卡簽帳金額前五大

排名	銀行	兆元 *	%**
	合計	3.2	100
1	國泰世華	0.5196	16.24
2	中國信託	0.494	15.44
3	玉山銀行	0.466	14.57
4	台新銀行	0.3593	11.23
5	台北富邦	0.3178	9.93

*2022 年為本書預估

**2021 年比重

發卡銀行的兩個主要收入：預估 2022 年情況

營收來源	計　算
1. 刷卡手續費： 　向商店等收取	3.2 兆元 x 1.25% = 400 億元
2. 信用卡未償餘額： 　向持卡人收取	980 億元 x 8.83% = 86.5 億元

臺灣本國銀行信用卡業務收入（億元）

年	簽帳手續費收入	循環信用利息收入	預借現金手續費	合計
2006	158	590	28.7	776
2007	165	411	18.1	594
2008	182	368	22.5	573
2009	175	289	19.2	484
2010	206	248	16.5	471
2011	228	222	12.9	463
2012	248	202	10.2	460
2013	264	182	9.6	456
2014	276	173	9.2	459
2015	293	159	9.2	461
2016	312	146	9.1	468
2017	337	149	9.5	496
2018	369	154	10.4	533
2019	407	155	10.2	572
2022	400	86.5	10.2	496.7

資料來源：行政院金管會，2022 年為本書所估。

手機支付

在 1990 年代，看別人在商店付款，掏出皮夾，內有一排信用卡專用的摺疊夾，洋洋灑灑十餘張信用卡，成為旁人羨慕的「多卡族」。2016 年全臺 1,700 萬位成人，有 4,000 萬張卡。2000 年起，拿悠遊卡、愛金卡搭捷運、公車，甚至到一些商店付款，看似新潮。2016 年約 7,000 萬張卡。2015 年 3 月起，個人時髦支付方式為「手機支付」（mobile payment），許多人會討論彼此的手機有沒有「嗶」付款功能。在第 4 章提及 2010 年中國大陸的手機支付普及化很高。

一、手機支付的「劉姥姥進大觀園」現象

清代曹雪芹名著《紅樓夢》第 40 回「史太君兩宴大觀園」，其中「劉姥姥進大觀園」以對比貧富懸殊，劉姥姥是農村窮寡婦。後世以此表示：大開眼界、少見多怪、眼花撩亂。2015 年 3 月起，金管會允許手機類電子支付上市。於是如同大學中普通常識課程般，許多報刊大幅介紹兩種手機的通訊原理。我們在此不提這些專有名詞，只簡單說明。

二、「90：10」原則的運用

對於手機綁信用卡或金融卡，共有兩種方式（詳見表一），套用「90：10 原則」，占一成的其他方式，可以略而不談。

1. **手機綁信用卡「HCE」支付占 95%**：這方式，有如你向你的某張卡（例如：萬事達卡）的發卡銀行（例如：國泰世華銀行）申請「手機綁信用卡加活儲」（詳見右表）。這種上網申請方式很方便，約占手機支付 95%。

2. **電信公司綁信用卡的短場通訊（NFC）占 5%**：你須把手機拿到你的電信公司（例如：中華電信）門市，更換 SIM 卡，如此才能執行手機綁信用卡的功能。這方式較不方便，所以在手機支付中占 5%。

3. **臺灣支付（Taiwan Pay）**：詳見表二。

三、手機支付對中國大陸銀行業自動櫃員機影響

中國大陸銀行自動櫃員機數目，如下圖。

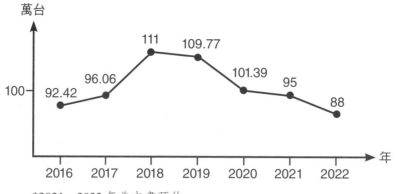

萬台

| | 92.42 | 96.06 | 111 | 109.77 | 101.39 | 95 | 88 |

*2021、2022 年為本書預估

表一　銀行在手機支付方面的布局

手機支付	銀行家數	說明
一、綁信用卡		
1.TSM 手機	20	臺灣支付（Taiwan Pay）
2.HCE 手機	17	
3. 行動收單 mPOS	7	2014.5.6 威士卡專用
4. 國際代碼手機	11	即外國手機支付
二、綁金融卡		
1. 行動 X 卡（金融卡升級版）	2	
2. 手機	16	

TSM（trusted service manager）：信託管理服務

HCE（host card emulation）：主卡模擬

mPOS（mobile point of sale）：行動收單服務

表二　臺灣支付跟外國手機支付比較

項　目	外國手機公司	臺灣支付
一、日期	2016 年	2017 年 9 月 19 日
二、參與支付銀行	手機公司 1.蘋果公司：蘋果支付（Apple Pay） 2.其他公司：三星支付、安卓支付（Android Pay）	20 家（2017 年 12 月起） 1.8 家公股銀行 2.12 家民營銀行：上海、日盛、王道
三、對顧客、商店		
（一）價（對商店）	手續費較高	手續費便宜
（二）量	綁定指定銀行的信用卡	QR code ＋網路銀行，首波先業務綁定金融卡，600 萬個銀行帳號
（三）質	作業系統 蘋果公司 iPhone 手機：ios 其他手機：安卓	各種手機型號，輸入密碼，打開 QR code 後，完成掃描即可
（四）時	以短場通訊（NFC）手機結帳速度較快，使用上相對較為方便	手機掃描 QR code，統一 QR code，商店無須裝感應式讀卡機

手機綁信用卡

　　2007 年 2 月，臺灣高鐵通車以來，2022 年搭乘人數 7,000 萬人次，一天約 19.17 萬人次，但每日運能約 33 萬人次，所以產能利用率 58%。臺北到高雄直達車 90 分鐘便到，那為什麼還有那麼多人搭火車、長程客運（國光、統聯，約 600 元），原因是高鐵要價 1,530 元，對許多人來說「高不可攀」。由這角度來看，手機支付看似「好處很多」，為什麼不會「風行草偃」的快速普及呢？本單元說明，詳見右表。

一、供給端因素：商店怕多花錢

　　有人覺得「雞生蛋，蛋生雞」看似不知「誰先誰後」。一般來說，套用「鳥巢說」，公司把「好窩」準備好，好人才就會「近悅遠來」。同樣的，在行銷管理書上的分類，稱為「供給（端）推動」（supply push）。在手機支付，商店須先砸小錢，把收銀檯的「銷售端點系統」（POS）稍微更新，可以感應手機支付。由右表可見，顧客五項「考量」皆屬供給端因素。

二、需求端因素：持卡人怕被盜號

　　由表可見，顧客不願意使用「手機支付的原因」，主要是怕支付「詐欺」，其方式有很多，電視新聞常播出中國大陸的詐騙情況。

三、一個手機綁信用卡、活儲帳戶的例子

　　手機支付的資金來源有二：信用卡、提款卡。由右頁小檔案可見，台新銀行「一事不煩二主」，「畢其功於一役」在實務上推行的解決方案。

臺灣版的 Equifax，FICO

時：2020 年 12 月 10 日
地：臺灣臺北市
人：劉正仁，夢想銀號執行長
事：成立〈個人信用評分公司〉夢想銀號科技公司，系統 2022 年 4 月上線

臺灣信用卡使用情況

項目	2010 年	2015 年	2020 年
一、經濟 / 人口			
1. 人口（萬人）	2,316	2,349	2,356
2. 總產值（兆元）	14.06	17.055	19.774
3. 民間消費（兆元）	7.48	8.79	9.613
二、信用卡數量			
1. 流通（萬張）	3,070.6	3,851.8	5,011.6
2. 有效（萬張）	約是流通卡數 65.6%		
三、交易	國內簽帳占簽帳 94%		
1. 簽帳（兆元）	1.538	2.232	3.02
2. 循環信用（兆元）	0.181	0.108	0.1056
3. 預借現金（兆元）	0.0326	0.0272	0.0222

Unit 14-5 手機支付的生命週期階段

　　手機的功能有：筆電（可上網）、手機（通訊）、照相機、個人助理（PDA）、錄音筆、手錶（加鬧鐘）、計算機、遊戲機、電視（可看電視）、收音機加音樂播放器（MP3）等。手機可說是「宇宙超級無敵」的人類發明，再加上「支付」功能，又可取代「皮夾」（Wallet）、錢包。有些手機公司董事長表示，在美國成人出門只要帶手機和汽車鑰匙即可。

　　有這麼多好處，那為什麼手機支付的普及率低呢？最直接的考量是：「手機掉了怎麼辦？」這由電視新聞可看出，經常有人懸賞請人替其找回手機，因為「許多美麗回憶的照片都在裡面」。

一、導入期：2015～2020年，占消費支出0.3%以下

　　以2017年來說，消費支出9.328兆元，手機支付占0.16%。

二、成長初期：2021～2025年，占消費支出1%

1. **普及率15%只是甜蜜點**：大部分的新電子產品的普及率達到15%，便從導入期進入成長初期。

2. **良性循環下，更多商店加入**：由於顧客人數已達200萬人，商店「見獵心喜」，前仆後繼的加入，新加入者會提出一些優惠措施。

三、成長中期：2030年後，占消費支出5%

　　手機支付有其上限，大約到2030年的占消費比率會達到5%以上。

　　供給端的考量：2020年起，人口衰退，缺工問題愈嚴重，商店的櫃檯人員薪水低、工作單調，不易找到足夠人員擔任。此時，商店會大幅買感應式機檯，提出優惠措施，以吸引顧客使用手機支付。

中國大陸手機付款詐騙方式

詐騙集團騙用戶	詐騙人士騙商店
時：2017年1月 地：上海市 人：中國銀聯 事：「2016年移動支付安全調查報告」，25%受訪者碰到各種手機支付詐騙：騙取網路驗證碼、帳戶被盜用、簡訊連結木馬程式。	時：2017年7月20日 地：四川省成都市 人：華西都市報 事：顧客用手機上的微信支付，在商店刷卡（例如：支付人民幣1,000元）但實際上，商店沒收到錢。

資料來源：整理自中央社，張淑伶，2017.7.20。

家庭消費支出中，手機支付占比（本書預估）

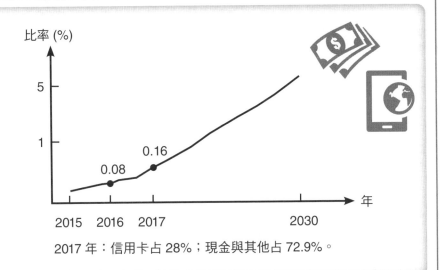

2017 年：信用卡占 28%；現金與其他占 72.9%。

手機支付的問題與解決之道

項目	商店端	顧客端
一、問題	全球有 260 多萬台「感應式 POS 機」，而在臺灣有 12 萬個，手機信用卡透過「感應式 POS 機」消費付款。 在中國大陸 1 台約人民幣 3,000 元。	・以遠東銀行為例，2015 年 4 月進行一項信用卡持卡人調查，讓許多人不願把有數十萬元額度的實體信用卡綁定在 App 中或用來進行網購，擔心一旦遭盜刷，後續導致更多麻煩的處理作業。 ・例如：消費者在上網購買單曲音樂，卡號資料等會記錄於支付介面上，往往也造成個資外洩疑慮。其結果是手機綁信用卡一直無法做大。（摘自工商時報，2015 年 5 月 22 日，C3 版，張中昌）
二、解決之道		2016 年顧客在身分驗證方式如下： ・掃描指紋（62.7%） ・輸入字母（55.9%） ・螢幕「簽名」（33.1%） （資料來源：整理自工商時報，2017 年 2 月 10 日，B5 版，何英煒）

267

15-1 線上申請貸款

上網申請開立活期儲蓄存款帳戶，循序漸進到申請發給信用卡，下一步發展便是 2015 年 1 月起，幾家銀行帶頭辦理線上申請其他消費性貸款，詳見右表說明。

一、2015 年開跑

花旗銀行是拔得頭籌的銀行。

二、中國信託銀行的例子

兆豐銀行鎖定首購、自住及換屋等實質需求貸款客群，透過房貸 e 把兆的線上平台，搶攻線上房貸人士，核貸房貸金額破百億元。2020 年 10 月，中國信託、台北富邦銀行、聯邦銀行及渣打銀行跟 LINE Pay 合作線上貸款業務。LINE Pay 推出「一站式信貸服務」，只要透過 LINE Pay 進入貸款專區，就可以瀏覽到合作的銀行信貸資料，並可完成申請交易。

三、小微企業的貸款 2020 年開步

2020 年星展銀行跟商場網路家庭（PChome），針對商店街個人賣家，推出店速貸線上信貸，從申請到核貸（透過商店街巨量數據，分析申貸店家營運成績）、對保，最快 5 分鐘即可完成，20 分鐘可取得所需資金，最高 300 萬元。

個人（J10）信用評分

時：2006 年 4 月起
地：臺灣臺北市
人：金融聯合徵信中心
事：三種（負債類、繳款行為、其他類）信用資料，以計算個人（約 1,070 萬人，信用評分 200 ～ 800 分）。

三家銀行的網路申請消費者貸款業務

項目	中國信託	玉山	渣打
一、適用時間	2016 年 12 月底前	2016 年 9 月底前	2016 年 9 月
二、名稱	online 貸	e 指貸	理享貸
三、資訊	透過手機一指搞定，身分證明及財力證明文件可以隨拍上傳。數據評分模型串接聯徵資料庫審核最快三分鐘完成。	三分鐘線上填寫資料評估後，可得出貸款額度及利率。顧客所填資料屬實，銀行會以線上得到的額度及利率辦理。	這屬於循環動用型，核准額度範圍內可再次申請動用，一年可有三次的動撥次數。
四、金額上限	300 萬元	200 萬元	300 萬元
五、其他 1. 利率	前三期利率一律 1.68%，第四期 2.76% 起機動利率	前三個月利率 1.68% 起，第四個月起 2.68% 起	前二個月 0.1%，第三個月 2.99% 起
2. 帳管費用	9,000 元，核貸金額 10 萬元以下為 6,000 元	線上申請、核貸金額 30 萬元以下 3,000 元	3,000 ～ 6,000 元

資料來源：各銀行。

聯合徵信中心的網路申請

時：2015 年 11 月
地：臺灣
人：財團法人聯合徵信中心
事：2015 年 11 月起，民眾以自然人憑證在聯徵中心網站可查詢「個人線上查閱信用報告服務」。2017 年起，聯徵中心擴大到提供信用評分服務。

美國的「消費者報告機構」（comsumer reporting agency）

· 組織型態：公司或其他法人
· 主管機關：聯邦、州
· 法令：Fair Credit Reporting Acts

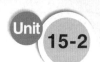

美國個人信用評分公司：兼論財務控制公司（FICO）

美國 3.2 億人，是個移民國家，狀況比臺灣複雜，所以許多實務，臺灣都沒聽過。例如：許多汽車的駕駛座都有電動加熱機制，以適應零下 30 度的酷寒。在個人信用評分（consumer credit rating）方面，美國有許多這方面公司，臺灣主要是財團法人聯合徵信中心。Unit 15-2 ～ 15-3 說明美臺的個人信用評分如何做。

一、消費者報告的使用者

由右圖可見，美國的許多家「消費者報告」機構（customer reporting agency）出報告，賣給兩種人：

1. **外部使用者**：這包括政府、個體（再細分為公司、個人），例如：房東怕碰到「奧房客」（主要指占屋卻不付房租），可向消費者報告公司「徵信」。
2. **當事人本人**：當事人本人買「報告」，以證明自己的身分和財力等。

二、消費者報告公司

消費者報告機構，甚至其中較大成分「個人信用報告公司」（credit reporting agency）在全球、美國，如下說明。

1. 全球數一數二的愛爾蘭的益博睿公司（Experian），股票在倫敦證交所上市，年營收約 50 億美元，員工 16,000 人，在 40 國營運。
2. 美國三大一小，詳見表一，其中的「財務控制公司」（FICO）的大事紀詳見表二。

表一第五欄的公司 PRBC（payment reporting builds credit）很有意思，只須當事人的房租付款紀錄、水電費和手機電話費帳單，便可評分。

表一　美國三大一小個人信評公司

公　　司	FICO（財務控制公司）	TransUnion（環聯）	Equifax（易速傳真）	PRBC
一、成立	1956 年	1968 年 2 月 8 日	1989 年	2005 年
二、公司地址	加州 聖荷西市	伊利諾州 芝加哥市	喬治亞州 亞特蘭大市	喬治亞州肯尼索（Kennesaw）市
三、紐約證交所代理	FICO	TRU	EFX	母公司 MicorBilt
四、信評				
・企業	V	V	徵信調查	-
・個人	V	V	身分證證明	V
五、績效（2020）	2020 年	2019 年	2021 年	-
・營收	12.95 億美元	26.56 億美元	49.24 億美元	-
・員工數	4,000 人	8,000 人	11,200 人	-
・營業國家	全球	33 國	全球	

表二　美國財務控制公司大事紀

時間	活　動
1956 年	兩位創辦人 Bill Fair（資訊工程師）與 Farl Issac（數理專家）創立公司，公司以兩人的姓合稱 Fair & Isaac Company。兩人之前是在加州門洛（Menio）公園市的「史丹佛研究院」上班。
1958 年	開始銷售個人信用評分，給 50 家美國放款機構。
1980 年代	FICO 信用分數在美國流行。
1988 年	提供「一般用途」的個人信用評估。
1995 年	美國 2 家房貸信用強化公司房利美（Fannie Mae）、房地美（Freddie Mac）開始採用 FICO 的信用分數。
2003 年	公司更名為 Fair Isaac 公司。
2004 年	公司搬到明尼蘇達州明尼亞波利斯市。
2009 年	公司更名為 FICO。
2013 年	公司搬到加州聖荷西市。 美國的銀行業評估個人信用的工具，財務控制公司市占率很高。

美國的消費者報告公司運作方式

投入	轉換	產出
大數據	消費者報告機構們	消費者報告的買方

財務資料
1. 聯合徵信中心報告
2. 個人的薪資等扣繳憑單

財務以外資料
1. 住：水電費、房租
2. 行：手機、電話費

主要是 PRBC 公司

1. 個人身分證明
美國社會保險卡號碼
2. 個人
以財務控制公司來說
my FICO、Score Watch
針對每個人每月出一份新報告

一、外界，以財務控制公司為例，一年 100 億次
（一）政府
（二）個體
1. 公司
　（1）公司：當員工應徵時
　（2）零售公司
　（3）金融業
　　・聯邦房貸保證公司 2 家
　　・銀行：信用卡、其他消費者貸款、車貸
　　・保險公司
2. 個人
　（1）房東
　（2）其他

二、個人（當事人本人）
一年 3,000 萬份

Unit 15-3 美國財務控制公司的個人信評系統

財務控制公司的個人信用評分系統屬於貨幣銀行學範圍，臺灣的聯合徵信中心沿用其精神，可說「臺版 FICO」。本書站在「大數據分析」角度，簡單說明。

一、投入：個人資料

基於個人資訊保護法，當事須授權、允許個人信評公司向銀行等取得其資料（申請信用卡、貸款等）。

二、轉換：計算分數

依據銀行授信審核的 5P 原則（下表第一欄），把財務控制公司的五大類評分項目一一對齊，再加上其比重（這是第八版）。重點在於以 100 萬人的「大數據」作為參考值，透過類似多變量分析中的鑑別分析等，把你歸入七個分數群（表二）。

三、產出：信評分數

計算每個人的信評分數，詳見表二，在第三欄中，本書套用美國標準普爾公司對公司的債信評等的級距。由表二可見，信評分數愈高，銀行的房貸利率愈低。

就近取譬，下表是臺灣的聯合徵信中心的個人信評方式，跟右表一相似。

2020 年，新冠肺炎疫情，平均 FICO 710 分。

臺灣聯合徵信中心個人信用評分項目

5P	分數高	得分分四級
1. 展望（Prospect）	新信用卡「申請頻率低」（即卡詢）	分成四個級距： 一、601 分以上：上等（信用良好）
2. 狀況（People）	負債金額低（相對於年收入）	二、450～600 分：信用尚可
3. 還款來源（Payment）	延遲繳款次數愈少	三、200～450 分：信用不好
4. 資金用途（Purpose）	使用循環信用的頻率（期間半年內）與比重	四、200 分以下 五、無法評分
5. 債權保證（Protection）	信用歷史長（例如：信用卡期間、貸款）	

表一　美國財務控制公司的個人信評方式說明

5P	20 個信評項目比重	說　明
一、借款人展望 （Prospect）	新近貸款次數 1% （new credit account） 註：在臺灣，稱為「卡詢」	你每次向銀行申請信用卡，銀行會向信評公司「買」你的信用報告，此行為稱「硬要」（hard pull）。銀行會查你的「硬要」紀綠，次數愈多，表示你向多家銀行申請，這對你不利。
二、借款人狀況 （People）	1. 品德 2. 信用：按時還款 35% （payment history）	延後 30、60、90、120 天各有一個分數。
三、還款來源 （Payment）	信用歷史紀綠 15% （length of credit history） 另考慮年收入、工作與年資	信用歷史紀綠愈久，分數愈高，例如：持有一張信用卡 10 年，會比 5 年者高。
四、資金用途 （Purpose）	債務餘額成分 10% （types of credit used 或 credit mix）	這包括信用卡、分期付款、零售商店分期付款、汽車貸款、房貸等。
五、債權保障 （Protection）	債務總計 30% （current level of indebtedness 或 accounts owned）	以信用卡額度來説，10 萬美元額度，用 1 萬美元會比 8 萬美元者，得更高分。債務大，風險高。

資料來源：FICO 公司網站，其他相關文章。

表二　財務控制公司個人信用評分涵義

得分級距	平均違約率	類比：標準普爾的公司債信	房貸利率（舉例）
一、800~850 分	0.077%	AAA	6%
二、700~800 分 ・720~800 分 ・700~719 分	0.8%	 AA A	 6.24% 6.37%
三、620~700 分 ・675~699 分 ・620~674 分	650 分以上債信好	 BBB BB	 6.9% 8.05%
四、620 分以下 ・560~619 分 ・500~559 分	620 分以下貸款利率高 12.5%	 B CCC 以下	 8.53% 9.29%

全臺唯一專門為技職人士打造線上債權式群眾募資媒合平台

（P2P 借貸平台）

 夢想銀號
DREAMLOAN

申資人專區　　出資人專區　　夢想情報室　　說明中心　　 註冊　　登入

最溫暖的債權式群眾募資媒合平台

集結眾人的力量，拉近你與夢想的距離

開始註冊 →

玉山銀行的「e指貸」：以審核貸款申請

玉山銀行是一家中而美的銀行。
- 中：分行數 138 家。
- 美：2016 年每股盈餘 1.58 元（115.37 億元除以 72.629 億股），呆帳率 0.01%（註：預期 6 個月的應收額）以下。

一、市場區隔與定位：針對未開發市場

以 1,050 萬位上班人士來說，套用「90：10 原則」分成二群，詳見右圖。
1. **債信良好的占 90%**：債信良好者是指 X 軸「年薪 36 萬元以上，平均月薪 3 萬元以上者」；「Y 軸」是指有信用卡甚至貸款，如此在聯合徵信中心會有還款紀錄，進而判斷債信。
2. **債信脆弱者占 10%**：有少數人債信脆弱，以 X 軸來說，微小公司（例如：路邊攤等）、職稱低、月薪低；以 Y 軸來說，沒有信用卡、貸款者。

二、貸款徵審方式

1. **投入**：大數據。在貸款申請人同意且臉書內容公開的前提下。
2. **徵審方法**：大數據徵信。透過程式碼進行爬文，可從這 210 萬人中找到三成，近 63 萬位值得放款的人。

三、對玉山銀行損益表的影響

透過信貸模型工廠等資訊系統，以 2016 年為例：
1. **營收**：由於「信貸模型工廠」系統的協助，跟同分行規模銀行比較，以 2016 年為例，玉山銀行個人信貸餘額 820 億元，中型銀行同業約 450 億元。
2. **人工成本**：玉山銀行數位金融部李正國表示，該徵審系統讓徵審人工徵審信貸案比率、平均每案件審核時間（註：系統只須 3 分鐘）減少一半左右，人力成本減少三分之二。（摘自商業周刊，第 1512 期，2016 年 11 月，第 33 頁）

能夠不透過殺價且呆帳率低，在於在基本業務放款徵審採較嚴格水準且行員專業能力較高。本單元以玉山銀行針對信用較差的二成的人，採取基本社群網站的「大數據分析」、「人工智慧」的信貸模型工廠，2016 年 11 月，獲得金融研訓院第八屆的「最佳財富管理獎」特優。

臺灣的銀行企業授信徵審資訊系統的領導公司「叡揚資訊公司」

成立：1987 年
地點：臺灣臺北市
資本額：2 億元
員工：515 人
董事長：張培鏞
相關客戶：金融事業處的企業授信徵審資訊系統，幾乎賣給所有銀行

兩種顧客授信所需資料

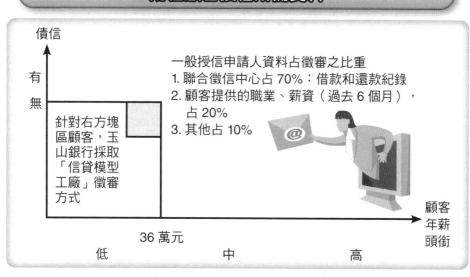

債信

有

無

針對右方塊區顧客，玉山銀行採取「信貸模型工廠」徵審方式

一般授信申請人資料占徵審之比重
1. 聯合徵信中心占 70%：借款和還款紀錄
2. 顧客提供的職業、薪資（過去 6 個月），占 20%
3. 其他占 10%

36 萬元

低　　　　中　　　　高

顧客年薪頭銜

玉山銀行對借款申請人的社群徵信方式

5P	臉書	BBS 等網站
一、借款戶展望（Prospect）	顧客發表一則動態後的按讚人數愈多，代表其活躍度愈高，通常是能力愈受肯定或社經地位愈高的人。	網友在批踢踢等社群網站的發文，也可做為徵信參考依據。這等於他身邊好幾位朋友都在幫他。
二、借款人狀況（People）	通常一個人的朋友人數愈多，信用狀況愈好。	從生活中觀察一個人的價值觀、信賴度，會決定你是否想和他往來，例如： 1. 當事人 PO 文，而有網友上去發表文章，指出當事人犯錯了。 2. 當事人有錯在先卻自認為委屈、上網「討拍」（尋求安慰），會有很多網友來撻伐貼文者的想法謬誤、觀念偏差等，某些方面這也代表這些網友的價值觀相近，屬於相對有正義感的一群。
三、還款來源（Payment）	一個人在臉書上分享的購物、用餐相關資訊，例如：顧客常在臉書分享歐洲旅途照片，或在香港或臺灣東方文華等五星級飯店享用一客上萬元的餐點，足以推斷其社經地位和經濟能力應在中等之上，其信用狀況和還款能力會相對良好。	—
四、資金用途（Purpose）	如果顧客在申報條件中的職業欄中指出自己是台積電工程師，銀行透過程式碼彙整顧客的交友圈和照片來印證，比方說其好友中是否有名人等。	—
五、債權保障（Payment）	—	—

資料來源：整理自商業周刊，1512 期，2016 年 11 月，第 33 ～ 34 頁。

Unit 15-5 房屋貸款前的房屋估價

　　2013 年 8 月，內政部營建署的「實價登錄資訊系統」上線，賣方、土地代書須在售屋後 15 天內把成交價上傳，違者受罰 3.6 萬元。「實價登錄」制度使房屋的成交價透明，基於保護個人隱私，所以住址只揭露在各城市路 1 ～ 50 號（即以 50 號為一區間）；2017 年 6 月 12 日，報載，內政部打算向立法院送出修正案「公布門牌」。一般來說，銀行承作房屋貸款，貸款上限是「房屋市價打七折」，以市價 1,000 萬元來說，可借到 700 萬元，少數可借到八成。

　　這裡有二個變數皆有個價格帶，例如：房屋市價帶（50 號以內有多戶成交，每坪成交價有差）、貸款成數。所以有星展、中信銀行提供「估價網站」，讓民眾上網試算房貸金額服務，詳見右表。

中信銀行「i 適貸購屋雷達站」

操　作　步　驟

步驟 1

點選我（房屋）的位置或輸入地段。

步驟 2

智慧估價
「所在地」為住宅使用且不含車位價格的系統估算值如下：
・公寓每坪 47.8 萬元
・大廈每坪 59.5 萬元
還有合宜單價區間 56.5 ～ 62.5 萬元。

步驟 3

點「進階查詢」可獲得更精確估價、透天厝估價和總價。
本處估價不等於中信銀行最終總價。

步驟 4

	核貸成數	核貸利率
銀行平均	64.39%	1.79%
中信銀行	85%	1.56%

星展與中信銀行的房屋估價房貸服務

項目	星展銀行 *	中信銀行 **
時間	2016 年 11 月 14 日 · 由消費金融處存款暨有擔放款部負責。 · 星展好家 + 貸 App，有 6 項目服務。	2017 年 1 月 15 日 · i 適貸購屋雷達站，有三項服務。 · 只要輸入地址，就能查詢房屋相關事宜。
1. 宜居指數	· 「找房搜尋」是跟好房網合作 10 萬筆以上房屋，讓民眾彈指間就可隨時隨地尋找房屋。 · 「找降價房」提供最新降價以及低於該區實價登錄的房屋資料。 · 「房產資訊」最新房市動態訊息及房市專家的看法。	中信銀行獨家編製宜家指數。
2. 房價指數	· 「成交行情」中，內政部實價登錄系統可查詢三到六個月前的交易資訊，「星展好家 + 貸」App 提供近一個月內的成交行情。	中信銀行獨家編製房價指數。
3. 智慧估價	· 「預估鑑價」服務，民眾可申請線上預估鑑價，兩天內提供初步預估結果。 · 「房貸輕鬆算」，房貸利率有優惠，最低 1.75% 起跳。	· 資料庫中所累積的資料數夠多，電腦所估算出來的鑑價值較準。提供整體房價走勢及不同建物類型，如大廈、公寓、透天厝等類型的房價走勢。 · 獲得房屋平均單價、該行政區房屋歷年漲跌趨勢、鄰近房屋成交的實價登錄、房屋周邊生活機能概況等四類資料。

資料來源：

* 整理自經濟日報，2016 年 11 月 15 日，D11 版，楊筱筠。

** 整理自工商時報，2016 年 1 月 16 日，C3 版，朱漢崙。

Unit 15-6 螞蟻集團公司旗下的信用評分公司：芝麻信用管理公司

在臺灣，成年人、公司皆可以向聯合徵信中心申請自己的信用評分，由這公正第三方機構統一來做，申請費用極低（一份 20 元），每家銀行都接受。許多國家沒有這個中央集權的信評機構，所以就有一些公司型信評公司，在信用評分申請人的同意下，向銀行、電信公司（電話費發票）、房東（繳房租證明）等取得申請人各項生活支出的發票計算。螞蟻科技公司旗下芝麻信用管理公司的評分方式，很大部分參考美國卡瑪信用公司（Credit Karma）作法。

一、投入：資料來源「阿里雲」

主要資料來源是阿里巴巴集團旗下的消費性電子商務的淘寶網、電子支付公司支付寶。簡單的說，一個不上網購物、不用手機付款的人，沒有交易就沒有信用。

二、轉換：芝麻信用管理公司

2015 年 1 月 28 日，芝麻信用評分上線公開測試。

三、產出：只能集團內自用

2015 年 1 月 5 日，8 家個人徵信公司向人民銀行申請個人信用評等的營業執照，但沒有一家合格。也就是說，芝麻信用管理公司的信用評分不可對外營業、公布。只有「百行徵信」公司 2018 年 3 月 19 日核准，這是由網路金融協會與 8 家（含芝麻信用）徵信公司合組的公司。（詳見維基百科「百行徵信」）

芝麻信用管理公司

成立：2015 年 1 月 8 日
住址：中國大陸浙江省杭州市西湖區
資本額：人民幣 0.5 億元
董事長：邵文瀾（2020 年 6 月 15 日起）
總經理：王曦（2020 年 10 月 15 日起）
主要產品：1. 公司徵信業務
　　　　　2. 第二類增值電信（僅限網路）業務中的資訊服務業務
主要客戶：阿里巴巴集團關係企業

以 5P 來分析芝麻信用的信用評分方式

投入：資料來源	轉換：信用評分			產出
	芝麻信用			900~950 分超好
				700~899 分極好
・阿里雲 ・淘寶網 ・支付寶 ・淘寶網、支付寶的實名制 ・穩定的財務來源和個人財產 ・俗稱社群媒體徵信，你臉書上常合照朋友，去查其身分 ・學歷、職業	大分類	中分類（5P）	芝麻信用	650~699 分很好 600~649 分好
	一、還款能力	（一）前景（prospect）	行為偏好：購物、繳費、理財活動的穩定性	500~599 分普通 350~549 分差
			身分特質	
		（二）品格（people）		
		（三）償還能力（payment）	履約能力	
	二、抵押品部分	（四）資金用途（purpose）	人脈關係	
		（五）債權保障（protection）	信用「歷史」（履歷）	

由下表可見，微眾銀行對貸款申請人採用下列方式以進行信用評分和照會，套用銀行的 5P 信用評分方式。

1. 區量資料

　由表可見，騰訊集團有兩大事業：資訊（騰訊網）、通訊軟體（微信 WeChat）和交易網站（拍拍網）、支付公司（財付通：微信支付與 QQ 錢包）。

2. 人臉辨認

5P	四種資料來源
1. 展望 （Prospect）	1. 騰訊（WeChat、QQ）2021 年 12 月 30 日 ・入口網站（QQ）5.52 億人次 ・手機上網微信（WeChat），比較像 LINE，7 億人次上網時間、地點
2. 狀況 （People）	2. 人臉辨識（核保） ・人臉辨認以確認身分 ・公安部（類似臺灣內政部警政署），委由各省市政府發給人民身分證
3. 還款來源 （Payment）	3. 在騰訊集團第三方支付（財付通、QQ 支付）的信用（卡）支付
4. 資金用途 （Purpose）	4. 網路交易平台 淘寶、京東商城的網路購物金額等
5. 債權保證 （Protection）	網路購物金額、信用（卡）金額、可估算該人的收入

第 16 章

銀行財富管理部的業務

全球財富分配統計

　　每年全球有多家機構公布全球、亞太區甚至一國的富豪排行，媒體會做出前十大排行榜，說明「誰上誰下」，以及原因（例如：股價上漲，以致身價大漲）。升斗小民看著這些富豪「富可敵國」，有些人會「嫉富」（甚至仇富，當富豪為富不仁時），有些人會有「有為者，亦若是」的雄心壯志。本單元先說明全球財富統計數字來源。

一、全球財富的調查

　　每年有三個國家數個機構會發布全球財富的數字，主要是金融機構，著眼的主要是哪國比較有財富管理商機。

- 瑞士的瑞士信貸研究院（Credit Suisse Research Institute）每年 6 月 22 日，發表全球財富報告；另 10 月中發表「家庭企業模式」，說明家庭企業的財富狀況。
- 德國安聯集團每年 10 月初，發表各國人均金融淨資產排行榜。
- 美國萬事達卡公司，每年 8 月 13 日，發表「富裕族群報告」。
- 美國波士頓顧問公司（BCG）每年 7 月中，發表「全球財富報告」。

二、亞太區域財富分配

　　二十一世紀，預估 2033 年，中國大陸總產值 33 兆美元，將超越美國，成為全球第一大經濟國。2009 年以來，日本一直是全球第三大經濟國。有些財富分配的統計分析，細到歐洲、北美、亞太區，筆者認為不需要看得太細瑣。亞太區總產值 80% 集中在陸日，東南亞十國總產值成長有限，約只有中國大陸三成。印度總產值更小。

三、單一國家的富豪排行

　　美（30.2%）中（17.9%）的財富約占全球五成，於是人們就會關心其前百大富豪。

- 美國富比世雜誌：每年 10 月 6 日，富比世雜誌會公布全球、美國百大富豪名單。
- 中國大陸：例如：胡潤研究院，每年 5 月初公布中國大陸富豪排行排。

全球財富（Global Wealth Report）報告

時：2021 年 6 月 22 日，2009 年開始
地：瑞士蘇黎世市
人：瑞士信貸（Credit Suisse）旗下的瑞信研究院（Credit Suisse Research Institute），2008 年成立
事：每年公布年中數字，涵蓋 200 個國家／地區，48 億成人。

瑞士信貸的全球財富調查

年	2016	2021
一、全球		
(1) 金融資產（兆美元）	256*	418
(2) 成人數目（億人）*	48.48	52.32
(3) = (1)/(2)（萬美元）**	5.38	6.77
二、集中度		
1. 集中於全球 5% 家庭	50.8%	比 51% 高
2. 百萬美元富人人數	3,300 萬人	5,608 萬人
	（2000 年 1,245 萬人）	（占全球 46%）

資料來源：

* 英文維基百科 List of countries by total wealth。

** 英文維基百科 List of countries by wealth per adult。

富人財富配置

排名	資　　產	比重（%）
1	股票	25
2	現金與票券與定存	24
3	房地產	18
4	固定收益證券	18
5	其他投資	16

瑞士信貸集團（Credit Suisse Group）

成立：1856 年

地址：瑞士蘇黎世市閱兵廣場 6 號

又稱：瑞士信貸銀行，簡稱瑞信

股票代號：在美國紐約證券交易所掛牌，代碼 CS

董事長：烏爾斯 · 羅納

員工數：48,000 人

子行：分布於 50 多國

Unit 16-2 財富管理商機

討論全球財富分配，有很多涵義。

一、學者關心的是所得、財富分配「M型社會」

2013年，法國經濟學者皮凱提（Thomas Piketty, 1971～）的書《21世紀資本論》全球暢銷，透過1890迄2010年約40國的所得、財富統計數字，讓全球人民體會分配多不平均，常見的衡量方式如下：

- 全球1%家庭擁有全球24%的財富。
- 全球5%家庭擁有全球48%的財富。

政府的政策應該透過租稅、社會福利政策等「劫富濟貧」，讓「分配正義」彰顯。

二、金融業關心的是財富管理商機

這對銀行等財富管理業者來說，採取「90：10」原則，把90%的資源（主要是理財專員）負責財富最高的10%家庭，銀行稱為「高（金融）淨值」（high net worth）個人，詳見「資產負債表」的說明，俗稱「億萬」富豪。

在本書中，我們「在商言商」，只聚焦在金融業的「財富管理」（wealth management）的商機。

三、財富的定義

對銀行來說，財富的統計分成廣義、狹義兩種。

1. **廣義**：有包括房地產。主要是房地產占家庭財富四成，有許多富豪靠房地產致富，例如：香港李嘉誠等。
2. **狹義**：不包括房地產。不包括房地產原因有二：房地產所有權人的資料不易取得，房地產價格較難認定。上市股票就沒這兩個問題。

世界26位富豪財富等於全球一半人口財富

時：2021年1月17日，一般在世界經濟論壇（WEF）日舉辦前一天
地：英國
人：英國樂施會（Oxfam），2014年起，每年發布
事：根據美國富比世雜誌2021年3月的資料，如下呈現

全球26位富豪財富 180兆美元	=	全球79.5億人中「二等分分類法」中下一半的人

2019 年臺灣家庭資產結構

新臺幣：萬元

資產淨額 大分類	金額	比重 （％）	中分類金融性資產 與負債	金額
一、金融資產淨額	934	61	1. 國內金融資產	1,041
（一）國外	85	5.58	·現金及活期存款	191
（二）國內（來自第4欄）	849	55.42	·定期存款及外匯存款	201
二、非金融資產淨額	598	39	·有價證券	240
（一）房地產	542	35.38	·人壽保險準備為退休基金	326
（二）家庭生活設備	56	3.12	·其他金融資產	83
小計	1,532	100	2. 金融性負債	192
平均每戶（萬元）	1,532	—	·貸款	186
平均每人（萬元）	451	—	·其他金融性負債	5

資料來源：行政院主計總處「國富統計」表 7，2021.04.27。

金融資產淨額＝國內金融性資產 – 國內金融性負債

75.03 兆元＝91.97 兆元 –16.90 兆元

上述人口基本資料：

人數 2,360 萬人，可算出每人 451 萬元

戶數 874 萬戶，可算出每戶 1,532 萬元

你不理財，財不理你

了解全球、一國的財富分配，那是「結果」，更重要的是分析為何有這結果，對於「一心致富」的人才有希望。

一、大分類：要有錢，76% 要靠自己

以皮凱提對 40 個國家的研究中，富豪的財富來源，有個令人高興的數字。

1. **富豪人口中 24% 來自財富世襲**：「財富」會世襲，在全球財富排前 5% 的人中，有 24% 是「含著金湯匙出生的」。76% 是靠自己努力，詳見表一中第一欄。

2. **自己致富占富人 76%**：由表一第二欄可見，富人中有 76% 是「自食其力」，這又分成兩種類，一是工作致富；二是投資致富。

二、中與小分類

在表中第二欄，「白手起家致富」的有兩中類原因。

1. **工作占 20%**：這又分成兩小類：創業當老闆、在公司中擔任高階管理者（協理以上）。

2. **投資占 80%**：大部分人都只是平凡上班族，但可以透過投資致富。富比士雜誌全球第三富豪美國股神華倫・巴菲特（2021 年 2 月身價約 915 億美元），在其口述自傳《雪球》（艾莉斯・巴德著，天下文化出版，2011 年 1 月）一書中，有句話對許多人有激勵效果：「要成為我這樣，不需要愛因斯坦的智商（例如：智商 180 以上），只需要一般人的智商即可。」

三、金融業在財富管理業務的布局

眼看著人人皆有致富的商機，金融業各自使出渾身解數以爭取商機，詳見表二。

法國皮凱提（Thomas Piketty）

出生：1971 年 5 月 7 日，法國上塞納省
現職：法國社會科學高等學院
經歷：巴黎經濟學院教授
學歷：法國社會科學研究院博士
榮譽或貢獻：《21 世紀資本論》，2013 年。臺灣 2014 年 11 月由衛城出版。

表一　人們富有的幾層作法

| 大分類 富人占人口 5% | 中分類 | 小分類 |

大分類
富人占人口 5%

中分類

小分類

一、自食其力占富人 76%

（一）工作致富占富人 20%
76%×20%=15.2%

1. 創業占人口 12%
2. 在高科技公司上班，擔任高階管理者，俗稱工作致富，占 88%

（二）投資致富占富人 80%
76%×80%=60.8%

1. 股票投資
2. 房地產投資
3. 其他

二、生來富有占人口 24%

表二　金融業從事財富管理業務

行業	銀行業	保險業	證券期貨業
說明	1. 臺資銀行 財富管理部	人壽保險公司 主要是投資型保單	1. 證券公司 財富管理業務處
	2. 外資銀行 俗稱私人銀行業務（private banking）		2. 證券投信與投顧業 ・40 家臺資證券投資信託公司 ・20 家外資在臺的投資顧問公司 ・投資顧問公司代客操作，代售海外基金

Unit 16-4 銀行財富管理業務的市場定位

銀行的本業是「資金買賣業」，賺的是「放存款利率差」，如同大部分零售業遭受到「價差」愈來愈小的窘狀，銀行也一樣。「窮則變，變則通」，2010 年以來，銀行逐漸往「量身定做」的財富管理業務切入，本單元說明銀行在這方面的市場區隔、定位。

一、市場區隔的前提：辨識顧客的財力

大一經濟學的個經中談到要「差別取價」，大二行銷管理課程談到「市場區隔」，這是同一件事，皆必須能辨識顧客的身分。以銀行來說，這可分為內外部兩種資料來源。

1. **金控公司的內部資料**：金控公司的顧客資料廣度（人數）、深度（金融交易金額）皆比獨立金融業有優勢。
2. **金控公司外部資料**：以銀行來說，總行、分行的業務相關人員各自須蒐集潛在顧客名單。

二、市場區隔

1. **X 軸**：依顧客的身分區分。
   - 家庭：臺灣有 138 萬家中小企業，稍為大一點的公司都會涉及第一代企業家的贈與遺產的節稅規劃，甚至股權傳承。
   - 個人：從初入社會的上班族到中老年人都是。
2. **Y 軸**：依顧客淨資產區分。
   - 一般顧客。
   - 高淨值顧客：對銀行來說，針對「高淨值顧客」（High Net Worth Individual, HNWI）的定義，有下列兩個標準。
     (1) 廣義：只考慮金融資產。只考慮該顧客在本銀行的「金融資產」（存款，尤其是定儲；其次是基金）金額。「在本行」的原因是本銀行「看得到」其財力，不是媒體「報載」。少數銀行考慮跟「銀行往來」，連刷卡、房貸都可計入。
     (2) 狹義：考慮「淨金融資產」。考慮「淨金融資產」是要把「真正」有財力的顧客找出來。

三、市場定位

由右圖來看，外資銀行和少數民營鎖定高淨值顧客。

1. **外資銀行鎖定高淨值顧客**：臺灣有 6,300 億美元的財富掌握在 65 萬位的富裕人士手中，包括中小企業董事長、專業人士及高階管理人員。
2. **本國銀行大小通吃**：本國銀行中的泛公股銀行都是大型（指分行數 150 家以上）銀行，擁有「地點方便」的優勢，所以對顧客大小通吃。

金控公司顧客資料來源

內外	金控公司內部資料	外部
說明	1. 銀行（貸款、存款、信用卡） 2. 保險公司 3. 證券公司 4. 投信公司 5. 投顧公司	1. 前 500 大公司董事、高階管理者 2. 臺灣前百大富豪

銀行財富管理貴賓門檻

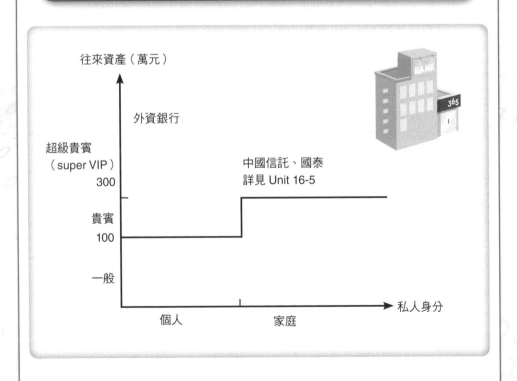

Unit 16-5 財富管理業務的顧客需求分析

一、商品（下述皆是 2016 年資料）

1. 顧客最在意的財富管理服務

- 48.6% 希望金融商品符合自己的需求。
- 20.1% 認為應得到充足、正確的市場訊息。
- 15.4% 在意手續費及管理費的多寡。

2. 最吸引顧客的金融商品

排序	男性	女性
1	海外基金	同左 3
2	國內有價證券	同左 1
3	儲蓄型保險或類定存保單	外幣存款

二、服務

消費者普遍還是價格導向，把行銷「專業無價」的服務沒看得很重。

1. 銀行證券公司提供的金融商品是否滿足顧客需求

公司	理專自評	顧客
銀行	90.6%	62.4%
證券公司	89%	57.3%

2. 顧客對理專建議之資產配置滿意程度

公司	顧客
銀行	16.5%
證券公司	11.5%

三、顧客最重視理專的事

1. 顧客在乎的理專特質

- 43.2% 希望理專誠實告知投資風險。
- 23.9% 認為理專應設定並執行停損停利點。
- 15.5% 在意理專的服務態度是否優良。

其他例如：有沒有落實「帶進帶出」、追求高獲利，或是相關學歷背景，甚至服務是否親切熱忱，都不是顧客最在意的。

2. 理專在銷售金融商品前，是否詳盡告知商品風險

風險告知程度	理專自評	顧客
會完全告知最悲觀與最好狀況	12.4%	9.2%
通常會大致告知風險及獲利狀況	50%	35.3%
只簡單介紹商品特色，風險略提一些	27.5%	39.4%

四、顧客對即時數位資訊服務滿意程度

項目	對數位化服務		對即時數位資訊服務	
行業	銀行	證券公司	銀行	證券公司
滿意	51.6%	49%	9.9%	31.3%
普通	44.2%	42.7%	62.9%	59.9%
不滿意	4.2%	8.3%	27.2%	8.8%

資料來源：整理自今周刊，2016 年 8 月 1 日，第 99 頁。

財富管理銀行暨證券公司評鑑

時：2017 年 7 月 26 日公布，2006 年起開始
地：臺灣
人：今周刊
事：有 10 家銀行、7 家證券公司、590 位理專（銀行 350 份、證券 240 份）、680 位顧客（銀行 435 份、證券 245 份）、2,541 位今周刊訂戶參與（1,485 份有效問卷），邀請問卷調查總分前 6 名的公司參加決選會議，提出簡報。

行業	銀行	證券
第一名	玉山銀行	元大證券
特優	中國信託商業銀行	凱基證券
優等	國泰世華銀行	群益金鼎證券

臺灣的共同基金市場商機：兼論貴賓財富管理行銷組合

　　阿聯酋航空對 A380 飛機的頭等艙，請美國巨星打廣告，座位可躺平睡覺；有淋浴設備，至於酒吧區等都是基本設施。整個頭等艙間如同杜拜帆船飯店再現。同樣的，銀行對貴賓（尤其是超級貴賓）的行銷組合比較有特色可言，詳見表三，本單元說明。

一、共同基金市場

　　由表二可見，一個共同基金市場，養活許多金融業，但金額卻停滯，原因有二。

- 基金規模停滯（詳見表一）。
- 「總費用」收入縮水（詳見表二）。

二、商品策略

商品跟服務都是商品策略的成分。

1. **服務地點**：高檔、隱祕。本國銀行中的 A 級分行，營業面積夠大，一樓營業廳的一般理財區，由理專針對散戶提供服務。在分行較內處，貴賓顧客憑金融卡刷卡才可進入，比較像機場候機室的貴賓室。

    有些零售公司、飯店、整形醫院為了給超級貴賓保密，甚至從地下停車場起便有專用的電梯。在這方面，美國運通卡公司做得極奢華，針對「無限卡」會員，在許多國家大都市皆提供類似私人招待所的地方，讓貴賓可以歇歇腳。

2. **其他**：例如：24 小時貴賓電話服務，以無限卡顧客來說，包括訂機票、飯店等，因發卡機構跟航空公司、飯店都有合作，貴賓打一通電話，客服人員自動快速辦好。

三、定價

銀行對貴賓顧客有兩項收費方式。

- 銷售金融商品收購手續費。
- 提供顧問服務賺顧問費。至於信用卡中的無限卡，卡費年費本來就很高，跟一般卡一樣，刷卡消費到一定金額可以抵信用卡年費。

四、促銷

1. **帳戶管理員（account officer）**：如同飯店中總統套房有一位專屬管家一樣，貴賓理財強調單一窗口，跟醫院的主治大夫一樣，由其找相關專家（會計師、律師等）與會，如同會診，以提供診斷建議。

2. **鍍金式的貴賓招待**：銀行往往跟大型購物中心合作辦「超級貴賓之夜」，跟法國精品或瑞士名錶合辦新品上市走秀，限名額，坐在秀台旁。可以跟產品代言人（大都是巨星）、名模、名人接觸，無形中，把自己的尊榮感提高了。

五、實體配置策略

- 銀行分行。
- 其他服務設施。

表一 金融機構的基金相關收入

年	2009	2010	2011	2012	2013	2014	2015	2016
基金數	517	555	599	623	632	646	672	725
(1) 基金規模（兆元）	1.97	1.89	1.73	1.84	1.96	1.97	2.20	2.12
(2) 總費用比率（%）	1.17	1.37	1.46	1.26	1.24	1.27	1.17	1.19
(3) = (1) x (2) 億元	230	261	254	234	245	252	258	253

資料來源：投信投顧公會。

表二 總費用比率降低原因

時間	事 中	事 後
一、商品結構	申購手續費率 1. 低費用產品崛起，不論是貨幣基金、平衡基金或 ETF，且為因應競爭，這些基金多有優惠設計，零手續費早已是常態 2. 電子交易比重提高	投信公司基金結構：管理費費率 1. 主動型基金占比降低 槓桿／反基金 0.9~1% 2. 證交所交易基金（ETF）比重提高
二、稅費	交易稅	銀行保管費

資料來源：整理自經濟日報，2017 年 2 月 9 日，B2 版，趙于萱。

表三 貴賓理財行銷組合

行銷組合（4Ps）	説 明
一、產品策略 ・金融商品 ・資訊	顧客可透過線上預訂即可預約服務，有專人提供財富管理諮詢。 市場動態與突發事件即時趨勢優先通知、投資建議報告、保險理賠進度。提供個人化資訊服務，像是帳單或紅利點數查詢功能，甚至是客製化即時的金融理財或市場變化資料，充分滿足顧客日常生活所需。
二、定價策略 ・基金申購手續費率 ・信託管理費率	臨櫃交易手續費優惠。 資產總額的 0.2~0.4%。
三、促銷策略 ・廣告 ・人員銷售 ・促銷	專人服務。 健檢藝文、珠寶欣賞、時尚活動、包場電影。 例如：中信銀行臺灣區個金客群經營財富管理貴賓美食餐會。
四、實體配置策略 ・本行 ・關係企業	使用各分行的 VIP 理財室。 星展銀行提供顧客專車接送。 例如：遠東銀行顧客可使用遠東崇光百貨的貴賓室。
・分行 ・VIP 理財中心	150 家。 例如：總行 3 樓。

Unit 16-7 財富管理方式

許多食品（包括麵線、饅頭）都強調手工作的比機器作的較Q等。一輛汽車，車身跟車架在焊接時，約3,000個點，大部分都是靠機器手臂，但車內由員工焊接，機器手臂不方便。同樣的，在理財顧問時，也是如此。

一、理專服務兩種方式

人工智慧系統都可以打敗圍棋棋王，邏輯上來說，擔任理財顧問是「輕而易取」的。但是由右圖可見，機器人理專在投資「對象」（標的）很窄。

1. **機器人理財專員**：以美國的機器人理專來說，主要投資標的是「證券交易所基金」（ETF），約2,000支。

2. **理財專員**
   - 一般理專：挑幾支「泛用」的指數型基金，報酬率7%左右。
   - 貴賓理專：擴大到另類投資（alternative investment），主要指股票、債券以外，包括房地產、私募股權基金等。

二、機器人理財的金額很難估算

看了許多機構發布的同一個數字，但差距天南地北，問題出在定義。

1. **廣義定義**：由右圖可見，美國安侯企管管理公司預估美國情況。

2. **狹義定義**：瑞士研究機構My Private Banking Research發布的報告，2015年全球由機器人顧問管理的資產規模（AUM）200億美元。2020年預估有4,500億美元。

3. **看你相信哪一個**：看數字須了解其定義的範圍，就知道適用情況。

行政院金管會有條件開放機器人理財服務

時：2017年8月10日

地：臺灣臺北市

人：行政院金管會（尤其是證期局）

事：金管會宣布，開放自動化投資顧問業務（即機器人理財）可以代理顧客下單、操作，顧客在事先約定相關投資條件後，填寫問卷以了解自己投資屬性（例如：目標報酬、虧損容忍度等），即由理財機器人產出投資組合建議，顧客按下同意鍵，即可代為自動停利停損、再平衡投資。

金融業的相關業務如下：

1. 銀行：王道的O-Bank、中信銀行的智動GO。

2. 投信公司：例如野村投信（籌備）。

3. 投顧公司：商智、大拇哥。

第
16
章

銀行財富管理部的業務

全球資產

一、股市

二、債市

三、房市

四、其他
　黃金

全球 103.1 兆美元
2020 年

委外財富管理（wealth management）方式

（一）機器人理財（robo advisor）

（二）人員管理

資產管理
（asset management）

共同基金 30 兆美元
1. 股票
2. 債券
3. 商品

其中電腦管理
1. 證交所交易（股票）型基
　金（ETF）與交易所買賣
　商品（ETP）3.5 兆美元
2. 其他

（Forbes）指全部資產－ D＝E

Super
VIP

50 萬
美元

VIP

300 萬元
或 10 萬
美元

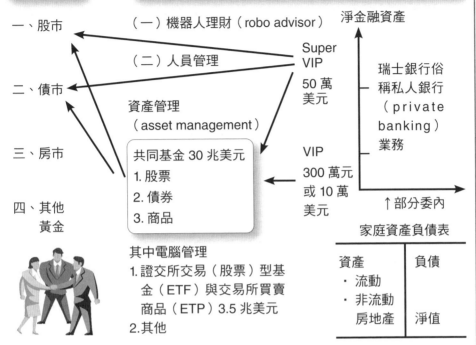

淨金融資產

瑞士銀行俗
稱私人銀行
（private
banking）
業務

↑部分委內

家庭資產負債表

資產	負債
· 流動	
· 非流動	
房地產	淨值

某銀行淨金融資產
＝流動資產－ D

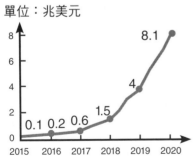

機器人理財顧問
在「全球」管理資產規模預估

單位：兆美元

8.1

4

1.5
0.1　0.2　0.6

2015　2016　2017　2018　2019　2020

資料來源：Statista，2020.11.23。

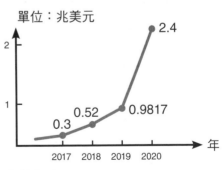

機器人理財顧問
在「美國」管理資產規模預估

單位：兆美元

2.4

0.52　0.9817
0.3

年

2017　2018　2019　2020

資料來源：Statista。

財富管理的金融商品

　　便利商店主要是賣熟食、飲料（含現煮咖啡），讓個人可以止飢止渴；個人藥妝店主要是賣化妝品、藥。那銀行財富管理業務的理財專員主要賣什麼「金融」商品呢？這可分為兩種顧客，跟飛機上的經濟艙、商務艙（甚至頭等艙）一樣，座位不一樣，吃的喝的和服務等級也不同。

一、一般顧客常見的金融商品

　　銀行的財富管理的金融商品兩大項占此類營收 90%。

1. **人壽保險占 70%**：銀行代售壽險公司保單，市占率 56%，保險商品占財管手續費收入約 70%。但 2016 年起，這顆「搖錢樹」被砍了一刀，詳見表二。
2. **共同基金占 25%**：主要是開放型基金，海外基金餘額約 3 兆元；臺股基金約 300 億元，包括單筆、定期定額投資。這部分的收入是保單「銷售佣金」、基金的申購手續費。

二、高淨值顧客常見的金融商品和服務

1. **投資標的較廣、較深**：高淨值顧客可選的金融商品較廣：有保險、基金、股票，甚至房地產。以基金來說，產品深度較深。
2. **諮詢**：由表一第三欄「租稅規劃」可見，銀行針對專業的顧問項目，會向顧客收取「顧問費」。例如：針對家族股票信託（family trust），以像美國洛克菲勒、福特家族，把創業家股票放在家族信託中，以免直接傳給子孫後，被子孫賣掉股票。

外資銀行智慧財富管理系統

外銀	平　　台	內　　容	引進時間
花旗	Citigold 客戶資產多元化指數（CDI）	大數據的計量模組分析，協助顧客投資多元化	2016 年
	全方位才智規劃	目標導向的財務規劃、圖像式互動介面以及資產配置檢視功能	2017 年
滙豐	智慧資產配置	運用大數據結合金融科技，僅在優先國家才有引進	2016 年第三季
瑞士銀行（分行）	1WMP 國際互聯網平台	運用大數據以及人工智慧的機器技術，即時以數據分析方式，依照金融市場的現況分析顧客資產風險	2018 年

資料來源：外銀，經濟日報，2017 年 8 月 7 日，A11 版。

表一　銀行對兩類顧客的金融商品與服務

顧客金額	投　資	租稅規劃
一、高淨值顧客	1. 股票 2. 基金 3. 另類投資	1. 國內外租稅規劃 2. 贈與 3. 遺產：主要是針對股票信託
二、一般顧客	1. 保單 　以儲蓄險為主 2. 基金 　以幾支招牌基金為主	

表二　銀行財富管理的保單銷售佣金

機　關	說　明
一、金管會的規定	2016 年 6 月，金管會宣布，因為費差損嚴重，因此銀行賣保單的佣金降低，調降幅度最大的（四成）是躉繳型的類定存或儲蓄險。
二、對銀行的影響 　·民營銀行 　·泛公股銀行	·財富管理的主要銀行中國信託、國泰世華、台北富邦等，保單占財富管理營收 69%。 ·泛公股銀行分行多，顧客理財屬性一般也偏保守，所以成為銷售這類保單的主力。

Unit 16-9 金融科技的懶人投資法——全景：鏡像與跟單交易

理財機器人是把一些外資銀行的「私人銀行」業務（private banking）中的投資組合用電腦演算法方式來提供。但前提是你必須是某銀行的顧客。金融科技營運公司見有機可乘，從 2005 年起，有二家以色列的公司推出兩種演算法交易。本單元先拉個全景。

一、導入期：2005 ～ 2009 年

- 自動交易（automated trading）。
- 演算法交易（algorithmic trading）。

二、成長期：2010 年起

演算法交易讓「投資」門外漢、新手（俗稱投資小白），可以跟投資贏家有相等報酬率，這對金融經紀公司（例如證券公司）有賣點，大力推廣，以招攬散戶下單。

三、分類：右上表

- 跟人：稱為跟單交易（copy trading）。
- 跟事：稱為鏡像交易（mirror trading）。

四、演算交易的法律風險：以臺灣來說

廣義來說，外資證券公司須向金管會證期局申請，核准後才可以在臺灣從事證券期貨業務，以右下表來說，美國四大網路證券公司皆未在臺取得經營執照。所以一旦出現投資糾紛，投資人必須跨國訴訟。2019 年 11 月 29 日，金管會宣布 e 投睿（eToro）在臺灣未依法取得證券公司營業執照，所以投資人利用 e 投睿在手機上 App 下單買（國外）股票，是不合法的。2020 年 7 月 31 日，「財訊小學堂」播客在 YouTube 上拍個短片，片名「eToro 違法！史蒂夫和戴夫要去睡公園了嗎？」

五、演算法交易的作業風險

時：2017 年 1 月 20 日
地：中國大陸
人：紫薇金融
事：在〈財經〉雜誌上文章「新型龐氏騙局還是創新外匯平台？」提問了幾個「大哉問？」
- 被跟單的「交易者」是真有其人？
- 交易者的績效（圖）是作出來的？
- 以「鏡像跟單交易」來說，電腦演算法如何破解交易者（mirror trader）的交易策略。

演算法或自動交易分類

大分類	中分類	交易公司
一、跟單交易 （copy trading）	（一）一般跟單交易 （二）社群媒體複製交易 　　（social copy trading）	1.選擇權、期貨 2.外匯：以智匯（Think Markets）為例，Eulu Trade 2007 年希臘人 Leon Yohai 創立 這屬於「社群投資」（social trading）
二、鏡像交易 （mirror trading）	依「預期報酬率、風險」去挑某投資策略，這至少有三種： 1. 投資專家 2. 金融機構 3. 資訊公司開發出的	Tradency 2005 年成立，由以色列人 Lior Nabat 推出： Mirror Trader Robo X

資料來源：整理自英文維基百科 Copy trading、Mirror trading。

美國的網路證券公司

英文	中文	股票上市	股票代號
Charles Schwab	壽信集團	紐約	scltw
First Trade	第一證券	－	－
Interactive Brokers	盈透證券	那斯達克	IBKR
TD Ameritrade	德美利證券	那斯達克	AMID

圖解數位科技：金融科技與數位銀行

近景：跟單交易
——以色列 e 投睿（eToro）為例

跟單交易（copy trading）的全球龍頭是 e 投睿公司，本單元大致說明。

一、e 投睿的跟單交易廣告

時：2019 年 1 月 29 日起
地：全球
人：史蒂夫（Steve）和戴夫（Dave）
事：在 YouTuber 上，史蒂夫代表股市達人，戴夫是電玩愛好者，但採取向史蒂夫的股票交易跟單，股票投資績效相同。

二、投資組合方式：以人為基礎的投資組合（people-based portfolio）

1. **交易者（trader）**：投資專家公布其投資組合的誘因在於金融資產交易平台（例如：eToro）會減免或降低其交易費用。在各種投資標的上列出 8 位交易者照片，各有其近 12 個月報酬率、風險（分 5 級）。
2. **跟單者（投資人）**：跟單者的功力分成四級（學徒級、冠軍級、精英級、專業精英級），這跟其報酬率、資產金額（Assets Under Management, AUM）有關，級別愈高，手續費愈低。

三、交易小細節

1. **交易金額**：每筆最低 200 美元，最高 200 萬美元。
2. **追蹤人數**（交易者）：100 位。
3. **停損機制**：有數種。
4. **手續費**：買進（入金，money in）時，0；賣出（出金，money out）時，依國家、資產而訂。

四、懶人包

Mr. Market 市場先生有篇文章「eToro 是什麼？」這可說是比較完整的交易說明。e 投睿的對手之一，交易平台羅賓漢市場，後者因 2021 年 1 月「遊戲驛站」（GameStop）散戶大作空事件而聲名大噪，且 2021 年股票上市。

五、實證論文

由右頁表可見二篇引用次數較多的論文。

演算法或自動交易分類

e 投睿（eToro）公司

成立：2007 年 1 月，以色列貝內貝拉克市
住址：公司登記賽普勒斯的索爾市
總裁：尤尼 ‧ 亞西亞（Yoni Assia）
主要客戶：2020 年，號稱全球會員數有 2,000 萬「人」（或帳戶）以上，
　　　　　2018 年進軍美國
員工數：500 ～ 1,000 人

資料來源：部分整理自維基百科 e 投睿。

英　國

1. 巴克萊銀行
2. 顧資公司
（Coutts 公司）

→ 全球各國
金融市場 ←

手機下單

oToro ←

投資人

跟單交易重大實證論文

時	2016 年	2020 年 7 月 14 日
地人事	德國柏林市 Veit Wohlgemuth 等三人，HTW 商學院 在〈_Journal of Business Research_〉的論文 "More than just financial performance"，主要在研究投資人依「信任」以挑選交易者 論文引用次數 4 次	Jose Apesteguia 三人 在〈_Management Science_〉上的論文 "Copy Trading" 論文引用次數 7 次

商管&財金圖解系列

伍忠賢博士 著

1MCT 圖解經濟學
390元

1M0B 圖解個體經濟學
380元

1MCL 圖解國際貿易理論與政策
380元

1MCX 圖解貨幣銀行學
350元

1MAA 圖解數位科技：金融科技與數位銀行
420元

1FTP 圖解個人與家庭理財
380元

3M85 圖解財務管理
380元

3M79 圖解財務報表分析
380元

1FTH 圖解投資管理
380元

1FSD 圖解零售業管理
450元

五南文化事業機構
WU-NAN CULTURE ENTERPRISE

f 五南財經異想世界

106 臺北市和平東路二段339號4樓
TEL：02-27055066轉824、889（林/

國家圖書館出版品預行編目資料

圖解數位科技：金融科技與數位銀行/伍忠賢,
劉正仁著. -- 二版. -- 臺北市：
五南圖書出版股份有限公司, 2022.09
　　面；　公分
ISBN 978-626-343-128-7(平裝)

1.CST: 金融業 2.CST: 金融管理 3.CST: 金融自動化

561.029　　　　　　　　　　111011748

1MAA

圖解數位科技：
金融科技與數位銀行

作　　　者：伍忠賢、劉正仁

發 行 人：楊榮川

總 經 理：楊士清

總 編 輯：楊秀麗

主　　　編：侯家嵐

責任編輯：吳瑀芳

文字校對：許宸瑞、葉　晨

封面設計：王麗娟

內文排版：theBAND · 變設計 — Ada

出 版 者：五南圖書出版股份有限公司

地　　　址：106 台北市大安區和平東路二段 339 號 4 樓

電　　　話：(02)2705-5066

傳　　　真：(02)2706-6100

網　　　址：https://www.wunan.com.tw

電子郵件：wunan@wunan.com.tw

劃撥帳號：01068953

戶　　　名：五南圖書出版股份有限公司

法律顧問：林勝安律師事務所　林勝安律師

出版日期：2017 年 10 月初版一刷
　　　　　　2022 年 9 月二版一刷

定　　　價：新臺幣 420 元

經典永恆·名著常在

五十週年的獻禮——經典名著文庫

五南，五十年了，半個世紀，人生旅程的一大半，走過來了。

思索著，邁向百年的未來歷程，能為知識界、文化學術界作些什麼？

在速食文化的生態下，有什麼值得讓人雋永品味的？

歷代經典·當今名著，經過時間的洗禮，千錘百鍊，流傳至今，光芒耀人；

不僅使我們能領悟前人的智慧，同時也增深加廣我們思考的深度與視野。

我們決心投入巨資，有計畫的系統梳選，成立「經典名著文庫」，

希望收入古今中外思想性的、充滿睿智與獨見的經典、名著。

這是一項理想性的、永續性的巨大出版工程。

不在意讀者的眾寡，只考慮它的學術價值，力求完整展現先哲思想的軌跡；

為知識界開啟一片智慧之窗，營造一座百花綻放的世界文明公園，

任君遨遊、取菁吸蜜、嘉惠學子！